生态文明建设思想文库（第三辑）　　主编　杨茂林

# 生态旅游论

罗　琳　著

山西出版传媒集团　山西经济出版社

图书在版编目（CIP）数据

生态旅游论 / 罗琳著. -- 太原：山西经济出版社，2023.8

（生态文明建设思想文库 / 杨茂林主编. 第三辑）
ISBN 978-7-5577-1101-6

Ⅰ.①生… Ⅱ.①罗… Ⅲ.①生态旅游—研究 Ⅳ.①F590.75

中国版本图书馆CIP数据核字（2022）第258623号

**生态旅游论**

| 著　者： | 罗　琳 |
|---|---|
| 出 版 人： | 张宝东 |
| 责任编辑： | 赵　娜 |
| 封面设计： | 阎宏睿 |

| 出 版 者： | 山西出版传媒集团·山西经济出版社 |
|---|---|
| 社　　址： | 太原市建设南路21号 |
| 邮　编： | 030012 |
| 电　　话： | 0351-4922133（市场部） |
| | 0351-4922085（总编室） |
| E-mail： | scb@sxjjcb.com（市场部） |
| | zbs@sxjjcb.com（总编室） |

| 经 销 者： | 山西出版传媒集团·山西经济出版社 |
|---|---|
| 承 印 者： | 山西出版传媒集团·山西人民印刷有限责任公司 |
| 开　　本： | 787mm×1092mm　1/16 |
| 印　　张： | 15 |
| 字　　数： | 238千字 |
| 版　　次： | 2023年8月　第1版 |
| 印　　次： | 2023年8月　第1次印刷 |
| 书　　号： | ISBN 978-7-5577-1101-6 |
| 定　　价： | 68.00元 |

# 编委会

顾　　问：李留澜　沈慧云　田其治　张凌云
　　　　　陈　劲　杨君游
主　　编：杨茂林
执行主编：晔　枫　李慧平
副 主 编：杨必仪　韩克勇
编委人员：马　君　王晓东　王文亮　刘碧田
　　　　　杨　阳　何　静　张　玥　罗　琳
　　　　　赵李越　贺双艳　黄　桦　颜萌萌

# 总 序

"生态文明建设"是我国最重要的发展战略之一，是为促进人类可持续发展战略目标，促进联合国《变革我们的世界——2030年可持续发展议程》的落实，我国政府从发展模式、循环经济、生态环境质量及生态文明建设观念的建构诸方面所做的框架性、原则性规定。国家领导人对我国生态文明建设十分重视。2020年9月22日习近平主席在第七十五届联合国大会上的讲话中指出："人类需要一场自我革命，加快形成绿色发展方式和生活方式，建设生态文明和美丽地球。"本届联大会议上，习近平还对传统发展方式，抑或受新自由主义强烈影响的经济发展模式进行了批评。他说："不能再忽视大自然一次又一次的警告，沿着只讲索取不讲投入、只讲发展不讲保护、只讲利用不讲修复的老路走下去。"接着，他阐明了我国在生态文明建设方面的政策目标，并向世界宣告："中国将提高国家自主贡献力度，采取更加有力的政策和措施，二氧化碳排放力争于2030年前达到峰值，努力争取2060年前实现碳中和。"这不仅表明了我国政府对实现生态文明建设近期目标的巨大决心，而且对实现与生态文明建设紧密相关的国家中长期目标做了规划。

为了促进我国生态文明建设战略目标的实现，学术研究同样必须为之付出相应的努力，以对我国生态文明建设做出积极贡献。正因为此，我们在业已出版的《生态文明建设思想文库》第一辑、第二辑基础上，进一步拓展了与生态文明建设相关的课题研究范围，并组织撰写和出版了《生态文明建设思想文库》第三辑（以下简称"《文库》第三辑"）。《文库》

三辑是在前两辑基础上对生态文明建设所做的具有创新意义的进一步探讨，故此，选题内容既与可持续发展的国际前沿理论紧密关联，又与我国生态文明建设实践要求相结合，旨在从学理上深入研究生态文明建设的内在法则，及与之密切相关的多学科间的逻辑联系。基于这一前提，《文库》第三辑的著作具体包括《从生态正义向度看"资本主义精神"外部性短板——马克斯·韦伯的理论不足》《环境破坏的"集体无意识"——从荣格心理学角度对环境灾变的认知》《区域经济生态化建设的协同学探析与运作》《大数据时代下的决策创新与调控》《生态环境保护问题的国际进程与决策选择》《生态文明建设中的电子政务》《共生理念下的生态工业园区建设》《生态社会学》《生态旅游论》九本书。

其中，《从生态正义向度看"资本主义精神"外部性短板——马克斯·韦伯的理论不足》一书，由山西省社会科学院助理研究员马君博士撰写。马君女士是山西大学哲学社会学学院博士。现已发表的学术论文有《论新教伦理中的职业精神》等。在她攻读博士学位及于山西省社会科学院工作期间，对韦伯的著述多有关注，并认真研究了《新教伦理与资本主义精神》一书，指出了其理论上存在的问题与不足。

《新教伦理与资本主义精神》被西方学界奉为经典，是较早研究欧美"理性经济人"及其"资本主义精神"得以形成的伦理学依据方面的著述。在书中，韦伯力图说明经基督教新教改革，尤其是经加尔文清教思想改革后的伦理学对欧美资本主义发展的促进及影响。即如韦伯在书中所说："在清教所影响的范围内，在任何情况下清教的世界观，都有利于一种理性的资产阶级经济生活的发展……它在这种生活的发展中是最重要的，而且首先是唯一始终一致的影响，它哺育了近代经济人。"[①]韦伯还进一步揭示出这种经济秩序与技术进步紧密相关的"效率主义"逻辑，指出："这

---

① 马克斯·韦伯:《新教伦理与资本主义精神》，生活·读书·新知三联书店，1987，第135页。

种经济秩序现在却深受机器生产技术和经济条件的制约。今天这些条件正以不可抗拒的力量决定着降生于这一机制之中的每一个人的生活……也许这种决定性作用会一直持续到人类烧光最后一吨煤的时刻。"[2]不难看出,《新教伦理与资本主义精神》一书所阐述的经新教改革后的"理性经济人"及其"资本主义精神",确实成了近代欧美资本主义世界的主流趋势。它不仅对追求自身利益最大化理性经济人的"效率主义"逻辑发挥着巨大作用,而且在韦伯这一经典著述中也占据着绝对分量。相反地,"理性经济人"及其在资本主义发展中形成的"负外部性",亦即马克思理论意义上的"异化自然",或庇古所说的"外部不经济",该书则根本未予体现。然而,正是由于后者,却凸显出韦伯著述的不完备性,因为它严重忽略了"理性经济人"及其"资本主义精神"追求对自然生态系统形成的巨大戕害。故此,仅仅强调"理性经济人"及其"资本主义精神"对社会进步的意涵而忽略其行为酿成"负外部性"结果,无疑也显露出韦伯著述对"理性经济人"行为认知的不完备性,抑或其认知的非完形特质。因而,更不可能适应可持续发展战略时代对"理性经济人"整体行为认知与了解的现实要求。

马君女士的《从生态正义向度看"资本主义精神"外部性短板——马克斯·韦伯的理论不足》一书,正是从新的理论视角对韦伯学术思想进行了全方位剖析。她不仅对韦伯著述的概念体系进行了梳理,而且对这种"资本主义精神"酿成的不良后果——加勒特·哈丁所说的"公地悲剧"予以了批判性分析。为了加大对韦伯著述外部性短板的证伪力度,在书中,她还以国外著名思想家的大量经典著述为依据,进一步强化了对韦伯学术思想的否证。具体说,她不仅参考了马克思主义经典中对资本主义"异化自然"的理论批判,而且依据"法兰克福学派"赫伯特·马尔库塞《单向

---

[1] 马克斯·韦伯:《新教伦理与资本主义精神》,生活·读书·新知三联书店,1987,第142页。

度的人——发达工业社会意识形态研究》一书，对"资本主义精神"进行抨击；不仅依据法国学者安德瑞·高兹"经济理性批判"对"理性经济人行为"展开详细剖析，而且依据生态马克思主义者詹姆斯·奥康纳的《自然的理由——生态学马克思主义研究》和约翰·贝拉米·福斯特的《生态危机与资本主义》，对"理性经济人"行为进行的理论证伪。总之，马君女士这一著作，为我们重新认知《新教伦理与资本主义精神》提供了新的理论视角。尤其是在我国政府力推生态文明建设发展战略期间，该书对批判性地了解韦伯理论意义上"理性经济人"及其"资本主义精神"的"负外部性"来说，有着一定的参考价值。

《环境破坏的"集体无意识"——从荣格心理学角度对环境灾变的认知》一书，由山西省社会科学院副研究员王文亮撰写。王文亮毕业于浙江大学心理学专业，现在山西省社会科学院能源研究所从事研究工作。该书是涉及生态文明建设方面的一本社会心理学专著，旨在探讨造成环境破坏的社会心理学原因。在书中，作者详细剖析了环境破坏与"集体无意识"的联系。

"集体无意识"概念由瑞士精神分析学派心理学家荣格较早提出，在社会心理学上有着非常重要的价值和意义。但是，荣格心理学中的"集体无意识"概念，似乎更偏重于发生学意义上理论建构与界定，带有十分明显的"历时性"含义。从另外的角度说，荣格式"集体无意识"概念，也与我国李泽厚先生所说的"积淀"具有相似性。对于"集体无意识"概念的深入研究，后经弗洛姆的工作，使之对"共时态"社会群体"集体无意识"现象的认知成为可能，其界说可被认为：一种文化现象（比如前述"新自由主义"的经济文化现象)，对群体行为浸染而成的一种无意识模式，亦即人类群体不假思索便习以为常的一种生活方式。《环境破坏的"集体无意识"——从荣格心理学角度对环境灾变的认知》一书，正是结合精神分析学派这些思想家的理论和方法，剖析了由新自由主义经济政策导向形成的、与生态文明建设极不合拍的环境灾变原因——一种引发环境破坏的

"集体无意识"现象。该书对处于生态文明建设实践中的社会群体反躬自省来说，将大有裨益。尤其是，在生态文明建设实践中，它便于人们借助精神分析学派的"集体无意识"概念和理论，反思发展过程中人类与自然生态系统平衡不合拍的"集体无意识"行为。

《区域经济生态化建设的协同学探析与运作》一书，由山西省社会科学院研究员黄桦女士撰写。该书是她在之前业已出版的《区域经济的生态化定向——突破粗放型区域经济发展观》基础上，以哈肯"协同学方法"，超越传统"单纯经济"目标，而对区域性"经济—社会—生态"多元目标的协同运作所做的进一步创新性探索。在书中，作者对区域经济生态化建设协同认知的基本特征、理论内涵、运作机制、结构与功能等方面做了全方位分析，并建设性地提出这种区域协同运作方式的具体途径。其理论方法的可操作性，便于我国区域性生态化建设实践过程参考借鉴。

《大数据时代下的决策创新与调控》一书，由王晓东女士撰写。王晓东女士是吉林大学经济学硕士。现任太原师范学院经济系讲师。

该书系统探讨了大数据快速发展所掀起的新一轮技术革命，指出数据信息的海量涌现和高速传输正以一种全新的方式变革着社会生产与生活，也重新构建着人类社会的各种关系。这些前所未有的全新变革，使得传统政府决策与调控方式面临严峻挑战，也倒逼政府治理模式的创新与变革。事实上，大数据的出现，也是对市场"看不见的手"的学说思想的理论证伪。因为，在大数据时代，更有利于将市场机制与国家宏观调控有效结合，并科学构建政府与市场二者的关系，进而使之在本质上协调一致。大数据的出现，已经成为重新考量西方经济学理论亟待解决的关键性问题。书中指出，大数据的出现，同时给政府决策与调控开拓了新的空间，也创立了新的协同决策与运作的机制。因此，顺应当今时代的经济—社会—生态协同运作的数字化转型，以政府决策、调控的数字化推动生态文明建设的数字化，就成为政府创新与变革需要解决的新问题。

《生态环境保护问题的国际进程与决策选择》一书，由重庆移通学院副教授杨阳撰写。杨阳曾就读于英国斯旺西大学，获得国际政治学专业硕士学位。国外留学的经历，使其对国际环保问题有更多的关注。《生态环境保护问题的国际进程与决策选择》一书，正是他基于对国际前沿的观察与研究，同《文库》第三辑主题相结合进行探讨的一本著作。该书从环境保护的国际进程角度出发，指出了人类所面临环境危机的严重性。进而，强调了可持续发展战略追求的现实紧迫性，并借此方式实现生态文明建设和美丽地球的现实目标。此外，他还在人类与环境互动中确立生态正义观念、环保政策的制定与实施方面，做了深入探讨，并指出：若要确保解决环境危机的有效性，必须摒弃新自由主义的"效率主义"逻辑，克服理性经济人"自身经济利益最大化"的片面追求，将自然界与人类社会视作统一的有机整体是至关重要的。唯此，才能使人类社会步入与自然界和谐共生的新路径。

《生态文明建设中的电子政务》一书，由山西省社会科学院助理研究员刘碧田女士撰写。刘碧田女士是山西大学公共管理学院硕士，进入山西省社会科学院工作后，研究方向主要为"电子政务"。《生态文明建设中的电子政务》主要阐述了在物联网、大数据、区块链、人工智能等新技术高速发展的时代政府职能发生的改变，及其对生态文明建设所产生的多维度重构。在书中，她较完整地阐明数字化技术进步对政府职能转变的理论意义和价值——将促进政府转变传统低效能的"人工调控方式"，相应地，取而代之的则是"数字化高效运行"管理手段。这种新技术变革影响的电子政务，无论是生态数据共享，还是环保政策的制定；无论是生态系统监控，还是公众服务水平反馈等，都将高效能地服务于我国生态文明建设。无疑，这种与数字化新技术紧密关联的"电子政务"，既可促使政府工作效率的革命性转变，也将促进我国生态文明建设工作的迅猛发展。

《共生理念下的生态工业园区建设》一书，由山西省社会科学院副研究员何静女士撰写。何静女士是山西财经大学 2006 年的硕士研究生。同年，她进入山西省社会科学院经济研究所工作，主要从事"企业经济"方面的相关研究。其代表作品主要有《共生理念视角下城市产业生态园》《山西省科技型中小企业培育和发展的路径》《供给侧视域中企业成本降低问题分析》。《共生理念下的生态工业园区建设》一书，主要阐述了在共生理念前提下，依据瑞士苏伦·埃尔克曼《工业生态学》的基本原理，通过"生态工业园区建设"的相关研究，进而推进我国企业资源利用效率的提高，及对生态环境保护综合治理的相关内容。尤其是在实现"碳达峰""碳中和"方面，"生态工业园区建设"将是必经之路，将发挥不可或缺的重要作用。十分明显，本书为企业积极顺应我国生态文明建设，对实现习近平同志提出的"碳达峰""碳中和"刚性目标，都有着建设性的作用。此外，它对我国企业未来发展走向，在理论和实践两个方面给出的建议，也有一定参考价值。

《生态社会学》一书由重庆财经学院讲师贺双艳和颜萌萌二位女士撰写。贺双艳女士是西南大学教育心理学博士，现在重庆财经学院从事"大学生思想政治理论"和"大学生心理健康"等课程教学工作；颜萌萌女士同属该学院专职教师。二人所学专业，均便于投入本课题——"生态社会学"研究之中。其中，贺双艳女士还主持出版了《大学生心理健康教育》《文化与社会通识教育读本》等著作。此外，她撰写并发表了一些与"社会心理学"专业相关的学术论文。除此，贺双艳女士对"社会学""文化人类学"等学科的交叉研究也较为关注。对"文化人类学"中"文化生态学派"的理论尤为重视。所谓"文化生态学"，是从人与自然、社会、文化各种变量的交互作用中研究文化产生与发展之规律的学说。显然，其关注的内容，正适合于《文库》第三辑中《生态社会学》的理论探索工作。《生态社会学》一书，对应对我们面对的生态危机，对助力人类社会可持续发展而建构合理的社会秩序等，提供了建设性的方案。因此，它也是《文库》第三辑较有亮点的一部学术著作。

《生态旅游论》一书由罗琳女士撰写。罗琳女士是重庆师范大学硕士，重庆外语外事学院讲师。主要从事生态旅游方面的教学工作。在教学之余，对生态旅游做了大量研究，并发表了《关于我国发展生态旅游的思考》《我国生态旅游资源保护与开发的模式探究》等不少前期学术论文。《生态旅游论》一书，阐述了生态旅游的理论基础，探讨了生态旅游的理论与实践，指出了生态旅游的构成要素及其形成条件，揭示了生态旅游资源开发与管理的内涵，也研究了生态旅游的环境保护及环境教育的关系等。《生态旅游论》一书，不仅从旅游角度为《文库》第三辑增添了新的内容，同时也为我国生态文明建设提供了新的视角。

不难看出，《文库》第三辑涉及的内容，既有对被西方奉为经典的《新教伦理与资本主义精神》的批判性分析，又有对新自由主义酿成环境灾变之"集体无意识"行为的心理学解读；既有以"协同学"方法在区域经济生态化建设方面的理论尝试，又有借"大数据"使决策主体在生态文明建设创新与协调方面的整体思考；既有对国际永续发展前沿理论的历史性解读及借鉴，又有对"电子政务"与生态文明建设工作相关联的系统认知；既有对企业未来发展方向——"生态工业园区建设"的积极思考，又有对生态社会学及生态旅游论的创新性理论建构。

总之，文库从不同专业角度奉献出对"生态文明建设"的较新的理论认知和解读。即如《文库》前两辑一样，《文库》第三辑，同样旨在从不同专业领域，为推动我国生态文明建设事业做出贡献。

至此，由三辑内容构成的《生态文明建设思想文库》，经参与其撰写工作的全体作者，及山西经济出版社领导和相关编辑人员的共同努力已经全部完成，它们具体有：

第一辑：

《自然的伦理——马克思的生态学思想及其当代价值》

《新自由主义经济学思想批判——基于生态正义和社会正义的理论剖析》

《自然资本与自然价值——从霍肯和罗尔斯顿的学说说起》

《新自由主义的风行与国际贸易失衡——经济全球化导致发展中国家

的灾变》

《区域经济的生态化定向——突破粗放型区域经济发展观》

《城乡生态化建设——当代社会发展的必然趋势》

《环境法的建立与健全——我国环境法的现状与不足》

第一辑于2017年业已出版发行。

第二辑：

《国家治理体系下的生态文明建设》

《生态环境保护下的公益诉讼制度研究》

《大数据与生态文明》

《人工智能的冲击与社会生态共生》

《"资本有机构成"学说视域中的社会就业失衡》

《经济协同论》

《能源变革论》

《资源效率论》

《环境危机下的社会心理》

《生态女性主义与中国妇女问题研究》

目前，第二辑全部著作现已经进入出版流程，想必很快也会面世。

第三辑：

《从生态正义向度看"资本主义精神"外部性短板——马克斯·韦伯的理论不足》

《环境破坏的"集体无意识"——从荣格心理学角度对环境灾变的认知》

《区域经济生态化建设的协同学探析及运作》

《大数据时代下的决策创新与调控》

《生态环境保护问题的国际进程与决策选择》

《生态文明建设中的电子政务》

《共生理念下的生态工业园区建设》

《生态社会学》

《生态旅游论》

目前，第三辑也已经全部脱稿，并进入出版流程。

《生态文明建设思想文库》三辑著作的全部内容业已完成，这也是《文库》编委会全体作者及山西经济出版社为我国生态文明建设所做的贡献。但是，囿于知识结构和底蕴，及对生态文明建设认知与把握的不足，难免会有不尽完善之处，故此，还望学界方家及广大读者惠于指正。

# 前 言

　　党的十八大以来，以习近平同志为核心的党中央，紧紧围绕实现"两个一百年"奋斗目标和中华民族伟大复兴的中国梦，提出了一系列治国理政的新理念、新思想、新战略，不断开创党和国家事业发展的新局面。习近平强调生态文明建设是"五位一体"总体布局和"四个全面"战略布局的重要内容，要求各地区各部门切实贯彻新发展理念，树立"绿水青山就是金山银山"的强烈意识，坚持人与自然和谐共生，建设社会主义生态文明，走绿色发展之路，努力走向社会主义生态文明新时代。为加快推进生态文明建设，更好地满足人民群众日益增长的旅游休闲消费需求和生态环境需要，必须大力发展环境友好型、非资源消耗型的生态旅游，有效整合资源，促进融合发展，优化配套体系，加强资源环境国情教育，引导形成正确的生态价值观，树立崇尚生态文明新风尚，推动形成绿色消费新观念，发展负责任、可持续的旅游业，实现人与自然和谐共生，推动新时代美丽中国建设。

　　2020年9月30日，习近平同志在联合国生物多样性峰会上发表重要讲话。他指出："当前，全球物种灭绝速度不断加快，生物多样性丧失和生态系统退化对人类生存和发展构成重大风险。新冠肺炎疫情告诉我们，人与自然是命运共同体。我们要同心协力，抓紧行动，在发展中保护，在保护中发展，共建万物和谐的美丽家园。"因而，必须坚持生态文明，增强建设美丽世界动力。生物多样性是人类赖以生存和发展的重要基础，生态兴则文明兴。要站在对人类文明负责的高度，尊重自然、顺应自然、保护自然，探索人与自然和谐共生之路，促进经济发展与生态保护协调统一，共建繁荣、清洁、美丽的世界。必须坚持绿色、包容、可持续发展。要从保护自然中寻找发展机遇，实现生态环境保护和经济高质量发展双赢。

生态旅游是建设生态文明与美丽中国、保护生态多样性的生动实践。生态旅游作为一类以保护性、教育性和责任性为重要特征的旅游活动，是在全世界资源短缺、环境污染、生物多样性丧失、生态恶化等现实背景下，全人类的必然选择。随着理论研究和社会实践的不断发展，人们对生态旅游的理解和认知也在不断深入，已走出把生态旅游当作自然旅游的误区。目前，生态旅游已成为全球旅游者的时尚和旅游业发展的热点，甚至被看作是一种新型的伦理观，是实现旅游可持续发展的最佳途径，显示出其越来越强大的生命力。

除了良好的自然资源外，独特的人文资源也是生态旅游资源的重要构成，两者密不可分，成为发展生态旅游的基础，也是生态旅游吸引力、竞争力和生命力的源泉。反过来，发展生态旅游又可以合理利用和有效保护自然生态资源，保护生物多样性，维持自然生态系统平衡。同时，发展生态旅游也能合理利用和有效保护人文生态资源，保护人类的物质文化和非物质文化资源，保证人类文化的多样性和独特性，使之得到传承和发展。

我国的生态旅游从20世纪90年代开始起步，时间虽短，却发展迅猛。目前，生态旅游已被大众广泛接受，不论是在理论上还是在实践上都取得了很大进步。从理论上看，有关生态旅游的学术研究众多，许多高校还开展了生态旅游教育课程，甚至将"生态旅游"课程设为文化素质教育类的课程，倡导全校学习。从实践上看，早在1999年，原国家旅游局就确定该年为"生态环境旅游年"。2009年，原国家旅游局再次将该年设定为"中国生态旅游年"。2016年，国家发展和改革委员会与原国家旅游局联合出台《全国生态旅游发展规划（2016—2025）》。多年来，全国各地已开展了不同形式且内容丰富的生态旅游活动。我国的生态旅游与自然保护区建设、森林公园管理、自然景观资源开发和生物多样性保护相结合，使得生态旅游实践迈出了科学而坚实的步伐。

本书在众多学者相关研究成果的基础上，以可持续发展理论为指导，融入作者的观点和点滴体会，全面介绍了生态旅游理论进展与实践探索的相关内容。全书共七章内容：生态旅游概述、生态旅游的理论基础、生态旅游的主体——生态旅游者、生态旅游的客体——生态旅游资源、生态旅游的媒介——生态旅游业、生态旅游环境和生态旅游环境教育。

  本书在编写过程中,引用和参考了众多专家及学者的相关文献,在此对他们表示由衷的感谢。此外,感谢本丛书主编杨茂林、执行主编晔枫和李慧平、副主编杨必仪和韩克勇,谢谢各位的信任、鼓励与支持。由于笔者水平有限,如有疏漏之处,恳请各位读者批评指正。

罗琳

# 目 录

**第一章　生态旅游概述** …………………………………………… (1)
　　第一节　生态旅游的起源 ………………………………………… (1)
　　第二节　生态旅游的定义和内涵 ………………………………… (19)
　　第三节　生态旅游的特征、原则及类型 ………………………… (30)

**第二章　生态旅游的理论基础** …………………………………… (41)
　　第一节　环境伦理理论与生态旅游 ……………………………… (41)
　　第二节　可持续发展理论与生态旅游 …………………………… (50)
　　第三节　生态美理论与生态旅游 ………………………………… (60)

**第三章　生态旅游的主体——生态旅游者** ……………………… (64)
　　第一节　生态旅游者概述 ………………………………………… (64)
　　第二节　生态旅游者的形成条件 ………………………………… (71)
　　第三节　生态旅游者行为 ………………………………………… (78)

**第四章　生态旅游的客体——生态旅游资源** …………………… (84)
　　第一节　生态旅游资源概述 ……………………………………… (84)
　　第二节　生态旅游资源开发 ……………………………………… (94)

**第五章　生态旅游的媒介——生态旅游业** ……………………… (108)
　　第一节　生态旅游业概述 ………………………………………… (108)
　　第二节　生态旅游业管理 ………………………………………… (115)

## 第六章 生态旅游环境 (141)
### 第一节 生态旅游环境概述 (141)
### 第二节 生态旅游环境容量 (145)
### 第三节 生态旅游环境保护 (160)

## 第七章 生态旅游环境教育 (174)
### 第一节 生态旅游与环境教育 (174)
### 第二节 生态旅游与解说 (195)
### 第三节 生态旅游区环境解说系统构建 (200)

## 参考文献 (211)

## 后记 (217)

# 第一章　生态旅游概述

## 第一节　生态旅游的起源

### 一、生态旅游产生的背景

生态旅游的产生绝对不是一种偶然，而是有着深刻的社会背景和时代背景。它与人类生存环境的恶化、人们生态意识的觉醒、大众旅游的兴起，以及由此带来的诸多问题等多种因素密切相关。它是人类社会实现可持续发展，以及旅游业实现可持续发展的必然选择。

#### （一）人类生存环境的恶化

人类与自然的关系，最初是一种原始和谐的关系，产生于原始社会。由于人类自身的蒙昧，无法解释自然界的各种现象，只能将其神化，顺应自然并崇拜自然。随着人类实践活动的增加，人类对自然界的神化逐渐转变为对自然界的征服，原始和谐关系变成了斗争关系。[1] 进入18世纪后，随着西方工业革命带来的生产力的飞速发展，人类认识自然和改造自然的能力空前提高，以培根和笛卡尔为代表的人类中心主义提倡"驾驭自然，做自然的主人"，这一观点鼓舞着人类不断征服自然，创造新文明。产业革命带来了空前的现代工业文明，但随着城市化、工业化进程的加快，也导致人类无节制地掠取各种资源，资源枯竭、环境污染和生态恶化等环境问题全面爆发。

地球的资源是十分有限的，随着人类过多地、不正确地利用，许多资源已短缺甚至濒临枯竭。从土地资源来看，全球的耕地面积持续减少，土壤肥力下

---

[1] 贾子贤：《马克思人与自然关系理论的时代价值》，《人民论坛》2019年第8期，第104—105页。

降,土地退化严重。从水资源来看,随着工业和农业用水量迅猛增加,再加上水资源本身在地理上的分布不均,造成了区域性缺水。从森林资源来看,随着人类大量地消耗木材及林产品,全球每年消失的森林近千万公顷,森林覆盖率正在迅速地降低。从物种资源来看,全球生物多样性也遭到严重破坏。人类乱砍滥伐、乱捕滥猎、不当的围湖造田、过度放牧、沼泽开垦,以及过度利用土地资源、水资源和森林资源等,导致生物赖以生存的环境被破坏,直接影响生物生存,部分物种甚至随着生存环境的消失而悄然灭绝。

环境污染主要表现为工业废气污染、废水污染、废渣污染,即"三废"污染,以及城市的噪声污染和垃圾污染等。随着汽车、冶炼、化学等工业的出现和发展,工业废气、废水、废渣的排放量不断增加,在20世纪30—60年代,出现了震惊全球的八大公害事件。

"三废"污染还造成了生态环境恶化,如大气层中的二氧化硫、二氧化氮等气体的含量急剧增加,形成酸雨、酸雪等自然灾害;又如大气层中二氧化碳、甲烷等成分急剧增加,产生了温室效应,即引起地球气温上升。温室效应会导致全球气候异常、灾害性天气增加、地球上的病虫害增加等,又会导致许多物种的灭绝。此外,全球气候变暖使得冰川融化,融化的冰川雪水流入大海将导致海平面上升,大陆将被海水淹没,人类生活空间将更加狭小,为争夺生存空间而引发的战争不可避免。

为摆脱这种困境,人类的环境意识开始觉醒,生态文明的思想应运而生。

【阅读材料】
### 震惊全球的八大公害事件

1930年12月1—5日,比利时马斯河谷烟雾事件。比利时马斯河谷工业区排放出的有害废气(主要污染物为烟尘、二氧化硫)导致一周内有几千人出现咳嗽、流泪、恶心、呕吐、呼吸困难等中毒症状,约60人死亡。

1948年10月26—31日,美国多诺拉烟雾事件。美国宾夕法尼亚州多诺拉镇大量工厂排放的有害废气(主要污染物为烟尘、二氧化硫)导致近6000居民出现咳嗽、咽痛、呕吐、腹泻等症状,约17人死亡。

1952年12月5—9日,英国伦敦烟雾事件。英国伦敦由于冬季居民燃煤取暖引起的煤烟(主要污染物为烟尘、二氧化硫)形成烟雾,仅5天内就有4000多人死亡。

1943年5—10月,美国洛杉矶光化学烟雾事件。美国洛杉矶市的大量汽车废气(主要污染物为碳氢化合物)在紫外线作用下,形成以臭氧为主的光化学烟雾,刺激人的眼、鼻、喉。大量居民出现眼睛疼、头痛、胸闷气短等症状,400多位65岁以上的老人因呼吸系统衰竭而死亡。

1953—1956年,日本水俣病事件。日本熊本县水俣镇氮肥生产工厂将有毒废水、废渣(主要污染物为甲基汞)排入海湾中,居民因食用被污染的鱼、虾、贝等,而出现了口齿不清、步行障碍、表情痴呆、耳聋眼瞎、全身麻木,甚至精神失常等神经中毒症状。1972年日本环境厅公布:水俣湾和新县阿贺野川下游有甲基汞中毒者283人,其中有60余人死亡。

1931—1972年,日本富山骨痛病事件。日本富山县的炼锌厂将未净化的废水(主要污染物为镉)直接排放至河中,导致河流流域的多地居民因饮用河水或食用被水污染的稻米而中毒。此病症状表现为关节痛、神经痛、全身骨痛,最后全身骨骼软化,无法进食,在虚弱疼痛中死亡。共有258人确诊患上此"痛痛病",其中207人死亡。

1955—1961年,日本四日市哮喘病事件。日本四日市的石油冶炼等工厂排放大量废气(主要污染物为烟尘、二氧化硫、重金属粉尘)导致空气重度污染,大量居民罹患呼吸道系统疾病,尤其是哮喘的发病率急增。共有500多人因此患病,其中36人在病痛的折磨中死亡。

1968年,日本米糠油事件。日本九州地区和爱知县等多地在生产米糠油的过程中,由于管理不善和员工操作不当,使有毒物质(主要污染物为多氯联苯)混入米糠油中,人们在不知情的情况下食用了这种被污染的米糠油,出现了指甲发黑、皮肤变黑、眼结膜充血、眼睛分泌物增多、全身长疙瘩、肝功能下降等中毒症状。共计患者5000多人,其中16人死亡。受污染的米糠油副产品被当作家禽饲料出售,导致数十万只鸡死亡。[1]

---

[1]《世界八大公害事件》,《中国城市经济》2008年第3期,第21页。

(二)人类生态意识的觉醒与可持续发展观的产生

资源危机、环境污染和生态破坏等环境问题已经严重影响到了人类的生活和生产,如果继续放任不管,这些问题将会威胁到全人类的生存。在这样的背景下,有识之士开始反思,人类的生态意识开始觉醒。

20世纪30年代,美国科学家奥尔多·利奥波德在《沙乡年鉴》一书中提出:"一个事物,只有在它有助于保持生物共同体的和谐、稳定和美丽的时候,才是正确的;否则,它就是错误的。"他还指出:"没有生态意识,私利以外的义务就是一种空话。所以,我们面对的问题是,把社会意识的尺度从人类扩大到大地自然界。"①这位生态主义的"先知"最早提出了"生态意识"这一术语。20世纪80年代,苏联哲学家基鲁索夫对"生态意识"这一概念进行了较为科学严谨的界定,即生态意识是从根据社会和自然的具体可能性、最优的解决社会和自然关系问题方面,反映社会和自然相互关系问题的诸观点、理论和情感的总和。②

将生态意识付诸行动,即遵循可持续发展,才是解决资源危机、环境污染及生态破坏等问题的根本之道,才是人类得以继续生存的必然选择。

1962年,美国生物学家蕾切尔·卡逊出版了《寂静的春天》一书,指出无节制地使用农药对环境造成的严重危害:鸟儿不再叫,鱼儿不再游,自然界将一片寂静。虽然这一观点引起过争论,但是其科学的论述极具说服力,警醒人们正确认识农药使用的利弊,正确认识人类生产活动所带来的负面影响。

1968年,来自美国、法国、挪威等十多个国家的科学家在意大利罗马成立了罗马俱乐部,这是一个关于未来学研究的国际性民间学术团体,也是一个研究全球性问题的智囊团。该组织以"人类困境"作为研究对象,发布了一系列的研究报告,探讨人类生存所面临的潜在危机。该组织于1972年发表了第一份研究报告《增长的极限》,报告提出"地球极限论",指出人类社会的经济增长不可能无限地持续下去,因为地球自然资源的供给能力是有限的,如果按照目前

---

① 奥尔多·利奥波德:《沙乡年鉴》,舒新译,北京理工大学出版社,2015。
② 基鲁索夫:《生态意识是社会和自然最优相互作用的条件》,《哲学译丛》,1986年第4期,第29—36页。

的人口和资本快速增长的模式继续下去,全球就会面临一场"灾难性的崩溃",避免此灾难的有效办法就是限制增长。罗马俱乐部还为此设计了"零经济发展观"的对策方案。虽然绝对悲观论的"零经济发展观"不可取,但它对于为追求利润最大化,不惜以牺牲环境为代价的传统发展观的批评,确实是很有意义的。此后,罗马俱乐部又发布了一系列关于人类未来发展的研究报告,指出通过对人类自身素质的改造将有可能走向复兴的道路,其原有的"经济零增长观"也逐渐转变为"有机增长观"。罗马俱乐部的资源有限论、环境价值论为可持续发展理论奠定了理论基础。

1972年,联合国人类环境会议在瑞典斯德哥尔摩召开,来自113个国家的各界代表就世界环境问题及保护环境战略等问题进行了探讨,这是全球首次由各国政府共同参与讨论环境问题和保护对策的国际会议。会议通过了人类历史上第一个环境宣言《联合国人类环境会议宣言》(以下简称《人类环境宣言》),阐明了与会成员对人类环境问题的7点共同认识和指导人类环境保护事业的26项基本原则,唤醒人们对全球环境问题的重视,即我们共同拥有一个地球,制约人类发展的共同因素是全球化的环境问题,世界各国应该联合起来,一起行动,改善人类生存环境,保护我们共同的地球,从而造福于民,造福于子孙后代。该会议在讨论中使用了"可持续发展"这一提法。

1982年,联合国在肯尼亚内罗毕召开纪念联合国人类环境会议十周年的内罗毕会议。与会代表认为,《人类环境宣言》发布十年来,全球环境问题从整体上来看持续恶化,"酸雨沉降""臭氧层空洞"和"全球变暖"等环境问题相继出现,对人类的生存和发展构成了严重威胁。

1983年,联合国世界环境与发展委员会成立。1987年,该组织发表了《我们共同的未来》的研究报告,由于挪威首相格罗·哈莱姆·布伦特兰夫人时任该委员会主席,因而这一报告也被称为《布伦特兰报告》。报告对人类社会传统的发展模式和环境保护问题进行了全面的批判和反思,将"可持续发展"这一概念言简意赅地界定为"既满足当代人的需要,又不对后代人满足其需要的能力构成危害的发展"。并指出可持续发展是21世纪各个国家正确处理人口、资源、环境、经济相互关系的基本原则和发展战略。

1992年,联合国在巴西里约热内卢召开环境与发展大会,与会代表对《布伦特兰报告》中所建立的可持续发展理论达成共识,再次全面否定了工业革命以来"高生产、高消费、高污染"的传统发展模式,以及"先污染、后治理"的错误思路。会议通过了《里约环境与发展宣言》和《21世纪议程》等一系列重要文件。《里约环境与发展宣言》是人类历史上第二个环境宣言,该宣言申明了在环境保护问题上的国家权利和义务,对环境保护立法产生了重大影响。宣言主张世界各国在环境保护问题上建立全球合作伙伴关系,共同解决人类发展和环境面临的问题。宣言还指出,应将可持续发展作为人类社会和经济的全新发展模式。大会将可持续发展写入《21世纪议程》,标志着"可持续发展"由理论转变为行动战略。虽然人们对可持续发展的概念、理论体系还存在诸多争议,但作为一种新思想、新意识和新价值观,它已得到世界各国的普遍认可。

2002年,在《21世纪议程》未能得到有效实施、全球可持续发展面临着更多的挑战背景下,联合国在南非约翰内斯堡召开了可持续发展世界首脑会议,会议回顾了从斯德哥尔摩到里约热内卢再到约翰内斯堡,全世界可持续发展的进程,并发表《约翰内斯堡可持续发展宣言》。该宣言指出,消除贫穷、改变消费和生产格局、保护和管理自然资源基础以促进经济和社会发展,是压倒一切的可持续发展目标和根本要求。[①]以"我们对可持续发展的承诺"这一表述阐明了可持续发展的具体内容。

伴随着人类对环境问题与社会发展相互关系的反思,人类对环境保护的呼声越来越高,加强了自身对环境的责任感,开始重视在利用环境资源满足自身需要的同时,考虑代际公平,考虑如何使子孙后代满足其需要的资源不遭受破坏,即可持续发展理论逐步形成,为生态旅游的兴起奠定了理论基础。

(三)人类"回归自然"心态的激活

生态学家、环境学家、林学家、生物学家、医学家等通过研究纷纷指出城市存在大量的环境污染,空气不洁、水质不净、噪声污染、垃圾成堆等已严重威胁到人们的健康和生存,人们也逐渐意识到城市不是最佳的生存环境。城市环境污染危害人体健康理论、人体血液中缺乏氧气是万病之源理论、城市水泥沙漠理论、健康人寿命长短与居住地物种数量的多少成正相关理论等一系列相关

---

[①]《约翰内斯堡可持续发展宣言》,《环境保护》2002年第10期,第3—4页。

理论相继被提出,说明大自然才是人类生存最理想的环境。人们渴望回归自然、返璞归真的心态被激活,由此产生生态旅游需求与动机,生态旅游应运而生。

此外,旅游业是一种时尚的产业,即"旅游需求与供给之间复杂的相互关系是建立在人们的感知、期望、态度和价值观念动态变化基础上的"。根据卡森和莫尔登的一项调查,工业化国家有85%的居民认为环境问题是公众关心的第一大问题;伯尔的一项调查表明,76%的美国人认为他们是环境主义者;赖特的调查显示,76%的加拿大人认为环境保护应成为政府的一项长期优先政策。[1]随着人们环境保护意识的增强,旅游者对旅游活动的感知、期望、态度和价值观念也发生了相应的变化,他们越来越注重旅游环境质量,西方研究者将这种变化形象地称之为"市场的变绿"。人们的旅游观念正在发生着重大的变革,大家渴望与大自然亲密接触,与大自然融为一体;开始追求一种回归自然、返璞归真、自我参与式的旅游活动。正是这种旅游市场需求的变化,为生态旅游的兴起提供了强大的动力。

(四)传统大众旅游形式对生态环境保护的忽视

20世纪60年代,大众旅游兴起,旅游活动参与者已经不再像过去那样只有少数统治阶级、特权阶级,而是扩展到普通的劳动大众。随着旅游活动的大规模开展,世界各国都积极开拓旅游业,尤其是一些发展中国家,希望通过吸引发达国家游客,获得国家外汇收入以促进地区经济发展。因此,很长一段时间以来,人们都将注意力集中在旅游业所产生的巨大经济效益上,认为旅游业是"无烟产业""低投入、高产出的产业""不存在资源耗竭的产业"等。旅游业作为收益大、能耗低、对环境影响极小的理想产业,受到各国政府的大力扶持,很多国家纷纷把旅游业作为国家或地方的支柱产业加以发展。与此同时,第二次世界大战后国际形势和平与稳定,为旅游活动发展创造了良好的环境。随着世界各国致力于经济建设、科技发展,与之而来的生产效率提高、居民收入增加、带薪假期增长,为旅游活动的开展创造了良好的客观条件。城市化进程的加

---

[1] 李东和、张结魁:《论生态旅游的兴起及其概念实质》,《地理学与国土研究》1999年第2期,第76—80页。

快、教育的普及、信息技术的飞速发展,孕育了旅游需求,为旅游活动迅速发展创造了主观条件。再加上国家和政府的大力扶持,以及旅行社团体包价旅游的出现,旅游活动迅速得到普及,日益成为发达国家和发展中国家普通民众生活的构成部分。旅游活动的普及带来旅游业的飞速发展,从20世纪中期旅游业诞生到20世纪90年代不到50年的时间里,旅游业已经一跃成为世界第一大产业。

随着旅游活动的普及和旅游业的飞速发展,旅游业成了人类继农业和工业后第三次向大自然大举推进的产业。传统的大众旅游业主要是满足旅游者的需求,以旅游者的享乐为主要目的,发展目标定位于:游客享乐为基础、旅游业追求利润最大化、文化与景观资源的展览等。既不考虑目的地的环境承载能力,也不顾及目的地社区发展的需要,更谈不上对生态环境的保护。在传统的大众旅游背景下,开发商追求的目标是利润最大化,旅游者追求的目标是享乐,两者都从旅游活动中受益,却把由旅游活动带来的环境问题留给当地居民承担。旅游开发过于注重经济效益,将追求利润最大化作为首要目标也是唯一目标,人们又重蹈覆辙地采用工业革命的发展思路:开发者对旅游资源进行掠夺性开发,经营者对旅游景区采取粗放式的管理;再加上"无烟产业""不存在资源耗竭"等错误的认知、生态意识的缺乏,旅游业基本上在走"以牺牲环境为代价"的错误的工业化发展老路。这种以牺牲环境为代价来获取短期效益的方式是不可能得到持续发展的。

1. 旅游业并非"无烟产业"

旅游业虽然不像工业那样排放大量的废水、废气、废渣,但其也并非"无烟产业",旅游业同样会产生各种废物,如垃圾、废水等,只不过不像传统的工业"三废"那样,因含有毒的化学物质,极大地损害了人们的身体健康而令人感到恐惧。但是,发展旅游业所带来的环境污染和环境破坏对旅游景区生命周期的影响却是巨大的,环境问题会直接影响旅游资源的核心要素——吸引力,随着吸引力的下降,景区将快速进入衰退期。

2. 旅游业并非"不存在资源耗竭"

基于旅游消费本质上是追求快乐、追求享乐的精神消费,再加上旅游资源的构成要素中包括一部分可再生性资源,因此,人们常常陷入旅游"不存在资源耗竭"这一误区。其实,旅游资源非常脆弱易损,并且一旦遭受破坏,难以修复。人们还常常错误地直接将一般资源的可再生性衡量标准生硬地套用在旅游资源上,并未充分理解旅游资源的特性。普通资源之所以能成为旅游资源,吸引力是唯一的判断标准,吸引力来自资源与众不同的特点,或者是原始性,或者是纯天然,或者是原生态。重建的古迹虽然在一定程度上也能构成旅游资源,但其吸引力会大打折扣,价值也必然大打折扣。从这个意义上来说,旅游资源主要是不可再生性资源,一旦遭受破坏,难以修复和重建,即使修复和重建,其旅游价值也会大打折扣。作为一种发展迅速的产业,旅游业不仅消耗资源,而且还有过度消耗的问题。

(五)旅游业可持续发展的要求

旅游资源作为旅游活动的对象,是旅游业赖以生存和发展的基础。换句话来说,旅游业是资源型的产业,其可持续发展依赖于对旅游资源的永续利用,一旦资源遭受破坏,旅游资源的吸引力将大打折扣,甚至不复存在,这对于目的地旅游业的发展将是致命的打击。传统的大众旅游发展模式对旅游资源的过度开发乃至掠夺性开发、对旅游景区的粗放式管理、无节制地兴建旅游设施等,带来众多的生态环境问题,导致旅游景区遭受破坏甚至消失,不仅威胁着旅游业的生存,也阻碍着旅游业的可持续发展。可持续发展的本质是保持环境资源和文化资源的完整性,而且能给旅游目的地居民带来较好的经济效益。旅游发展模式必须从传统的资源掠夺型向可持续发展型模式转换,转变为一种负责任的旅游发展模式,既能保证旅游者获得特殊的旅游经历,又能保护旅游业赖以生存的资源环境,不以牺牲当前环境为代价。生态旅游就是这样一种负责任的、可替代性的旅游发展模式,其注重自然生态环境和人文生态环境的保护,通过保护自然资源和文化景观的完整性,减轻环境压力,实现旅游资源的永续利用,实现人类利益共享和代际公平,是实现旅游业可持续发展的必然选择。

从旅游目的地的角度来看,那些地理位置较偏远、交通闭塞、经济相对落后的地区,由于工业污染较小、人类活动破坏较少,生态结构保存较为完整。政府为保护自然生态和人文生态环境、保持生物多样性、保护珍稀动植物资源、保护当地传统文化,往往要划定范围设置保护区。但是,单纯地保护和采取封闭式的管理,并不能促进当地经济的发展和人们生活条件的改善,不能解决环境保护与区域经济发展之间的矛盾。事实上,开发是为了利用资源,保护是为了更好地、永续地利用资源,单纯地保护而不开发利用,如同因噎废食。相比其他资源的开发和利用方式,发展生态旅游应该是最佳选择。通过对生态旅游的开发,一方面可以获得旅游收入,促进地区经济发展,改善当地居民的生活条件;另一方面能有效地保护自然与人文生态系统,这是实现旅游目的地经济、文化、社会可持续发展的不二选择。

综上所述,人们经过反思,逐渐意识到旅游发展必须重视生态环境保护,必须用一种负责任的旅游发展新模式来替代传统发展模式。这种新模式应该能让旅游业的发展和环境改善相协调,在提供满足人类需要的旅游产品的同时,不以破坏生态环境为代价,亦能保护旅游目的地的自然资源和文化资源,实现旅游业的可持续发展。1995年,联合国教科文组织、环境规划署和世界旅游组织在西班牙召开可持续旅游世界发展会议,会议通过《可持续旅游发展行动计划》和《可持续旅游发展宪章》两个重要文件,为旅游业指明了可持续发展的方向以及具体的行动纲领。在这样的背景下,生态旅游作为一种对自然环境和文化生态负责任的旅游方式,作为一种能满足人类"回归自然"需求的旅游形式,作为一种旅游业可持续发展的典型模式,成了必然的战略选择。生态旅游既是人类认识自然、审视自我行为、进行自我反省的必然结果,也是人类克服环境危机、追求生态文明和实现可持续发展的智慧选择;是人类生态意识觉醒的产物,也是传统旅游业向可持续发展旅游业转型的必然选择。发展生态旅游不仅能促进社会经济发展、提高居民的生活水平,还能引发人们对生态问题的重视、改善目的地的环境质量,是人类进步、社会文明的需要。

## 二、生态旅游的起源

"生态旅游"的英文为 ecotourism,是 ecological tourism 的缩写,国际上普遍认为生态旅游起源于20世纪60年代,它是从自然旅游发展而来的,所谓的自然旅游,是指以自然资源为基础的旅游形式,它能满足人们热爱自然、返璞归真、享受一种新环境的需求。早期国外的旅游文献上经常出现的"以自然为基础的旅游""自然旅游""自然导向旅游""野生动物旅游""环境友好旅游""绿色旅游""环境远征""适宜的旅游""可选择旅游""负责任的旅游""讲道德的旅游""软旅游"等都属于自然旅游的不同形式。

(一)生态旅游活动的兴起

关于生态旅游活动的兴起,从世界范围来看,大体上分为两类情形:一是被动型,即一些经济欠发达的国家拥有丰富而独特的旅游资源,因为经济的压力而迫不得已发展生态旅游,例如肯尼亚;二是主动型,即一些经济发达国家因旅游市场需求而主动开展生态旅游活动,例如美国。目前比较公认的是,生态旅游最先出现在经济欠发达的国家,因为这些国家拥有丰富而独特的旅游资源,有开展生态旅游的良好的基础。非洲的肯尼亚和拉丁美洲的哥斯达黎加是其中的典型代表。

肯尼亚是全球著名的野生动物与自然观光旅游目的地之一,有"自然旅游的前辈"之称,生态旅游一直是其旅游业的标志。当初肯尼亚开展生态旅游,是被逼出来的。肯尼亚拥有数量庞大、种类繁多的野生动物,在殖民主义的统治下,从20世纪初开始,白人大肆地开展各种野蛮的猎杀大型野生动物的狩猎活动。1977年,政府在肯尼亚人民的强烈要求下宣布禁止猎杀野生动物,并在第二年宣布有关野生动物的猎获物和产品交易属违法行为。于是,部分因此而失业的人们被迫走上开辟旅游市场的道路,开始探索新的旅游模式。他们想到以本国迷人的自然风光、独特的野生动植物生态系统、阳光充足的海岸沙滩等资源为吸引物招徕游客,并提出"请用照相机来拍摄肯尼亚"这一口号[①],生态旅游由此产生。从1988年开始,旅游业的收入一举超越传统的咖啡和茶叶贸易出口,成为这个国家外汇收入的首要来源。

哥斯达黎加是拉丁美洲开展生态旅游颇有成效的又一典范。20世纪70年代以前,哥斯达黎加为了发展农业而过度砍伐森林导致水土严重流失,土壤日益贫瘠。为了改变这一状况,从1970年开始,国家先后建立了34个保护区和国家公园,制定严格的法律法规保护森林资源,并成立专门的机构监督。同时,在保护区和国家公园内开展非破坏性的生态旅游活动。到20世纪80年代中期,旅游业的外汇收入成为这个国家外汇收入的第一大来源,首次超

---

① 张广瑞:《生态旅游的理论与实践》,《财贸经济》1999年第8期。

越了咖啡和香蕉的出口。据统计,大约有 1/3 以上的入境旅游者是为了生态旅游而来。

美国是经济发达国家中成功开展生态旅游的典型代表。1872 年,美国建立了世界上第一个国家公园——黄石公园,这里既是自然保护区又是旅游区,每年有成千上万的旅游者前往黄石公园开展自然旅游,他们被黄石公园的景色所震撼,而一些人的行为却令人不齿,体现出人们无法控制的自私和对环境保护的忽视,一些女性游客用自己的发卡将自己的名字刻在老忠实间歇泉边的石头上。到 20 世纪中期以后,由于自然旅游与环境保护的冲突加剧,美国开始提倡"除了脚印什么也不留下,除了照片什么也别带走"的口号,提出发展生态旅游,并制定了一系列相关的法律法规,同时注重培育从事生态旅游产品开发和生态旅游业务经营的相关企业。

加拿大在 1930 年制定了《国家公园法》。其他欧美国家以及澳大利亚、新西兰、日本等国的生态旅游也相继发展起来,都取得了不错的效果,各国都分别制定了有关法律法规以保证生态旅游的发展,同时还培养出一批专门从事生态旅游产品开发和经营的机构及企业。以上这些都为生态旅游的发展提供了难得的宝贵经验,也为生态旅游的研究奠定了重要基础。

(二)国外生态旅游研究的兴起

随着生态旅游的兴起,对于生态旅游的研究也应运而生。关于"生态旅游"这一词汇的起源一直众说纷纭,相关的文献也数量众多。早在 1954 年,洛萨·玛胡拉在其论文《自然保护与旅游:以奥地利为例》中提出,旅游是可以唤起人们对自然热爱的一种介质,并讨论旅游应该如何与自然保护合作,以及两者可能会存在不兼容的现象。虽然论文并未直接提出生态旅游这个专业术语,但作为首次探讨旅游和保护关系的学术文献,为后来的生态旅游研究埋下了种子。美国学者赫兹曾在 1965 年发表文章批评旅游活动对发展中国家所造成的冲击,他提议以"Ecological Tourism"取代传统的旅游模式,这被认为是第一次提及生态旅游这个词。文中还分析了旅游者、环境和文化之间的相互关系,认为一种比较负责任的旅游应该包含四个要素:一是对环境的影响最小;二是对当地本土文化的影响最小;三是对目的地居民的利益最大化;四是对旅游者娱乐需求的满足最大化。1980 年,美国学者豪金斯所编的论文集《旅游规划与开发问题》中收录了加拿大学者克劳德·莫林的论文《有当地居民和社团参与的生态和文化旅游规划》,文中使用了"生态旅游"这一概念,只不过他的研究范围仅限于乡村旅游发展中的自然环境与人文环境,他提出"软旅游"概念,即"将旅游者与风景、生活方式、氛围和风俗习惯融为一体并不破坏它们"[1],但其并未对生态旅游做出一个科学而严谨的定义。随着人们对环境问题的关注,关于旅游业的发展与环境相互作用的研究也逐渐增多,可持续发展观念日渐深入人心,作为既能满足需求又能保护环境的生态旅游引起了广泛的重视。国外大部分文献资料比较统一认可"生态旅游"这一词汇是由谢贝洛斯·拉斯喀瑞创造出来的。1983年,国际自然保护联盟(IUCN)的特别顾问谢贝洛斯·拉斯喀瑞正式把"生态旅游"作为一个独立的术语使用。他强调生态旅游的区域是自然区域,并将其定义为"到相对未被打扰过或未被污染过的自然区域旅行,带有明确的研究、欣赏或观赏当地野生动植物,或现存当地文化(古代的和当代的文化)的目的"。[2] 1986年,国际环境会议在墨西哥召开,会议就生态旅游发展的问题专门进行了讨论。1990年,世界自然基金会(WWF)发表了一篇名为《生态旅游:潜能与陷阱》的研究报告,报告分析了拉丁美洲和加勒比海地区的五个国家旅游业发展的过程、相关政策与管理情况,特别针对这些国家发展自然旅游和保护区的相关情况进行了研究,最后从生态旅游发展角度对该地区的旅游业规划和管理提出了建议。此报告对上述五个国家甚至全球生态旅游的发展都产生了极其重要的影响。同年,世界生态旅游研讨会在美国佛罗里达州迈阿密召开,会议主要讨论了生态旅游发展和资源保护的相关问题。1992年,联合国世界环境和发展大会在巴西里约热内卢召开,会议提出并推广可持续发展的概念和原则。自此以后,生态旅游作为旅游业实现可持续发展的主要形式得到了广泛的研究和实践。

生态旅游的思想提出至今已有50余年,在全球环境问题突出、人类"生态意识觉醒"的背景下,生态旅游的思想对旅游业产生了重大影响。各类科研保护机构、非政府组织、多边援助机构、发展中国家和旅游业内部组织等纷纷参

---

[1] 张广瑞:《生态旅游的理论与实践》,《财贸经济》1999年第8期。
[2] 芬内尔:《生态旅游(第四版)》,张凌云、马晓秋译,商务印书馆,2017。

与其中。一些国际性机构与组织的参与和广为推崇进一步推动了生态旅游的发展。例如,自 1991 年起,国际生态旅游协会开始与美国华盛顿大学合作,面向全社会提供生态旅游教育与培训服务,并通过创办论坛和举办专题讨论会,向社会提供最新的生态旅游发展趋势资讯和各种科学规划管理方法。1994年,世界旅行旅游理事会创立"绿色环球 21"生态旅游认证标准环球体系,1999 年起开始独立运作,迄今为止,全球已有上千家企业或机构得到认证,并达成了一定的共识。澳大利亚生态旅游协会制定的 NEAP 生态旅游认证体系已被世界部分地域采纳运用。2002 年,"绿色环球 21"组织与澳大利亚生态旅游协会合作制定了《国际生态旅游标准》,经过修订,2004 年提出生态旅游的 11 条原则。[①] 作为全球享有盛誉的、最大的独立性非政府环境保护组织——世界自然基金会(WWF)则更多地致力于环境脆弱地区的生态旅游实践,在发展中国家产生了积极影响,在全球引起广泛关注。经过 50 余年的研究,国际上逐渐形成了生态旅游的三大核心理念:保护、负责任和维护社区利益。

(三)中国生态旅游研究的兴起

中国和世界其他国家一样,人们关注着环境问题,也关注着旅游业的发展。20 世纪 80 年代,随着全球生态旅游热潮的兴起,生态旅游思想传入中国,一些学者开始探讨与生态旅游相关的问题,介绍生态旅游的文章不断出现。1995 年 1 月,中国旅游协会生态旅游专业委员会组织的首届"中国生态旅游研讨会"在云南西双版纳召开,第一次倡导在中国开展生态旅游活动。此后,1996 年和 1997 年分别在武汉和北京召开的生态旅游或可持续旅游研讨会,极大地推动了生态旅游的发展。国家旅游局将 1999 年旅游业的主题定为"中国生态环境游",使生态旅游受到了旅游业界的普遍重视,也引发了全社会的热切关注。相关科研机构陆续对此进行了研究和实践。一些机构和组织提倡编制生态旅游的规范及标准,便于生态旅游的开展,目前已有中国生态学会旅游生态专业委员会推出的《中国生态旅游推进行动计划》和中国科学院和国家环保总局推出的《生态旅游区标准》等。1998 年 5 月,《光明日报》发表了一篇题

---

① 诸葛仁:《借鉴国际生态旅游标准规范中国生态旅游市场》,《中国旅游通讯》2006 年第 4 期,第 37—41 页。

为《生态旅游岂能破坏生态》的文章,文章提出,"真正意义上的生态旅游应当把生态保护作为既定的前提,把环境教育和自然知识普及作为核心内容,是一种求知的高层次的旅游活动。而不应当把生态消费放在首位,不惜以生态资源的消耗为代价来满足旅游者的需要和获得经济收益"。[①]文章还指出,我国拥有丰富的自然资源与文化资源,具备开展生态旅游的天然优势,但是从全国范围来看,环境污染和生态破坏等问题相当严重,不管是旅游经营者还是普通民众都缺乏生态旅游意识。即便是具备发展生态旅游良好条件的地方,由于缺乏专业的管理人才和经营人才,缺乏专业知识与技能,难以开展真正的生态旅游。因此,我国发展生态旅游应当持慎重态度,应循序渐进,不可匆忙上马。2009年,国家旅游局再次将全国主题旅游年确定为"中国生态旅游年",主题口号是"走进绿色旅游、感受生态文明"。2016年,《中华人民共和国国民经济和社会发展第十三个五年规划纲要》明确提出要"支持发展生态旅游"。20多年来,我国学者对生态旅游的研究从最初的概念探讨和如何开发逐渐转为理论研究与实践运用,例如生态旅游基础理论、生态旅游资源、生态旅游市场、生态旅游影响、生态旅游管理与政策等,并取得了大量研究成果,不断推动我国生态旅游的实践发展。

**【阅读材料】**

### 生态旅游的兴起——以肯尼亚、哥斯达黎加等国家为例

一、肯尼亚生态旅游的兴起

位于非洲东部的肯尼亚于1963年摆脱英国殖民统治,成为独立国家。独立伊始,肯尼亚的总体情况是农业基础脆弱,工业基础薄弱,矿产资源贫乏,经济发展极不稳定。但肯尼亚拥有得天独厚的旅游资源,即独特的自然风光和丰富的野生动物资源。作为一个原英属殖民地,肯尼亚吸引了欧洲的一些政治家、皇室成员以及探险家进行狩猎旅游。然而,西方殖民者参与这一活动时,只停留在欣赏大自然风光的审美与追捕野生动物的猎奇心理层面上,没能建立较强的环境与动物保护意识,因此,肯尼亚最初的生态旅游活动与当今强调的

---

① 张广瑞:《生态旅游的理论与实践》,《财贸经济》1999年第1期,第51—55页。

生态旅游是相违背的。狩猎旅游的历史让肯尼亚的生态旅游发展伊始便蒙上了一层阴影。因为缺少对于猎游行为的官方规定以及缺少环保意识，再加上国际市场上对象牙、犀牛角等奢侈商品的需求增加，狩猎者对野生动物赶尽杀绝的行径未曾中断，造成大量野生动物的死亡，给野生动物带来巨大灾难。此外，狩猎活动的参与者基本上是肯尼亚国内富有的土生白人或欧美旅游者，从旅行的策划到最终利润的分配也由白人，尤其是国外白人一手操办。可以说，肯尼亚旅游业在狩猎旅游阶段基本掌握在白人的手中，他们不仅过度消费和破坏了当地的生态，也独自占有了旅游所带来的巨大利益。因此，这一阶段的肯尼亚旅游，引发了国际社会的舆论抨击。与此同时，环境的破坏与旅游带来利益的独享更是激化了旅游地社区居民与白人间的矛盾。于是，肯尼亚政府于1977年宣布禁猎令，提出了"用你的镜头来猎取肯尼亚"，以生态旅游取代狩猎旅游。政府通过将原住民迁离等办法建立起26座国家公园、28处自然保护区和1处自然保留区，这些保护地共占肯尼亚陆地面积的12%。这样的改变取得了良好的效果，不仅使旅游人数、旅游业收入增加，更重要的是给当地企业和社区居民带来正面效应。因为在以狩猎为主的旅游时期，旅游活动的操纵者大多是西方的白人，旅游利益也大多由他们独占。自从旅游形态改变后，肯尼亚有更多的本地企业涉足旅游业，出现了许多属于国人自己经营的旅游集团和旅游服务公司等，并为当地居民带来了更多的就业机会。到1987年，肯尼亚旅游业收入已经超过了茶和咖啡，成为该国第一大外汇收入来源。随后，在20世纪90年代末，肯尼亚经历了内部政治冲突，1998年和2002年又遭受了恐怖袭击，使得该国的旅游业总体下降，但到2007年，肯尼亚已经成为生态旅游的引导者，不仅是最古老而成功的国家级生态旅游社会，同时还实现了越来越多的创新社区运营的生态旅游发展模式。

二、哥斯达黎加生态旅游的兴起

哥斯达黎加位于中美洲，东临大西洋的加勒比海，西靠北太平洋，北部与尼加拉瓜接壤，东南与巴拿马毗邻。其经济特点是依赖国际农业市场条件下的单一经济非常明显，当国际农业市场对某种商品需求旺盛时，公众便一哄而上；当该种商品市场饱和、过剩后，全国经济就会出现不景气，公众的目光便会转向另一种商品形成新一轮单一经济。在哥斯达黎加历史上，曾经历过"木材周期""牛肉周期""香蕉周期""可可周期"和"咖啡周期"等。其中,咖啡、香蕉的生产对哥斯达黎加的经济、文化产生了极为重大的影响,哥斯达黎加是世界上仅次于厄瓜多尔的第二大香蕉出口国。

在这种单一经济结构下,哥斯达黎加的经济增长所依赖的是对资源的加速利用,其自然资源损耗速度高于GDP(国内生产总值)的年增长率。受跨国联合果品公司对经济的长期控制,哥斯达黎加大力发展果品种植园经济,以毁林、破坏自然资源可持续利用为代价。例如,哥斯达黎加拥有600年的香蕉种植史,1879年开始出口,联合果品公司把哥斯达黎加70%的香蕉出口到美国,翌年同一比例提高到78%,使哥斯达黎加的经济高度依赖美国,也使哥斯达黎加形成单一的香蕉种植业经济,至1990年,其香蕉产值仍占农业总产值的35%,占全国出口总额的26%。为种香蕉,哥斯达黎加将大量的热带雨林辟为香蕉园,加之为向美国出口牛肉建养牛牧场而大量清除森林,使哥斯达黎加的热带雨林面积以每年3万公顷的速度锐减,森林覆盖率由20世纪40年代的70%降至30%;同时,毁林导致的土壤流失日益严重,1992年底全国52%的土地存在不同程度的侵蚀,土壤侵蚀率为每年7亿吨。再如,中央谷地是咖啡的集中生产区,咖啡加工导致水污染,加之香蕉种植过程中施用的杀虫剂和化肥残余物冲入河道,使哥斯达黎加10条大河都出现较大程度的污染。

单一经济造成的问题已引起哥斯达黎加政府的高度重视,政府已认识到必须通过鼓励生产和出口多元化,保护热带雨林地区的生态环境,以实现可持续发展。1990年,哥斯达黎加出台了《国家经济结构调整计划》,开始从传统经济向多元化经济转变,其中,发展生态旅游业是主要内容。

自然资源是旅游业的主要引力,哥斯达黎加的自然生态资源丰富,拥有多样化的景观:国土面积占世界陆地面积的0.03%,而生物量占世界5%的哥斯达黎加,拥有1.2万种植物、1449种脊椎动物(其中鸟类850种、哺乳动物205种),国土面积虽然只有51000平方公里,却拥有12个自然带和4个热带雨林景观;地处热带,月均温在26℃—28℃,年均降水量在1500—6000毫米之间,水热资源丰富。此外,"海岸型"生态资源有垂钓、冲浪、潜水等,这些都为生态旅游提供了条件。

哥斯达黎加国内空间和市场狭小,但临近美国为哥斯达黎加提供了机遇。

美国领土大部分位于温带,缺乏热带气候区,其热带生态资源对美国产生了极大的吸引力,大量的美国旅游者对热带雨林极为向往。因此,美国是哥斯达黎加生态旅游业的最主要客源之一。

哥斯达黎加生态旅游区种类繁多,有休眠火山、原始热带雨林、国家公园、古运河河道、加勒比海绿海龟栖息地、生态观赏农业区等。生态旅游资源的分布、组合条件优越,旅游者可在短时间内领略多种类型的生态旅游区。

哥斯达黎加具有民主、和平、自由的旅游环境优势。全国没有军队,前总统奥斯卡·阿里亚斯是1987年诺贝尔和平奖的获得者。这为生态旅游的发展提供了良好的环境基础。

哥斯达黎加拥有完善而独具热带和拉美文化特征的基础设施。在哥斯达黎加能通过通信卫星收看世界各地的电视节目,市区交通发达,咖啡馆随处可见,旅馆设施齐全。

目前,哥斯达黎加的生态旅游业已具有世界影响,以其生态资源的知名度、旅游加环境教育式的组织方式吸引了大量生物学家、生态学家致力于生态旅游可持续发展的研究与实践。

国际市场上单一经济的脆弱性以及自然旅游资源异常丰富等因素,使非传统产业的生态旅游业于20世纪80年代末在哥斯达黎加出现。生态旅游业的先驱是科学家,但实际上哥斯达黎加自然资源的质量和多样性早已闻名遐迩,吸引着科研人员来此研究,为了研究必须有相应的服务,如食宿、交通、导游等,这样旅游服务业在哥斯达黎加应运而生。科研引来世界媒体的报道,英国广播公司BBC、美国有线电视新闻网CNN和《国家地理》杂志的记者把哥斯达黎加推向世界。20世纪90年代初,哥斯达黎加政府意识到生态旅游业对本国经济的重要性,开始大规模建设旅馆、度假村、国家公园和自然保护区,生态旅游业迅速增长。据哥斯达黎加国家统计局统计,自生态旅游发展十年间,哥斯达黎加的国外旅游人数增加了三倍。哥斯达黎加生态旅游业的产值和创汇额已超过咖啡及香蕉种植业,生态旅游业已成为哥斯达黎加最大的产业和最大的外汇来源,生态旅游业的发展已使哥斯达黎加由一个以农业占主导的国家向以生态旅游业占主导的方向转变,也成为举世公认的生态旅游先驱。[1][2][3]

## 第二节 生态旅游的定义和内涵

### 一、生态旅游的定义

迄今为止,生态旅游的定义提出已有30余年,据不完全统计,包括世界自然保护联盟(IUCN)以及美国、日本、澳大利亚等国家的旅游机构提出的定义在内,国际上的生态旅游相关定义已有百余种。我国学者提出的相关定义也有近百种。其中,并未出现令绝大多数人都认可的统一的定义。这些定义或者着眼的角度和层次不同,或者研究的出发点不同,或者研究范围不同,或者表述不同,或者追求的目标不同。总之,众多组织和机构为了不同的目的,在不同的区域,凭借着自身对生态旅游的认知和理解,实践着自认为最佳的生态旅游模式。这种着眼角度和层次的不同,是生态旅游的定义层出不穷的主要原因。另外,很多定义存在着将发展生态旅游的目的与手段混为一谈的情况。例如,在谈到旅游可持续发展时,指出要实现经济正面影响的最大化与文化、环境负面影响的最小化,其实这正是可持续发展的具体表现;又如部分定义强调环境教育,不管是为了减少对环境的负面影响还是为了满足旅游者的需求,事实上都是实现可持续发展的手段。由于定义繁多,无法一一赘述,下面列举部分典型的定义:

1983年,世界自然保护联盟(IUCN)的特别顾问谢贝洛斯·拉斯喀瑞将生

---

[1] 张建萍:《生态旅游与当地居民利益——肯尼亚生态旅游成功经验分析》,《旅游学刊》2003年第1期,第60—63页。

[2] 林敏霞、徐梓淇、张钰:《社区参与和生态旅游:肯尼亚经验研究》,《湖北民族学院学报(哲学社会科学版)》2017年第5期,第55—62+113页。

[3] 陈久和:《生态旅游业与可持续发展研究——以美洲哥斯达黎加为例》,《绍兴文理学院学报(哲学社会科学版)》2002年第2期,第70—73页。

态旅游界定为常规旅游的一种形式,它能使旅游者在欣赏和游览古今文化遗产的同时,置身于相对古朴、原始的自然区域,学习和享受风光、野生动植物。

1990年,较早研究生态旅游的国际机构——世界自然基金会(WWF)的研究人员伊丽莎白·布对生态旅游做出定义:生态旅游必须以"自然为基础",是"为学习、研究、欣赏、享受风景和那里的野生动植物等特定目的而到受干扰比较少或没有受到污染的自然区域所进行的旅游活动"。[1] 1992年,伊丽莎白·布将原定义修订为:"以欣赏和研究自然景观、野生生物及相关文化特征为目标,为保护区筹集资金,为当地居民创造就业机会,为社会公众提供环境教育,有助于自然保护和可持续发展的自然旅游。"[2] 相比之下,前者只从旅游者的角度强调生态旅游活动的目的与性质,而后者却考虑到了生态旅游目的地应从中受益。

1992年,国际生态旅游协会(TIES)将生态旅游界定为:"为了解当地环境的文化与自然历史知识,有目的地到自然区域所做的旅游,这种旅游活动的开展在尽量不改变生态系统完整的同时,创造经济发展机会,让自然资源的保护在财政上使当地居民受益。"[3]

"绿色环球21"(GG21,Green Globe 21)是当今世界上唯一的旅游行业全球性认证体系,其对生态旅游的定义界定如下:着重通过体验大自然来培养人们对环境和文化的理解、欣赏和保护,从而达到生态上可持续的旅游。

1996年,世界自然保护联盟提出生态旅游的定义:在一定的自然区域中进行的有责任的旅游行为,为了享受和欣赏历史的与现存的自然文化景观,这种行为应该在不干扰自然地域,保护生态环境,降低旅游的负面影响和为当地人口提供有益的社会、经济活动的情况下进行。

我国学者卢云亭列举过八类常见生态旅游定义。第一,生态旅游是回归大自然的旅游。第二,生态旅游是在利用自然资源供人们观赏的同时,又对自然

---

[1] 吴楚材、吴章文、郑群明、胡卫华:《生态旅游概念的研究》,《旅游学刊》2007年第1期,第67—71页。

[2] 张广瑞:《生态旅游的理论与实践》,《财贸经济》1999年第8期。

[3] 同上。

环境进行保护的一种活动。第三,生态旅游是按生态学要求实现环境优化,使物质、能量良性循环,经济和社会优良、高效、和谐地发展,并有丰富的值得观赏的生态项目,以不破坏环境为特征的风景旅游活动。第四,生态旅游是一种既能满足游客游览观光自然风景,又能通过旅游探索自然奥秘,了解和认识自然,进行环境教育的特殊旅游形式。第五,生态旅游是在生态学的观点和理论指导下享受、认识、保护自然和文化遗产,带有生态科教、生态科普色彩的一种特殊形式的专项旅游活动。第六,生态旅游是对保护环境及维护当地居民正常安逸生活承担义务的旅行。如果说旅游业的发展所带来的资金能有助于当地的经济发展,如果当地的老百姓因旅游业的促进,进而去保护生态环境,那么这便是生态旅游。生态旅游只有在为当地创造足够的经济收益,进而防止生态环境进一步遭受破坏的情况下,才真正显示出它的意义。第七,生态旅游是以生态环境和生态类型与生态资源为主要旅游对象和活动形式,以欣赏大自然风光,接受生态知识的科普教育或探索和研究生态科学为主要内容及目的的一种新型的综合旅游项目,其旅游的对象主要是国家公园和保护区内的旅游生态资源。第八,生态旅游是以生态系统原理为指导,充分利用当地的自然优势,在保护环境和自然资源的基础上,开发、利用自然资源,有限度地发展旅游事业。

卢云亭指出,由于不同学者从不同角度,将生态旅游的发展目标、开发条件、功能、指导原则、观览对象、游客承担义务、活动形式和特点等,分别列入定义表述内容。因此,要给生态旅游赋予一个非常准确的定义是很不容易的。他又进一步指出,众多定义在两个方面已达成共识:一是回归自然,即生态旅游是到大自然中去开展观赏、旅行、探险等活动,其目的在于享受和领略令人愉悦的人与自然的和谐氛围,探索和认识自然界的奥秘,从而促进旅游者身心健康,陶冶其情操,接受环境教育,享受自然和文化遗产等;二是生态旅游对生态环境有促进作用,不论是生态旅游者,还是生态旅游经营者,甚至包括目的地居民,都应当为保护生态环境做出贡献。也就是说,只有在旅游和保护两手抓时,生态旅游才能显示其真正意义。卢云亭把前一类只强调到生态环境中开展活动,不考虑对生态环境保护的定义称之为单义性;将后一类强调在生态环境中开展活动,更强调在各方达到目的的同时,要对保护生态环境做出贡献的观点称之为双义性。双义性的观点才是与可持续发展理论相适应的。最后,卢云亭将生态旅游界定为以生态学原则为指针,以生态环境和自然资源为取向,所展开的一种既能获得社会经济效益,又能促进生态环境保护的边缘性生态工程和旅行活动。①

张延毅和董观志指出,在很多情况下,由于人们无法正确理解生态旅游的概念,因此走进了生态旅游的误区,单纯地认为回归大自然的旅游就是生态旅游。部分经营者也趁机打起生态旅游的幌子吸引游客,在实践中往往与生态旅游的目的背道而驰。游客的急剧增加和过于集中,导致原本就脆弱的生态系统遭到更加严重的破坏。真正的生态旅游应该在保护自然生态和人文生态等方面做出贡献,干一些实实在在的有益之事,同时还要为目的地带来好处,如增加就业机会和促进经济发展等。他们将生态旅游界定如下:广义的生态旅游是指对环境和旅游地文化有较小的影响,有助于创造就业机会,同时保护野生动植物的多样性,对生态和文化有着特别感受的带有责任感的旅游。狭义的生态旅游是指人们为了追求融进大自然奇特环境的刺激性所进行的一种冒险性生态空间的跨越行为和过程,同时对保护环境质量、维护生态平衡和促进人类与生物共同繁荣承担责任的旅游活动。②

郭来喜将生态旅游界定为以大自然为舞台,以高雅科学文化为内涵,以生态学思想为设计指导,以休闲、度假、保健、求知、探索为载体,旅游者参与性强、品位高雅、形式多样,既使旅游者身心健康、知识增益,又能增强其热爱自然、珍惜民族文化、保护环境的意识,弘扬文明精神实现可持续发展的旅游体系。③

王尔康将常见的生态旅游定义概括为三类。第一,强调生态旅游是一种回归大自然的旅游活动,其目的是为满足现代文明人类逃避紧张现实、远离城市污染、调节身心节律等需求。第二,强调生态旅游是一种开展生态学教育的旅

---

① 卢云亭:《生态旅游与可持续旅游发展》,《经济地理》1996年第1期,第106—112页。
② 张延毅、董观志:《生态旅游及其可持续发展对策》,《经济地理》1997年第2期,第108—112页。
③ 郭来喜:《中国生态旅游——可持续旅游的基石》,《地理科学进展》1997年第4期,第3—12页。

游活动。通过对旅游者进行生态学的教育,使其了解并致力于环境保护这一全人类共同面临的重大课题。第三,强调生态旅游是一种对目的地生态环境承担保护义务的旅游活动。生态旅游的目的地往往是生态环境较好同时又比较脆弱的区域。旅游者的进入反而使很多宝贵的旅游资源遭受不同程度的破坏。因此,生态旅游应以实现旅游业的可持续发展为目标,以不破坏自然生态及人文生态环境为前提。王尔康认为生态旅游是人们以享受大自然和了解大自然为目的而进行的一种旅游活动,通过这种旅游活动,可以使人们更加热爱大自然和更自觉地保护大自然。①

刘家明分析指出,在国内外学者给出的众多定义当中,比较具有影响力的有四类。第一,生态旅游是促进保护的旅游。比如谢贝洛斯·拉斯喀瑞、伊丽莎白·布等人将生态旅游界定为以欣赏和研究自然景观、野生动植物以及相关的文化特色为目标,通过为保护区筹集资金、为地方居民创造就业机会、为社会公众提供环境教育等方式而有助于自然保护和持续发展的自然旅游。第二,生态旅游是能对旅游者进行教育的旅游。生态旅游提供的宣传以及环境教育使游人能够参观、理解、珍视并享受目的地的自然和文化,同时不对其生态系统或当地社会产生无法接受的影响或损害。第三,生态旅游是以大自然为舞台,以生态学思想为指导,以休闲、保健、求知、探索为载体的旅游。生态旅游的游客参与性强、品位高雅、形式多样,生态旅游活动的开展,既能促进旅游者的身心健康、开阔眼界,又能增强其热爱自然、保护环境的意识,是促进环境优化的健康型旅游活动。第四,生态旅游是以生态学原则为指针,以生态环境和自然资源为取向所展开的一种既能获得社会经济效益,又能促进生态环境保护的边缘性生态工程和旅行活动。刘家明最后得出结论:生态旅游是与对资源的低影响利用、环境保护以及持续发展紧密联系在一起的,生态旅游不只是一种旅游形式,更应该将其看作是旅游开发的一种战略,其战略目标就是使以资源为基础的旅游业能够可持续地发展。生态旅游有广义和狭义之分。狭义的生态旅游是指到天然环境中进行生态回归游;广义的生态旅游除了包括狭义的生态旅游外,还包括在各项旅游活动和规划中贯彻生态旅游观点,使旅游地具有可

---

① 王尔康:《生态旅游与环境保护》,《旅游学刊》1998年第2期,第13—15+61页。

持续发展特征。①

牛亚菲将生态旅游的定义分为三个类别。第一,以旅游可持续发展为目标的生态旅游定义。此类观点把生态旅游当作一种旅游的发展模式,将区域旅游发展与目的地社区发展和环境保护相结合,提出只有既能促进目的地社区发展又能保护资源和环境的旅游才是生态旅游。第二,定位于市场和消费行为的生态旅游定义。此类观点将生态旅游当作一种产品推向旅游市场,强调此类产品为旅游者提供的旅游目的地是没有或者极少受到干扰及破坏的自然生态或文化生态环境。具体类型包括自然旅游、探险旅游、科考旅游、文化旅游等,这些类型的旅游活动对环境的影响比较小,同时可以增强旅游者的环境保护意识。第三,定位于行为规范的生态旅游定义,此类观点强调旅游者及目的地社区居民的行为规范和环境道德观。生态旅游的教育功能使旅游者及目的地居民形成生态环境保护意识和环境道德观。牛亚菲认为生态旅游不能简单地等同于一种绿色旅游产品或自然旅游产品,也不能完全等同于可持续旅游。生态旅游定义应包含两个基本方面:第一,生态旅游是一种以自然环境为资源基础的旅游活动;第二,生态旅游是具有强烈环境保护意识的一种旅游开发方式。②

钟林生和肖笃宁分析了刘家明和牛亚菲关于生态旅游的定义,并在此基础上将生态旅游界定为以自然为基础的旅游、可持续旅游、生态环境保护旅游和环境教育旅游的交叠部分。③

吴楚材将国内外 182 条生态旅游定义归纳总结为六种类型。第一,保护中心论。这类定义认为生态旅游等于观光旅游加环境保护,其核心内容强调对旅游资源和环境的保护,要求旅游者在旅游过程中应保护旅游资源、保护自然环境、保护文化。该类型的代表定义包括美国生态旅游协会、克劳德·莫林、加拿

---

① 刘家明:《生态旅游及其规划的研究进展》,《应用生态学报》1998 年第 3 期,第 104—108 页。

② 牛亚菲:《可持续旅游、生态旅游及实施方案》,《地理研究》1999 年第 2 期,第 68—73 页。

③ 钟林生、肖笃宁:《生态旅游及其规划与管理研究综述》,《生态学报》2000 年第 5 期,第 841—848 页。

大环境咨询委员会、怀特、世界自然基金会(WWF)、英国皇家地理学会、杨文杰、卢云亭、王建军、陈佐忠、王艳芬、牛亚菲、李俊清等提出的定义。第二,居民利益中心论。此类观点认为生态旅游等于观光旅游加保护再加提高目的地居民收入,其核心内容强调增加目的地居民收入,主张生态旅游应在保护资源和环境的基础上开展,而且生态旅游的组织者和旅游者应该为增加目的地居民的收入做出贡献。代表定义包括国际生态旅游学会、伊丽莎白·布、芬内尔、伊格尔斯、古德温、齐费尔、安德森、爱德华兹、日本自然保护协会、郭岱宜、高晔、丁云鹏、中国第一届旅游与环境世界大会、王家骏、万绪才等给出的定义。第三,回归自然论。此类观点认为,生态旅游等于大自然旅游,其核心内容强调回归大自然,只要是旅游者走进大自然的旅游就属于生态旅游。代表定义包括世界旅游组织、芬内尔、布里杰、布兰威尔和兰恩、澳大利亚国际生态旅游研究中心、王献溥、刘红、崔庠、王尔康、杨开忠、刘继生、俞穆清、刘家明等提出的定义。第四,负责任论。此类观点认为,生态旅游等于负责任旅游,其核心内容强调旅游者应该对生态环境和旅游资源承担维护责任。代表定义有国际生态旅游协会、伍德、布诺斯、世界保护联合会、卢云亭、王建军、王兴国、郭舒、余艳红等对生态旅游的界定。第五,原始荒野论。此类观点认为,生态旅游等同于原始荒野旅游,其核心内容强调生态旅游应在人迹罕至的原始荒野区域开展。代表定义有谢贝洛斯·拉斯喀瑞、伊丽莎白·布、华莱士、王尔康、牛亚菲等做出的界定。第六,环境资源论。此类观点认为生态旅游是以自然旅游资源为主要依托,人们为了某种目的而到良好的生态环境中去保健疗养、度假休憩、娱乐,达到认识自然、了解自然、享受自然、保护自然的目的旅游。其核心内容强调以人类最佳的生存环境作为主要旅游资源。代表定义是吴楚材、吴章文等提出的定义。[①]

王家骏通过对44个生态旅游定义的遴选、研读,关键词的确定、归类,生态旅游概念模型的建构以及对模型可靠性、适应性的讨论,提出生态旅游是一种非大众化的特殊旅游。通常发生在生态系统保持相对完好的自然地区及与

---

[①] 吴楚材、吴章文、郑群明、胡卫华、谭益民:《生态旅游定义辨析》,《中南林业科技大学学报》2009年第5期,第1—6页。

之相伴的文化遗产地和传统社区。生态旅游者选择环境可接受性强的活动,使用资源消耗性低的设施,在欣赏、享受、学习、探究自然与文化生态的同时,承担环境保护责任,直接或间接地维护社区利益。生态旅游开发者和管理者密切联系社区居民,将对自然生态和社会文化生态的保护放在首位,小规模、低密度、分散开发生态旅游资源,实施控制性管理,加强环境监测与评估。在确保生态旅游者获得非凡体验的同时,使环境变化维持在可接受的范围内,使社区经济、社会可持续发展。[1]

## 二、生态旅游的内涵

张延毅和董观志在分析生态旅游的实质时指出,在很多情况下,由于人们对生态旅游的概念不知如何正确地理解,部分旅游经营者只把生态旅游当作一种招牌,对一些传统的自然旅游项目重新包装,就大打生态旅游的招牌,甚至在实践中与生态旅游的目的背道而驰。真正的生态旅游是要在保护地球自然生态和人文生态等方面做出切实可行的贡献。从可持续发展的观点定义生态旅游,应考虑三个核心要素:第一,旅游者经历的质量;第二,旅游资源的质量;第三,旅游目的地居民生活的质量。生态旅游定义应考虑这三要素之间的相互关系,要能够反映可持续发展的基本哲理。[2]

李东和与张结魁提出没有必要只用一句话来完整定义生态旅游,因为生态旅游的概念的确比较复杂。可以将生态旅游从旅游的需求和供给两方面加以理解,以准确地把握生态旅游的本质。从旅游者需求角度来看,生态旅游是一种旅游活动形式或是一种旅游产品,更着重强调旅游者出行的目的,如回归自然,不考虑环境和资源的保护,并未从可持续发展的高度来认识生态旅游,显然这种理解过于片面,也没有正确认识生态旅游的本质,还必须从旅游供给的角度来理解生态旅游。对于旅游目的地和旅游业来说,生态旅游是在可持续

---

[1] 王家骏:《关于"生态旅游"概念的探讨》,《地理学与国土研究》2002年第1期,第103—106页。

[2] 张延毅、董观志:《生态旅游及其可持续发展对策》,《经济地理》1997年第2期,第108—112页。

发展的需要下应运而生的，应能够有效地解决传统旅游发展中存在的各种问题，以生态效益为前提，以经济效益为依据，以社会效益为目标，力求获得三者综合效益最大化，从而实现可持续发展。因此，生态旅游是一种旅游可持续发展模式，将生态与旅游进行有机结合，用生态学的思想指导旅游活动的有序发展。在实践中，旅游资源的规划、旅游产品的设计、监控体系的完善等，都要符合生态学思想的要求。在保护好旅游资源和环境的基础上，即在取得生态效益的前提下，为旅游者提供原生态环境以满足其旅游需求，同时又取得了经济效益，改善了目的地居民的生活水平，最终实现最佳的社会效益。[①]

吴楚材等人在分析生态旅游的内涵时指出，必须分析环境、生态、旅游的实质，才能正确理解生态旅游的内涵。环境是人类周围事物的统称，指人类与周围一切事物和因素之间相互关系的总和，以人类为中心而言。生态是指生物与环境之间相互关系的总和，以生物为中心而言。旅游的定义是描述人与地之间的关系。生态旅游的定义应该侧重于"旅游者与旅游目的地环境之间"关系的表述。结合生态旅游产生的背景、生态旅游产生的动机、生态旅游的主要客源、生态旅游资源以及生态旅游最佳开发地域等，生态旅游可以理解为城市和集中居民区的居民为了解除城市恶劣环境的困扰，为了健康长寿，追求人类理想的生存环境，在郊外良好的生态环境中去保健疗养、度假休憩、娱乐，达到认识自然、了解自然、享受自然、保护自然的旅游活动。[②]他们强调，只有将生态旅游的研究对象指向环境，将生态旅游开发的主要内容指向资源，结合生态旅游产生的背景，以生态旅游产生的动机、生态旅游的目的、生态旅游市场相关内容展开研究，将生态旅游研究应用于实践，使其具有可操作性，才是真正能实现可持续目标的生态旅游。

钟林生等人归纳出生态旅游定义的四个内涵。第一，生态旅游的对象不仅包括自然生态，还应包括人文生态。特别是我国悠久的历史文化和从古至今人

---

[①] 李东和、张结魁:《论生态旅游的兴起及其概念实质》,《地理学与国土研究》1999年第2期,第76—80页。

[②] 吴楚材、吴章文、郑群明、胡卫华、谭益民:《生态旅游定义辨析》,《中南林业科技大学学报》2009年第5期,第1—6页。

与自然的密切关系,生态旅游的对象不能仅仅局限于自然生态系统,还应包括自然地域中极具特色的人文生态系统。第二,生态旅游须强调旅游责任。一方面,旅游活动的经营者、管理者和旅游者都应该承担保护旅游资源和生态环境,以及促进目的地可持续发展的责任;另一方面,目的地社区也应承担起保护旅游资源和生态环境,以及维护生态旅游氛围的责任。第三,生态旅游应重视环境教育。生态旅游应该能改变旅游者对待生态环境的态度和其生活方式。第四,生态旅游干扰的可控性。生态旅游活动对目的地生态环境的负面影响必须是可控的,能让旅游者的活动对目的地旅游资源、自然生态环境和人文生态环境的负面影响降至最低。[①]

杨桂华等学者将生态旅游的内涵总结为生态旅游的四大理念,分别是保护性、自然性、社区参与和环境教育。

张建萍认为生态旅游的基本内涵主要体现为四大要点,即原生系统、生态保护、社区参与及环境教育。

国外关于生态旅游定义与内涵的研究亦没有完全一致的看法,但目前已达成七个方面的共识。第一,生态旅游目的地主要为受人类干扰破坏很小、较为原始古朴的地区,特别是生态环境有重要意义的自然保护区。第二,生态旅游者、当地居民和生态旅游经营管理者等都具有较强的环境意识。第三,生态旅游活动对环境造成的负面影响较小。第四,开展生态旅游能为目的地的环境保护提供资金。第五,当地社区居民能参与生态旅游开发及管理并享有其经济利益,因而能支持环境保护工作。第六,生态旅游对旅游者和当地社区居民等能起到环境教育作用。第七,生态旅游是一种可持续发展的新型旅游活动。

可见,关于生态旅游的定义及内涵仍处于百家争鸣阶段,尚未形成统一看法。这是由于生态旅游发展的历史较短,再加上不同国家的历史文化、社会背景、发展程度、生活方式和居民受教育状况等方面不同;同一国家不同领域和学科的专家各自研究方向的差异,以及同一学者在不同时期对生态旅游认识的不断提高等多种因素共同造成的。

---

① 钟林生、马向远、曾瑜皙:《中国生态旅游研究进展与展望》,《地理科学进展》2016年第6期,第679—690页。

综上所述,应该从生态旅游者、生态旅游经营管理者和生态旅游目的地政府决策者等三方来综合考虑生态旅游的定义及内涵。之所以将生态旅游活动的主体泛化到经营管理者和政府决策者身上,是因为生态旅游保护环境的责任不能只迫切地要求旅游者承担,旅游开发经营者甚至有些政府决策者对环境的破坏相对旅游者的破坏而言有过之而无不及,所以应该一视同仁,将三者都作为生态旅游活动的主体,共同提出对生态环境保护方面的要求。

对生态旅游定义及内涵的较为恰当的理解应该是:第一,从旅游者的角度来看,生态旅游是一种高层次的旅游活动,是传统旅游活动的一种高级阶段,就如同旅游是人们的一种高层次需要一样,它是传统旅游活动发展到一定阶段的产物;第二,从旅游开发经营管理者的角度来看,生态旅游是一种更深层次的、先进的旅游开发经营管理思想和理念,是一种旅游资源的可持续利用模式;第三,从有关政府部门来看,生态旅游是以生态学思想为指导,以保护自然环境和社会环境,保护原生和谐的传统文化,促进地区经济发展,提高社区居民生活质量,让居民在受益中及旅游者在休闲游憩中得到教育,并最终自觉地保护环境为目的的一种生态经济型社会系统工程,是实现旅游业可持续发展的一种方式。

首先,生态旅游通过为旅游者提供良好的旅游环境和生态知识教育,来满足旅游者对生态性消费的需求。生态旅游又对旅游者的行为产生约束力,要求旅游者在享受美好生态环境、接受环境知识教育的同时,必须身体力行地保护生态环境,要对保护生态系统做出贡献。这是将其理解为高层次旅游活动的原因,即它相对于传统旅游而言对旅游者的环境伦理提出了更高要求。其次,生态旅游思想和理念要求旅游目的地的开发经营管理者建立生态旅游开发管理机制,加强对生态环境、旅游设施及旅游者的生态管理,促进生态旅游系统良性循环和旅游资源的可持续利用。最后,从政府主体层面看,生态旅游强调目的地社区居民的参与和利益,让他们成为生态旅游的直接受益者,从而提高其爱护资源、保护环境的自觉性和积极性,实现经济效益、社会效益和生态效益的统一。生态旅游的发展应有利于目的地经济发展和人民生活水平的提高,促进目的地社区的可持续发展,通过为社区居民创造就业机会等途径,增加他们的收入,提高他们的物质生活水平和文化生活水平,力争获得他们对旅游接待活动的积极支持和配合,使生态旅游业稳步健康发展。对生态旅游内涵的理解始终要把握住"人"的因素,包括旅游者、开发规划者、经营管理者和政府决策者等。因为纵观生态旅游产生的背景,正是由于人们不负责的旅游开发行为和旅游活动造成生态危机后才开始反思。因此,生态旅游不仅要求有素质高、责任感强的生态旅游者,也要求有懂环保、懂旅游的高素质的旅游规划者和开发经营管理者,以及具有可持续发展观念的政府决策者。

## 第三节 生态旅游的特征、原则及类型

### 一、生态旅游的特征

卢云亭认为生态旅游与其他类型旅游相比较,具有自然性、高品位性、可持续发展性、专业性等许多独特性。第一,自然性。生态旅游开展于生态环境中,即依托于自然环境,既包括原始的或近乎原始的生态环境,如各类以保护为主、开放为辅,可供游人参观游览的自然保护区和风景名胜区等;也包括坐落于城市或郊野、自然生态系统和人工技术生态系统相结合的旅游景区等。前者能依靠自身能力进行物质循环调节,恢复正常功能,无须或较少地需要通过人类的影响。在此类环境下开展生态旅游,必须要把保护作为首要目标。后者不能完全依靠自身能力进行物质循环调节,但是至少也能在本生态系统内部分地分解和利用,不需要完全依靠外部生态系统进行调节。生态旅游在本质上具有自然环境和旅游者有机结合的特点,自然环境既是生态旅游的依托,也是生态旅游的载体和生态旅游者的归宿。第二,高品位性。生态旅游不是单纯地到自然生态环境中走马观花似的游览一番便打道回府,而是能真正理解保护生态环境的重要意义并为之做出贡献。也就是说,生态旅游是一种具有强烈环境保护意识的高品位的旅游活动。表现为生态旅游者对旅游目的地的环境质量要求较高,同时也通过自身行为自觉地、有意识地保护环境。生态旅游景区包含地质、水文、动物、植物、气象、环境、建筑等各类要素的相关信息和知识,旅游者通过生态旅游活动,细致观察和深度体验,能获取丰富的各类科学知

识,了解大自然的奥秘。专业的环境保护知识和丰富的科学知识使得生态旅游具有层次上的高品位性。第三,可持续发展性。传统大众旅游在促进社会经济和文化发展的同时,常常导致环境、文化传统等付出巨大的代价,表现为环境的损耗和文化特色的消失随着旅游活动开展而加剧。生态旅游能恰到好处地解决这一矛盾,它不仅强调要把生态环境的承载力放在首位考虑,重点研究旅游景区容量和资源承载力等,还强调旅游者、旅游经营者和从业者等都要对保护生态环境承担责任、做出贡献。这些准则和措施,完全符合可持续发展的原则。第四,专业性。生态旅游是高层次的、具有专业性内容的旅游活动。其旅游对象多指向具有不同生态学特性的自然景观范畴,包括陆地生态系统、海洋生态系统、淡水生态系统、城市生态系统、人类生态系统等,每个大类又包含很多小类。这些种类繁多的生态旅游资源分别对应着若干生态旅游专业类型,旅游者可以根据自己的兴趣爱好,挑选不同的生态旅游项目。对于像地震遗址、火山、溶洞、古生物等部分具有独特价值的景观,还可组织科学考察类的生态旅游活动,如登山考察、火山地热生态考察、生物圈保护区观鸟旅游、热带雨林考察旅游活动等。这些生态旅游活动项目都充分展现了其内容具有专业性的特征。[1]

张延毅、董观志提出生态旅游应该具有四个基本特征。第一,参与性。指生态旅游具有广泛的参与性,参与者包括旅游者、旅游目的地居民、旅游经营者和政府、各类组织等。第二,动态性。指旅游者的生态旅游活动与旅游目的地的生态环境之间存在相互关联、相互影响和相互制约的动态关系。第三,开放性。指生态旅游具有显著的关联效应,促进了社会、经济、环境系统中的人、财、物及信息等各方的交流。第四,效益性。指生态旅游的目标是获得经济、社会和环境三者综合效益的最优化,促进人类和生物的共同繁荣。[2]

郭来喜将生态旅游的基本特征归纳为六点。第一,生态旅游活动以大自然为舞台。生命源于自然,人类本能地亲近大自然、热爱大自然。现代城市生活带

---

[1] 卢云亭:《生态旅游与可持续旅游发展》,《经济地理》1996年第1期,第106—112页。
[2] 张延毅、董观志:《生态旅游及其可持续发展对策》,《经济地理》1997年第2期,第108—112页。

来的紧张、压力、污染等问题促使人们迫切地想短暂逃离,回归自然。第二,生态旅游蕴含科学文化的高雅品质。生态旅游具有丰富的、多样的、高雅的文化层次和科学内涵,使旅游者能获得全新的物质与精神双重享受。第三,生态旅游以生态学思想为指导。人类本是大自然的一部分,两者应是一种天然的和谐体。但是随着人类社会的飞速发展,对自然界的过度消费,导致各种环境问题层出不穷。生态旅游产品的设计、生产、管理等都应以生态学思想为指导,即在保证环境与生态效益的前提下取得经济发展的最佳目标。第四,生态旅游是具有多样化的载体。生态旅游的种类繁多,包括观光旅游、度假旅游、休闲旅游、修学求知旅游、探险旅游、疗养健身旅游、各类专题旅游和特种旅游等。第五,生态旅游者的参与性强。生态旅游者有别于一般的观光客,他们置身于绿色生态系统中,充分领略大自然的奥秘,充分体验天人合一的最高境界,高强度地参与生态旅游活动。第六,生态旅游是增强人类环保意识的高品质旅游。旅游者通过积极参与生态旅游活动,不仅增加了对大自然的了解,而且有助于培养其爱护环境、珍爱自然的生态意识。[①]

美国学者怀特关于生态旅游的八大特征是:第一,生态旅游的开发规模应该在生态环境容量能够承载的范围内,不能以破坏旅游资源为代价;第二,生态旅游应为旅游者提供一手的、参与性强的和有启发性的旅游体验;第三,生态旅游应具有教育功能,能够对旅游者、旅游经营者和从业者以及目的地居民进行环境保护教育;第四,生态旅游应综合各方面对旅游资源核心价值的认知;第五,生态旅游应涉及在有限的资源认识基础上树立资源意识;第六,生态旅游应能促进全社会对其的理解与支持;第七,生态旅游应能促进全社会的生态道德和具有责任感行为;第八,生态旅游应能给资源、目的地社区和旅游业带来长期的好处。[②]

加拿大学者巴特勒提出了关于生态旅游的九大特征:第一,生态旅游必须

---

[①] 郭来喜:《中国生态旅游——可持续旅游的基石》,《地理科学进展》1997年第4期,第3—12页。

[②] 刘家明:《生态旅游及其规划的研究进展》,《应用生态学报》1998年第3期,第104—108页。

符合环境道德的要求,能促进积极的环境道德观形成;第二,生态旅游是不破坏资源的旅游活动,不会因为活动开展而导致资源退化;第三,生态旅游应关注资源的内在价值;第四,生态旅游活动应以生物为中心而不是以人文为中心,生态旅游的参与者不能随意改变环境,而是应该围绕环境问题调整策略;第五,生态旅游应能促进资源保护工作的开展,对生物和环境有益;第六,生态旅游能为旅游者提供面对自然环境和原始文化的第一手体验和经历;第七,生态旅游者不是为了寻求刺激或者历险,而是期望获得审美和求知的满足,旅游者的受教育程度和理解能力将决定其满意的程度;第八,生态旅游是高情感和高信息的体验,要求活动经营者、从业者及旅游者做好充分的准备,具有较高的素质;第九,生态旅游应该让社区参与。①

刘家明认为学者们在生态旅游的特征上达成了四个方面的共识。第一,生态旅游应该能为保护资源做出贡献,能保护生物的多样性,达到可持续利用资源的目的。第二,生态旅游应能促进目的地的经济发展,只有经济发展后保护工作才能真正得到重视。第三,生态旅游应能对旅游者开展相关生态保护知识的宣传和教育,旅游经营者和从业者应更加注重生态保护工作。第四,生态旅游开发前应科学规划,应有一个不破坏大自然、可持续发展的规划。②

钟林生、马向远等通过对1992—2015年间公开发表的1493篇中国生态旅游文献中关于生态旅游特征表述的搜集和整理,提取到18个关键词,其中出现频率和认同度排在前列的依次是:自然性、保护性(环保性)、高品位性、可持续发展性、专业性、参与性、教育性。这些特征与生态旅游的定义及内涵基本相吻合。③

**二、生态旅游的原则**

虽然目前生态旅游的概念具有多元化特征,但是其原则还是具有统一性

---

① 刘家明:《生态旅游及其规划的研究进展》,《应用生态学报》1998年第3期,第104—108页。
② 同上。
③ 钟林生、马向远、曾瑜皙:《中国生态旅游研究进展与展望》,《地理科学进展》2016年第6期,第679—690页。

的，并据此成为实践操作的具体规范。

1991年以来，国际生态旅游协会通过对生态旅游的追踪考察研究，总结出一套原则。第一，生态旅游把对旅游目的地自然和文化的消极影响降至最低。第二，生态旅游对旅游者进行环境教育。第三，生态旅游强调旅游企业责任的重要性，旅游企业应与目的地的政府部门和社区居民合作，以满足社区居民的需求，并分享开发带来的利益。第四，把生态旅游的部分收益用于自然环境的保护和管理。第五，需要综合考虑整个地区的旅游需求，便于设计该地区的旅游者管理计划，使该地成为生态旅游目的地；注重对环境和社会资源的研究利用，进行环境评估，有长期监测环境的计划，将旅游活动对环境的负面影响降至最低。第六，力争使生态旅游目的地企业及社区的利益最大化，特别是让目的地社区居民受益。第七，力求保证旅游活动的发展由研究者与社区居民共同决定，以不超过目的地社会和环境可承受的最大限度为原则。第八，生态旅游活动的开展应充分利用已存在的并与环境相协调的基础设施，使旅游基础设施与目的地的自然和文化环境相协调，尽量减少石油化工燃料的使用，以保护野生动植物。

2002年，"绿色环球21"组织与澳大利亚生态旅游协会合作制定了《国际生态旅游标准》，经过修订，2004年提出了生态旅游的11条原则。第一，生态旅游经营者公开承诺遵循生态旅游的原则，并制定管理体系，确保其实施效果。第二，生态旅游要求旅游者亲身体验大自然。第三，生态旅游为旅游者提供体验自然和文化的机会，并增进其对自然和文化的理解、欣赏和赞美。第四，在生态可持续发展和充分了解潜在环境影响的基础上，确定合适的生态旅游经营方式。第五，生态旅游产品在经营管理方面采取生态可持续的实践，保证经营活动不会使环境退化。第六，生态旅游应该对自然区域的保护做出切实的贡献。第七，生态旅游应该对当地社区的发展做出持续的贡献。第八，生态旅游产品在开发和经营阶段都必须保持对当地文化的尊重和敏感。第九，生态旅游产品应满足或超出顾客的期望。第十，生态旅游向旅游者提供有关产品真实准确的信息，使旅游者对产品有切合实际的期望。第十一，生态旅游产品对自然、社会、文化和环境的负面影响达到最小化，并且依照确定的行为准则开展经营。

杨开忠提出生态旅游的基本原则包括三点。第一，旅游者行为约束原则。

生态旅游的起源与传统大众旅游对生态环境的破坏直接相关,因此生态旅游要得到发展,必须对旅游者的行为进行严格规范。可以积极地从旅游者角度着想,为其提供第一手的、参与性的、启迪性的旅游经历,并培养其对生态资源内在核心价值的认识,争取旅游者的理解与配合;通过寓教于旅游,激发旅游者的伦理道德责任,使其主动自觉地开展理性、健康的旅游活动。第二,旅游目的地生态保护原则。发展生态旅游就是要认识到资源、环境的脆弱性,创建基于旅游供给的管理机制。将旅游目的地整体作为保护对象,使生态旅游的开发成为积极主动的建设性保护方式,以旅游开发的正面外部效应促进生态环境保护。目前,我国生态旅游发展中一个突出问题就是开发与保护的非同步性,其直接后果就是旅游业所带来的积极效益被环境破坏的消极后果冲抵得干干净净,甚至得不偿失。生态旅游的开发不能破坏资源和环境,而应当实现开发与保护的同步性。第三,旅游业经济效益原则。生态旅游发展离不开生态旅游经济的繁荣,旅游业如果不具备良好的经济效益也就没有存在的必要。而旅游目的地社区经济的发展不仅会给生态保护带来强劲的支持动力,还会改善落后地区的社会环境。因此,能促进旅游目的地的经济发展、带来良好的经济效益也必然是生态旅游的基本原则。

张建萍归纳出技术性细化的生态旅游16项原则。第一,生态旅游应小规模开展,人为因素、人工设施越少越好。第二,重质不重量。生态旅游目的地接待的旅游者人数不应太多,并且应对其进行良好的行为规范。同时应给旅游者提供愉快的旅游经历,保证其有充分的旅游体验。第三,对生态旅游景区进行局部开放与管制。并非将整个生态景区全面开放,而应根据保护工作的要求开放不敏感区域供旅游者享用,且要对游客的活动范围进行有效管制。第四,联结并保护目的地文化与环境。当地民众世居于此,形成悠久而具有浓郁特色的民族文化和地方文化,对外来游客极具吸引力。可以在保护自然生态和文化生态的前提下,适当开发相应的文化旅游产品。第五,进行科学监测。科学的环境监测对于环境保护工作来说必不可少,如此重要的工作却常常被忽略,我国很多生态旅游区打着生态旅游旗号,却没有一台正规的环境监测仪器;生态保护工作缺乏必要的科学手段作保障,一切都是空谈。第六,准许行为与可接受程度的规则制定。在旅游管理中应明确哪些行为是准许的,哪些活动是禁止的,将生态环境所能接受影响的程度明确告知旅游活动管理经营者及旅游者。第七,借助科学旅游规划与管理技术,辅助生态旅游景区的管理。第八,保护第一原则。国家公园和生态保护区必须将保护视作第一优先考虑要素,特别是当旅游接待和生态保护相矛盾时,始终坚持生态保护优先。强调培养旅游者、管理经营者和开发规划者等各主体对资源环境的内在价值及其有限性的充分认识,绝不能竭泽而渔,做到有保护地开发,将可能产生的负面影响降至最低。第九,双赢策略。一方面通过接待旅游者,使社区居民获得满意的经济收益,并能将部分收益用于对资源和环境的保护工作;另一方面,通过良好的生态环境源源不断地吸引旅游者,并使旅游者从中获得高质量的旅游经历和满意的旅游体验,这是一个能获得双赢的良性循环。第十,生态旅游的目的地可以是自然环境,也可以是有丰富历史和文化的地区。第十一,国外的私人保护区可以扮演生态旅游目的地的补充角色。某些旅游活动可以在私人保护区内开展,以缓解国家公园的压力。第十二,教育的观念。生态旅游应该对所有参与者展开教育,包括目的地政府部门、非政府组织、社区居民、旅游行业以及旅游者。第十三,生态旅游应促进旅游活动中各团体之间的相互理解,团体之间可采用各种有效形式的合作。第十四,生态旅游应促使旅游经营者对自然和文化环境负责并付诸行动。第十五,生态旅游应为旅游资源、目的地社区和旅游行业带来长期的利益,这种利益可以是经济、文化、社会或者环境方面的。第十六,使用者付费的原则。生态旅游不是免费旅游或无偿旅游,旅游者必须支付一定的费用以换取旅游需求的满足。

张延毅和董观志提出在生态旅游的发展过程中,有五项基本原则必须贯彻始终。第一,保护旅游目的地的自然环境。旅游目的地的自然环境是大自然经过亿万年作用而形成的,具有极强的稳定性,除非强烈地震、山洪、滑坡、泥石流等天灾的破坏,一般很难自然地发生变化。除了天灾,其余都是人为因素的破坏,主要是人类的活动,如修公路、挖隧道、架索道、建水库、盖房子等工程建设改变了原有的地形地貌景观;或者是人为火灾、空气污染、酸雨等毁灭性灾害破坏了山地森林景观;又或者是旅游者聚集产生的践踏损坏、大量废弃物等带来的植被的破坏和水源的污染等。这显然是一个必须从可持续发展的角度妥善处理的重大问题。第二,保护旅游目的地的生命力和多样性。高品质的自然景观和特色鲜明的文化景观相互融合,共同赋予旅游目的地强大的生命力。保护旅游目的地的多样性主要是保护生物物种的多样性,包括保护生物种群和群落及其生存环境的多样性,以及它们构成的生态系统的多样性。第三,保护旅游目的地文明的公平发展。每个旅游目的地都有自己的特定文明,旅游者的流动带来多重文化相互碰撞和交流,必然影响旅游目的地的特定文明,产生融合、异化和更新,形成新的地域文明。保护旅游目的地文明,要把公平发展放在首位,即旅游者和旅游目的地社区居民应互相尊重,旅游者高质量的旅游经历不应以牺牲旅游目的地的特定文明为代价,这种公平发展不仅应表现在人与人、地区与地区、社会团体与社会团体之间,还应表现在当代人与后代人之间。第四,改善旅游目的地社区居民的生活质量。生态旅游应该能为旅游目的地居民增加就业机会,创造良好的经济效益,让旅游目的地社区居民能够真正从经济上获益。第五,保护未来旅游赖以存在的环境质量,旅游所带来的人群密集和频繁流动极易传染疾病,控制自然疫源和人类传染病应当成为生态旅游的一个最基本的任务,旅游目的地应当建立健全相应的政策法规,完善防病治病机制,使生态旅游的发展更加符合旅游目的地的环境质量要求。此外,伴随着旅游开发带来的目的地基础设施建设,客观上也方便了当地社区居民的生活,从而改善了旅游目的地居民的生活质量。生活质量的改善又促使当地社区居民认识到生态环境的价值,并且有意识地保护它,从而切实保证旅游的可持续发展。

**【阅读材料】**

**"生态旅游"事与愿违**

近年来,"生态旅游"之风在世界很多地区兴起。游客们亲临原始自然风景区,与野生动物同处同嬉,想营造一个充满自然生息的伊甸乐园。原来设想这种旅游能增进人们的生态保护意识,同时也为发展中国家创造一些就业机会。但事情进展并不如人意。一些科学家甚至指出,它正在迅速演变成无视生态的旅游,游客们变成了生态的杀手。在墨西哥的太平洋沿岸,大量游客蜂拥而至,为的是在夜间窥视月色沙滩上海龟下蛋的情景。但那些面向沙滩的旅馆灯光炫目,彻夜长明,令蹒跚的海龟方寸大乱,无处藏身,哪里还有心思产蛋!在墨西哥高原上,游客们成群结伙,闯进了数百万只美洲大蝴蝶过冬的家园。游客们东砍西伐,在里边安营扎寨,扰得生灵不安。在加那利群岛,每年成千上万的欧洲游客云集,这些人乘着游艇在海上横冲直撞,贪婪地搜索着巨头鲸,一旦瞄见"猎物"的踪影,便大呼小叫地冲将上去。惊恐万状的巨头鲸于是冒着窒息的危险纷纷潜入水底,不敢露面。在肯尼亚,"生态旅游"潮竟驱散了一向畏惧人类的猎豹,迫使它们离乡背井,繁殖力也因此而下降。早些时候,"生态旅游"在墨西哥和阿根廷海滨的观鲸区似乎曾达到过预期的目的。后来,渔民和捕鲸者的滥捕滥杀一度使这里变成了鲸鱼的死亡地带。当地渔民卷起渔网开办旅游业后,红鳍鱼、扇贝和龙虾迅速繁殖,灰鲸免遭灭绝回归这里。孰料越来越多涌入观鲸的游客驾起游艇,常常冲散母鲸与幼鲸,致使灰鲸数量已有所下降,科学家们正在加紧研究其出生率是否受到了影响。哥斯达黎加专门创立了一个"生态旅游"机构,并在大学里设置了"生态旅游系"。生态旅游产业每年可盈利5亿美元。但没想到一些珍稀动物却因此苦苦挣扎。譬如娇小玲珑的鼠猴生性害羞,它们本来终日在茂密的树梢上悠来荡去,现在它们静谧的乐园已经被星罗棋布的旅馆和餐厅所破坏。再看看,在哥斯达黎加的海面上,满载游客的快艇飞驰着,水手们杜撰的美人鱼的传说激发人们纷纷前来,结果光洁肥硕的哥斯达黎加海牛被快艇的螺旋桨抽打得遍体鳞伤。另外,"生态旅游"并没给当地居民带来好处。在1994年墨西哥下加利福尼亚州的470万美元旅游收入中,仅有3.3万美元被用于支付当地居民的工资和商业发展,其余部分全都流入了旅游公司的腰包。[①]

### 三、生态旅游的类型

不同的划分标准会形成不同的生态旅游类型,以下介绍几类具有代表性的分类系统。

(一)根据环境影响程度分类

奥朗姆斯依据生态旅游的开展对环境质量的改善状况,将生态旅游分为积极主动型和消极被动型两类。前者有着更为严格的生态旅游标准,其开展有

---

① 罗伟清:《"生态旅游"事与愿违》,《世界知识》1996年第11期,第9页。

利于环境质量的提高,代表着强调资源环境得以改善的可持续发展形式;后者仅以维持资源现状为目标,不对自然或人文环境造成负面影响。

澳大利亚国家公园管理局依据资源开发的强度和可能造成的环境影响程度,将生态旅游分为0—5级,共六类。0级生态旅游是生态旅游的初级阶段,要求旅游者意识到旅游目的地生态系统的脆弱性,偶发的自然旅游就属于这一级。1级生态旅游要求生态旅游者与其游览目的地的生态系统之间存在货币流动,例如缴纳机场建设税等费用。2级生态旅游要求生态旅游者从自身实际出发,从事一些环境保护工作,例如清理垃圾、种植树木等。3级生态旅游要保证具体的旅游系统对环境是有益的,该旅游系统包括国际航空运输及当地交通和住宿设施等,要求旅游者对环境的影响是中性的或是积极的。4级生态旅游要求旅游者对环境的影响是积极的,旅游目的地应努力采取适当的技术和手段,如低能耗、循环利用、生态农业等方式对恢复生态系统做出贡献。5级生态旅游要求整个生态旅游系统包括旅游广告、交通运输、住宿接待设施及废弃物处理等方面在内,都在遵循保护原则的前提下运行,这是所有生态旅游倡议者共同追求的最终目标。

(二)根据旅游者属性分类

戴维·韦弗和劳拉·劳顿根据旅游者的数量及其消费档次将生态旅游划分为严格的生态旅游即硬性生态旅游,和一般的生态旅游即软性生态旅游。前者指环境主义者们的特别旅游,他们一般组团人数较少,较长时间沉浸在相对原始的自然环境中,对服务的要求较低。后者是普通旅游者的旅游,他们通常组团人数较多,旅游兴趣不断转变,生态旅游只是他们旅游活动中的一个构成项目而已,旅游者只在规定的区域内活动,对服务水平要求较高。

林德伯格根据旅游者的专业化程度将生态旅游划分为中坚型和热衷型两类。中坚型生态旅游是指科研人员参加的生态旅游,或者专门为教育、清理垃圾或者类似的生态环保目的而组织的生态旅游。热衷型生态旅游是指专门去保护区参观游览或希望了解当地自然和历史文化的生态旅游。

(三)根据资源属性分类

杨桂华根据资源的类型将生态旅游划分为自然生态旅游、宗教生态旅游和文化生态旅游三类。

卢洪升、卢云亭和吴殿廷等人依据生态系统类型及旅游活动类型将生态旅游分为森林休憩生态旅游、草原风情生态旅游、湿地观鸟生态旅游、沙漠探险生态旅游、农业体验生态旅游和海洋度假生态旅游。

我国原国家旅游局依据资源类型不同将生态旅游划分为以下七类：山地型，指以山地环境为主，适于开展观光、科考、登山、探险、攀岩、漂流、滑雪等活动；森林型，指以森林植被及其生境为主，也包括大面积的竹林等区域，适于开展度假、科考、野营、温泉、疗养、科普等活动；草原型，指以草原植被及其生境为主，也包括草甸等区域，适于开展体育娱乐、民族风情活动等；湿地型，指以水生和陆栖生物及其生境共同形成的内陆湿地和水域生态系统，也包括江河出海口，适于开展科考、观鸟和垂钓等活动；海洋型，指以海洋、海岸生物及其生境为主的区域，包括海滨和海岛，适于开展海洋度假、海上运动和潜水观光活动等；沙漠戈壁型，指以沙漠或戈壁及其生境为主，适于开展观光、探险和科考等活动；人文生态型，指以突出的历史文化等特色形成的人文生态及其生境，适于开展历史学、文化学、社会学、人类学等科考活动，以及适当的特种旅游活动项目。

(四)根据活动属性分类

林德伯格依据生态旅游活动的专业性强度将其分为主流型和随意型。主流型生态旅游是与众不同的旅游，是非常能体现生态旅游特色的旅游。随意型生态旅游是在主要旅游行程中偶尔顺带感受一下自然的旅游。

陈传康按照生态旅游活动开展的场所将其分为人工自然的亲近自然、次生自然的返回自然和天然"自然"的回归大自然三个级别。

黄耀丽根据生态旅游的具体活动和内容将其划分为自然风景名胜观光生态旅游、追寻绿色休闲生态旅游和科学考察探险生态旅游三个类型。

白光润依据生态旅游活动的目的及形式将其划分为动植物观赏旅游、自然景观旅游、生态文化旅游和城市绿色旅游四类。

我国原国家旅游局依据生态旅游活动的具体形式将其分为观鸟旅游、野生动物旅游、自行车旅游、漂流旅游、沙漠探险旅游、自然生态考察旅游、滑雪旅游、登山探险旅游、香格里拉探秘游和海洋旅游十类。

# 第二章　生态旅游的理论基础

生态旅游在全球的快速发展离不开相关理论的支撑与指导,其中有三大理论显得尤为重要,包括建立在人与自然协调论和生态人文论等观点基础之上的环境伦理理论;倡导生态、经济和社会三者发展有机统一的可持续发展理论;文明社会中人类所共同追求的、全新的、具有生态哲学意义的生态美理论。

## 第一节　环境伦理理论与生态旅游

现代旅游已经发展成为一种大众化的休闲活动,旅游不仅能增加目的地的经济收入、促进区域经济发展,而且还能促进不同地域之间的文化交流。可是,随着越来越多的现代都市居民参与登山、远足、漂流、探险等回归大自然的活动项目,旅游资源的盲目开发、旅游企业的不规范经营、旅游者不负责任的个体行为等对环境的负面影响已经凸显出来。实践中,已有通过制定各项旅游政策和法规来约束旅游企业的经营行为以及旅游者的消费行为。这种方法虽然有一定的效果,但从根本上来说,却未能在旅游从业者及旅游者心中树立起根深蒂固的保护意识。如何能在不破坏旅游环境、不损耗旅游资源的前提下实现旅游业可持续发展目标,这不仅需要在技术层面上加强约束和管理,还需要在观念上深入反思人与自然的关系,考虑环境伦理,加强旅游道德建设。因此,自20世纪70年代以来,人们对生态环境伦理的关注日渐增多,并开展了广泛的研究。这些环境伦理学的研究成果,对于正确认识旅游活动中人与自然的关系,构建旅游道德体系,具有极其重要的理论意义和实践价值。

## 一、环境伦理学的概念及主要观点

环境是指人类生存的空间及其中可以直接或间接影响人类生活和发展的各种自然因素。它可分为自然环境和社会环境。前者是指人类赖以生存、生活及生产所必需的自然条件和自然资源的总称,是未经过人为加工改造而天然存在的环境,是客观存在的各种自然因素的总和,包括大气环境、地质环境、土壤环境、水环境和生物环境等。后者是指人类通过长期有意识的社会劳动,加工和改造了的自然物质,创造的物质生产体系,积累的物质文化等所形成的环境体系,包括政治环境、经济环境、法治环境、科技环境、文化环境等。

环境伦理又称为生态伦理,是指人类应将其道德关怀从社会环境延伸到自然环境,呼吁人类把人与自然的关系确立为一种道德关系。根据环境伦理的要求,人类应该摒弃剥削和掠夺自然的这一传统的、错误的价值观,建立与自然同生共荣的可持续发展价值观。

环境伦理学又称为生态伦理学,是20世纪40年代以来逐渐兴起的一门以研究人与自然环境之间道德关系为主的应用伦理学科。该学科通过探讨人类对待自然环境的行为准则和规范,达到人类能在良好的生态环境中生存和发展的目的,从而实现人类社会可持续发展的目标。[1]

环境伦理学是一门全新的伦理学,是研究人与自然之间道德关系的学科。与传统伦理学只研究人与人之间的道德关系相比,环境伦理学的创新性变革体现在它试图将道德关怀的范围扩展到人之外的自然存在物,用道德伦理来调节人与自然的关系。当代环境伦理学的主要观点涵盖四个基本流派,即开明的人类中心主义、动物解放权利论、生物平等主义和生态整体主义。

开明的人类中心主义认为只有人类才有资格得到道德地位,强调利益均等、代际公平的平等原则,即道德关怀要延伸到子孙后代,当代人不应该为了满足其自身需要而提前透支子孙后代的环境资源。

动物解放权利论指出人类不能因为其他生命体和自己不是同一物种而歧

---

[1] 金瑶梅、孔欢:《从生态伦理的角度看科学发展观》,《社会科学家》2009年第2期,第13—15页。

视它们。作为自然存在物的动物也有知觉,也能感受苦乐,对任何有知觉的生命个体都应给予道德考虑。因此,人类必须把动物也纳入道德关怀的范围中来,必须停止让动物痛苦的各种行为;动物也拥有值得人类尊重的天赋价值,动物也拥有神圣而不可侵犯的权利,人类应给予它们同等的道德地位。

生物平等主义强调所有生物都是生命,任何物种都是平等的,都拥有同等的天赋价值,人类必须敬畏所有生命。善的本质是保存生命和促进生命发展,恶的本质是损害生命、毁灭生命、阻碍生命的发展。人类应给予所有生物全部善意,克服利己主义世界观,扩大道德责任的范围,关怀所有自然存在物。

生态整体主义提出扩展道德共同体的边界,除了人类自身,还应使之包含土壤、水、动植物,或由它们组成的整体。人类不仅要承认存在于自然客体之间的价值和关系,而且要以维护生态系统的整体性为原则,把物种和生态系统这一生态整体视为拥有道德地位的对象。例如沼泽、泥塘、荒地等生物群落,对于人类而言虽然没有直接的经济价值,但是对于野生动植物而言,它们是赖以生存和繁殖的地方,是生命的温床。自然及自然存在物都拥有独立的内在价值。人类应摒弃早期以人的需要来对待自然的观点,转而顾及自然界的整体和谐。

## 二、人与自然之间的关系

马克思指出:"自然界,就它自身不是人的身体而言,是人的无机的身体。人靠自然界生活。就是说,自然界是人为了不致死亡而必须与之处于持续不断地交互作用过程的、人的身体。所谓人的肉体生活和精神生活同自然界相联系,不外是说自然界同自身相联系,因为人是自然界的一部分。"[1]这段话充分揭示了人类对自然界的依赖性和归属感,人类首先是自然意义上的存在物,其次才是社会意义上的存在物。在传统的农业社会中,人与自然和谐共处是其主要特征。当时社会生产力相对落后,人类改造自然的能力极为有限,对自然资源的获取以及对生态环境的破坏都受到不发达生产力的制约。人类在世界范围内都过着日出而作、日落而息的田园生活。东西方哲学对这一时期人与自然和谐共生的关系都做出了很好的诠释。例如,我国西汉著名思想家董仲舒提出

---

[1] 马克思、恩格斯:《马克思恩格斯选集(第1卷)》,人民出版社,1995,第45、277页。

的"天人合一"说：天地为自然，人为自然而生，天地人合为一体。《易经》中也描述了包括人类在内的宇宙万物的一种和谐状态。在早期的西方哲学中，特别是在古希腊哲学中，朴素唯物主义思想颇具代表性，例如泰勒斯提出"水是万物的始基"，万物生于水，又复归于水。赫拉克里特则认为"火是万物的本原"，世界是一团永恒燃烧的活火。

当机器大生产逐渐替代传统手工劳作，人类进入了生产力快速发展的工业社会，便对自然资源开始了无休止、毫无顾忌的掠夺，农业社会下人与自然和谐共处的局面逐渐被日益紧张、日益尖锐和潜伏着各种危机的关系所取代。有一种观点是把人与自然的关系片面地理解为单纯的主客体关系，即人独立于自然而存在，并且人类是高高在上的主体；人与自然的一切冲突都能通过人类征服自然的方式予以解决。在这种观念的影响下，自然就成为人类之外的一种背景，既是人类的资源库，又是人类的垃圾场。人类将自身从自然中割裂出来，以各种危险的方式对待自然，最终陷入了日益严重的环境危机之中。环境危机直接危及人类的生存，从本质上来说，也是人类的生存危机。

### 三、环境伦理学对人与自然交往的反思

面对日益严重的环境危机，人们在反思中开始批判人类中心主义价值观。此类观点认为人是宇宙的中心，人的某些特殊属性使之高于其他动物，只有人才有权获得道德关怀。环境伦理主义者罗尔斯顿在《环境伦理学》一书中提倡遵循自然、尊重自然，必须将人类是自然的征服者这一人与自然冲突的伦理转变为人类应以满足和感激的心情栖息于大自然中与其互补的伦理。在提倡环境伦理学的学者眼中，自然成了道德的对象和主体之一，自然与人类地位平等，这是对传统人类与自然关系的回归。

环境伦理学是思考"人类如何才能在自然界自处"而兴起和发展起来的一门应用伦理学学科。它从诞生之日起就把矛头指向工业文明以来人类与自然交往活动背后广泛存在的，并且一直以来被认为理所当然的极端人类中心主义。环境伦理学反对人类与自然分离甚至对立以及人类高于自然的价值观念，转而强调人类是自然界的产物，自然界是人类社会产生的前提，人类及人类社会与自然界是密不可分的。人类的生产劳动和社会的文明进步，离不开自然界

所提供的各种资源。否则,人类便无法生存,社会也将无法发展。因而,自然界是人类活动得以实现的前提。割裂人类与自然界的内在联系,忽视人类与自然之间的物质、精神交往,或者错误地把这种交往视为人类对自然的利用和征服,人类在自然界的生存将难以为继。

环境伦理学承认人类在与自然交往过程中所具有的主观能动性,也承认人类在自然界所有生物当中优秀而高贵的独特地位,却坚决反对人类凌驾于自然之上,甚至主宰自然的观点。环境伦理学通过对人类与自然交往的哲学反思提出人类的自我意识其实正是通过将自然资源和环境作为实践对象而形成的,即人类是自然进化的产物,人类及其社会都不是独立于自然界而存在的。人类的优秀与高贵其实也与自然的魅力紧密相连,换句话说,人类超脱其他物种的优秀与高贵并非文化的产物,而是自然进化的结果。既然如此,这种优秀和高贵就不应只表现在人和人的交往中,也应该表现在人类与自然的交往中。环境伦理学对人类与自然交往的哲学反思实际上也是对人类自身在自然界中正确位置的认知:人类作为自然进化的最高阶段也是唯一具有道德意识的生物,应该将这种优秀和高贵的价值展现出来,通过培育尊重生命、热爱自然的道德良性和道德情感,通过勇于承担对自然界中其他生命和生命支持系统的道德责任将这种优秀和高贵展现出来。

尽管人类与自然界的交往不可避免地包含着利用与被利用的关系,但是面对现今的能源危机、环境危机和生存危机,人类极有必要认真思考应该如何正确看待自身与自然的关系,思考人类如何属于自然而非自然如何属于人类,超越以往仅仅把自然和其他生物看作人类社会的背景和资源的狭隘认识,重新认识自然界以及非人类生命体的价值,把人与人之间的道德关系同等地给予自然,人类才能真正地实现自身的最高道德价值,真正地接近人类的本质,达到真正的优秀和高贵。环境伦理学通过严谨的哲学反思,正确认识并全面理解人类与自然的关系,将传统的调节人与人交往或人与社会关系的道德伦理拓展到人类与自然及其他生物的关系上,用人类特有的道德自觉精神协调人类与自然及其他生物的关系,将专属于人类社会的伦理关怀拓展到人类与自然及其他生物的关系上,保护自然环境,促进人类、社会、自然环境的可持续发展。

**四、旅游活动是人与自然交往的一种重要形式**

人类的物质生活和精神生活总是在自然界中展开,从环境伦理学的理论视角来看,旅游作为人类的休闲活动是人与自然交往的一种重要形式,旅游活动中始终包含着人与自然的交往关系。以自然旅游资源为对象的旅游活动毋庸置疑是属于典型的人与自然交往的形式,以人文旅游资源为对象的旅游活动事实上也属于人与自然交往的范畴。在环境伦理学看来,人类的一切活动包括创造文化和历史的活动都不可能与自然相隔离。各种人文旅游资源都是人类文明的成果,虽然不是纯粹的自然存在物,但现如今它们不仅确确实实地存在于自然环境中,并且从历史发展观来看,它们展示着人类存在于自然并改造自然的过程。当代环境伦理学中较为激进学派之一的社会生态学认为"人类永远根深蒂固地存在于生物进化发展中,我们可以将这种进化发展的环境称为第一自然。同时,人类也创造了第二自然。人类的第二自然非但不是不自然的,而且还明显是有机界第一自然进化的创造物"。[1]

旅游作为人类一种休闲活动的发展趋势已经越来越明显地展现出人类与自然的交往关系。特别是近年来,随着城市化进程的加快,城市生活的压力和环境污染问题使得人们越来越热衷于回归自然,走进乡村田园、湖滨海滨、森林公园、沙漠戈壁等,领略自然风光,观赏动物、植物。与此同时,面对这一巨大的市场需求,世界上很多国家和地区都大力开发生态旅游资源,森林旅游、沙漠旅游、观鸟旅游、海滨旅游等生态旅游产品应接不暇。统计数据表明,越来越多的城市居民选择回归自然、亲近自然、体验自然的旅游活动。旅游活动所包含的这种人类与自然的交往关系从一定程度上反映出人类对于自然的精神需要,但对于自然界来说却未必是一件幸事。美国著名生态学家和环境保护主义的先驱、被誉为"美国新环境理论的创始者""生态伦理之父"的奥尔多·利奥波德早在20世纪就意识到"荒野的安谧正在遭受由汽车装备起来的旅游者的冲

---

[1] 王正平:《社会生态学的环境哲学理念及其启示》,《上海师范大学学报(哲学社会科学版)》2004年第6期,第1—8页。

击……他们像蚂蚁一样挤满了大陆"。[①] 当现代人的回归自然、亲近自然的旅游活动被当作一种时尚加以追捧时,当绿色旅游、生态旅游仅仅被当作一种口号大肆宣扬时,旅游业与工业一样会给自然带来破坏:旅游开发时为了旅游者的便利和舒适造成建设性破坏;旅游交通服务中的汽车尾气排放造成自然景区大气污染;旅游接待中游客的过量和过于集中造成植被破坏甚至土壤板结化;自然景区内生活污水排放造成水体富营养化,引起鱼类等水生生物难以存活等。事实表明,旅游活动同样会给自然环境带来消极影响,会对地表、土壤、大气、水体、动植物资源乃至整个地球的生态系统造成破坏。

**五、环境伦理理论与生态旅游**

在旅游活动中,人类应当如何对待自然及自然存在物?环境伦理学认为人类作为自然界中唯一具有道德意识的生命体,在自身与自然的交往中是具有主观能动性的一方,只要能正确认识自身在自然界中的位置,并转变对自然的错误态度,就能从根本上解决环境问题。旅游虽然总是不可避免地产生人类活动对于自然环境的影响,但这并不意味着旅游就是一种违背环境伦理的不合理行为。问题的关键在于当人类身处自然环境中时如何摆正位置,能否认识自己的行为以及以怎样的态度和方式对待其他生命体。自然环境及自然存在物都有其独立的价值,这个价值不依赖于人类的需要和评价。自然不仅仅是一个可供人类休闲放松的场所,而是一个能让人类认识自身并学会以谦卑的态度对待的对象。因为当人类闯入原始自然环境、欣赏并享受环境时,人类是价值的接受者而非赋予者,应该怀有一颗感激之心。人类回归自然原是要逃避人世的拥挤和喧闹,如果因为自身的野蛮行为打扰了自然的静谧,那真是一种粗鲁的犯罪。旅游者的旅游活动必然对自然中其他生物及其生存环境造成影响,旅游者因此成为自然进程的参与者,应该展现出人类特有的优秀和高贵,学会尊重自然环境的完整和美丽,学会与自然和谐共处。总之,现代旅游活动是人类与自然交往的一种重要形式,不可避免地影响原生自然环境,但是这种影响是正面的还是负面的,取决于旅游活动中所有主体对待自然的态度,要避免成为

---

[①] 奥尔多·利奥波德:《沙乡年鉴》,侯文蕙译,吉林人民出版社,1997。

自私自利的享受者和鼠目寸光的破坏者，应该注重自身对自然环境及自然存在物的道德责任，才能达到人与自然和谐共生的最高境界，才能实现人类的可持续发展。

(一)生态旅游具有环境伦理标识

生态旅游与传统大众旅游最本质的区别就在于它的伦理性质。首先，从生态旅游产生的背景来看，作为大众旅游的替代形式，生态旅游所反映的是对传统大众旅游的批判和反思，集中反映了人们面对传统大众旅游负面影响该如何消除的问题。换句话来说，生态旅游是一种趋利避害的更好的旅游形式。其次，与其他旅游形式如度假旅游、文化旅游、观光旅游等概念相比较，生态旅游从定义上看并非是一个描述事实如何的概念，而是一个应该如何的伦理概念，各种旅游形式的替代旅游或多或少都体现出了这一特征。生态旅游学构建的一系列原则和实践方法都充分体现了伦理的特征。再次，生态旅游对传统大众旅游进行了道德的修复，表现为对生态旅游者和旅游活动利益相关者应尽义务和应负责任的追加。一直以来，旅游目的地政府部门和旅游企业受经济利益的驱使致力于旅游权利的主张而忽视了旅游责任和义务的承担，直接导致传统大众旅游发展的破坏性和不可持续性。如果说传统旅游形式强调回归自然、亲近自然、欣赏自然及享受自然，那么生态旅游则是强调在欣赏、享受自然的同时，更应该保护自然。由此可见，生态旅游与传统大众旅游最根本的区别在于环境伦理观念。

(二)环境伦理学为生态旅游提供理论支持

环境伦理学的产生与发展与其说是人类对环境问题高度重视的结果，不如说是为了保护环境而寻找的理论支撑。杨通进提出环境伦理学目的是为环境保护提供一个恰当的道德依据。[1]环境伦理学虽然产生了诸多流派，经历过从人类中心主义到非人类中心主义，但无论从自然权利出发还是从自然价值出发，通通都是关于人类应当保护环境的论证。如果说环境伦理学为可持续发展提供了理论基础，那么，对于可持续发展理论在旅游中的体现，即可持续旅

---

[1] 杨通进：《环境伦理学的几个理论问题》，载余涌主编《中国应用伦理学》，中央编译出版社，2002，第123页。

游发展来说,环境伦理学的支撑也不可或缺,而生态旅游又是可持续旅游发展战略的重要选择,更是与环境伦理密不可分。

环境伦理对于生态旅游的理论支持体现为三方面。首先,越来越多的自然旅游者接受了人类应当保护自然的道德命令。虽然在实践中很难将生态旅游与其他自然旅游形式严格区分开来,但是,即便是不同类型的生态旅游者都具有相同的基本特征,其中一个重要特征就是具有环境伦理意识。尽管无从准确分辨生态旅游者所持何种环境伦理观,但人类应当保护环境的道德命令为生态旅游者所共同遵循,可以说是环境伦理造就了生态旅游者。生态旅游者不再是单纯地欣赏自然、享受自然,而是将不破坏自然、关爱自然和保护自然作为行为准则,甚至主动参与到旅游目的地的环境保护项目中来。其次,环境伦理学作为生态旅游支持的逻辑结果,推动生态旅游业的产生和发展。20世纪90年代初,旅游经营商把他们各种各样的旅游产品都加上"eco-"前缀,其目的只是为了销售,并不具有生态旅游经营者应有的道德。不仅是旅游经营商,包括旅游饭店、旅游交通甚至旅游目的地的情况都极为相似。值得庆幸的是,旅游者以实际行动表达了强烈的环境伦理诉求。英国著名的市场调研机构MORI在1997年的一项调研结果显示,英国旅游者在选择旅游企业的产品时,61%的旅游者认为该企业的环境保护政策及其环境保护态度"重要"及"非常重要",他们甚至愿意向保护环境的旅游经营商和旅游饭店分别额外支付7.1英镑和7.5英镑。由此可见,生态旅游者对旅游业造成巨大的道德压力,迫使旅游业必须进行道德决策,尤其是当旅游者的道德评价能决定旅游企业利润、生存和发展的时候,旅游企业必须向旅游者表明自己的道德主张。于是,从20世纪90年代以后,有别于"标签性"生态旅游的、具有伦理规范的、真正的生态旅游开始出现,并逐渐通过制定生态旅游的指导原则、行动指南、伦理规范和行为规范来表明伦理立场。旅行社业、旅游饭店业和旅游交通业等通过制定各种伦理规范,赋予了生态旅游具体的伦理内容。各类行业协会或产业组织包括美国旅行代理商协会(ASTA)、英国旅行社协会(ABTA)、国际航空运输协会(IATA)、世界旅行与旅游理事会(WTTC)等也相继制定伦理规范。如美国旅行代理商协会提倡"对环境负责任的旅游",支持旅游代理商为生态旅游目的地制定"环境守则",并设立"年度环境奖"表彰对保护环境有杰出贡献的代理商,还制定《生态旅游十戒》以约束破坏环境的行为。最后,环境伦理给政府及相关部门进行旅游发展决策提供了理论支持。1989年,澳大利亚旅游委员会和环境保护局以《旅游发展环境伦理》为标题,制定了一系列具体的旅游地开发发展规则,这是最早将环境伦理用于指导旅游发展决策的案例。在20世纪80年代,霍尔德在对加勒比地区旅游发展对环境破坏的研究中指出,尽管旅游已成为当地的经济支柱,但毫无节制的发展对生态环境造成了极为严重的破坏,环境质量下降的直接后果是来访旅游者人数的减少,旅游者的减少又导致经济收入的下滑,所以发展旅游业必须保护环境。当旅游企业的盈利目标与生态环境目标相冲突时,仅凭旅游业的行业自律无法保证决策的正确性,政府的政策干预是需要而且必要的。近年来,旅游目的地政府的行政管理内容已经涵盖旅游规划的环境要求、旅游开发项目的环境审计、旅游产品与项目的生态认证等多个方面。

## 第二节 可持续发展理论与生态旅游

### 一、可持续发展理论的产生

可持续发展理论的产生与人类生存环境的恶化密切相关,也就是说,全球化的环境问题是促使可持续发展理论产生的关键因素。在人类社会早期,并不存在环境问题,因为当时人类还没有改变环境的能力。人类进入农牧文明后,尽管只是刀耕火种,但毕竟人类已开始凭借自身的能力去改变自然以获得食物。这一阶段曾经出现过水土流失、土壤沙化等环境问题,究其原因,不仅有人为因素,还有部分因素是自然力相互作用的结果,即便是人类行为引起的环境问题,其规模也很有限,对自然系统的进化并未构成威胁。从18世纪开始,以牛顿力学和技术革命为先导的工业文明彻底改变了全球,以近代哲学家培根和笛卡尔为代表的人类中心主义开始影响世界,其核心思想"驾驭自然,做自然的主人"鼓舞着一代又一代的人类试图征服自然,创造新文明。工业革命确实创造了高度的现代工业文明,但与此同时也产生了各种负面效应,包括资源短缺、生态退化、环境污染、全球变暖、荒漠化严重、人口剧增、贫困加剧等。1972年,罗马俱乐部发布了关于世界发展趋势的研究报告《增长的极限》,报告指出如果全球人口和资本按照目前的模式快速增长下去,世界将迎来一场"灾难性的崩溃",要避免此灾难的最佳方法就是限制增长,即"零增长"。工业文明的负面效应迫使人类对人类中心主义的观念,以及依靠大量消耗资源、牺牲环境为代价以换取经济快速增长的传统发展方式进行反思,可持续发展理论开始萌芽。

1962年,美国生物学家雷切尔·卡逊出版《寂静的春天》;1972年,世界人类环境大会在瑞典首都斯德哥尔摩举行,大会提出"只有一个地球",发布了人类历史上第一个环境宣言《联合国人类环境宣言》(以下简称《人类环境宣言》);20世纪80年代是全球开始关注可持续发展的时代。1980年,联合国环境规划署(UNEP)、国际自然资源保护同盟(IUCN)和世界野生生物基金会(WWF)组织发起世界多国政府官员和科学家参与制定了《世界自然保护大纲》,大纲强调"人类应利用对生物圈的管理,使得生物圈既能满足当代人的最大需求,又能保持其满足后代人需求的能力",可持续发展的概念首次被提出。1983年,联合国第38届大会批准成立世界环境与发展委员会(WCED)。1987年2月世界环境与发展委员会在日本东京召开会议,以挪威前首相布伦特兰夫人为首的委员会成员向联合国提交了《我们共同的未来》的报告,即《布伦特兰报告》,报告将可持续发展定义为"既能满足当代人的需求,又不对后代人满足其需求的能力构成危害的发展";[①]并呼吁世界各国将可持续发展纳入本国的发展目标,还提出可持续发展的八大原则作为具体行动指南。1989年12月,联合国决定召开环境与发展全球首脑会议,并于次年组织起草会议主要文件《21世纪议程》,大会将可持续发展写入《21世纪议程》;标志着可持续发展由理论转变为行动战略。1992年,联合国环境与发展会议(UNCED),又称"地球峰会",在巴西里约热内卢召开,会议通过人类历史上第二个环境宣言《里约环境与发展宣言》又称《里约宣言》,全球102个国家首脑共同签署了《21世纪议

---

① 李天元:《旅游学概论(第七版)》,南开大学出版社,2014,第317页。

程》，可持续发展理念获得了全世界的普遍认可。

## 二、可持续发展的定义及内涵

目前世界公认的可持续发展定义当属布伦特兰夫人在1987年向联合国环境与发展会议提交的《我们共同的未来》报告中的定义，即"可持续发展是既满足当代人的需求，又不损害子孙后代满足其需求能力的发展"。也可以理解为"可持续发展是既满足当代人的需求，又不对后代人满足其需求的能力构成危害的发展"。[①]

要正确把握可持续发展定义的核心和内涵，必须充分理解"可持续"和"发展"两个关键词的含义，因为可持续发展简单理解就是发展并保持其可持续性。

狭义"发展"仅仅指的是经济的增长，即一个国家或地区在一定时期内产值、利润的增长或财富的增加。因为经济的增长往往依赖于社会的变革，于是"发展"的内涵又外延到社会变革，即"发展"等同于经济增长加上社会变革。在这种认识的指导下，人类为了追求经济效益最大化，获得最快速的经济增长，不惜以牺牲环境为代价，走上一条可能会导致自身灭亡的道路。事实上，人类的发展是受限制的，受制于自然环境的承载力。只有在地球资源和自然环境允许的范围内开展活动，人类的进一步发展才有基础，永续的发展才有可能。这就是可持续发展，即"发展"包含经济增长、社会变革和自然生态环境保护。

"可持续"的概念本是生态学中针对渔业和林业可再生资源的一种管理战略，即将渔业或林业资源中的成果部分收获，剩余一部分留下继续繁殖生长，使其新增部分足以弥补收获的部分。这一概念很快被广泛应用于其他领域，可持续发展中的"可持续"，指向资源和环境，意为地球资源和环境能被人类永远利用，不会因为当代人的利用和消耗对后代人的生产和生活带来影响。

可见，可持续发展的内涵就是要处理好人类与自然之间的关系。人类的生产和生活离不开自然界的基础环境，如气候环境、水环境、生物环境等；也离不开地球上物质资源与能量的供给保证；甚至必须承认自身也是自然进化的产物。人类要更好地生存和发展，要实现可持续发展，就必须与自然和谐共处、协

---

[①] 牛文元：《可持续发展理论的基本认知》，《地理科学进展》2008年第3期，第1—6页。

同进化,创建一个环境友好型的社会。

### 三、可持续发展的基本原则

(一)持续性原则

人类在满足自身需要以求得发展的同时,要顾及限制因素,即人类的行为要受自然环境、代际和区域的制约,尤其强调人类的经济和社会发展不能超出自然资源与环境的承载力,自然环境和资源作为人类赖以生存的物质基础,是其中最主要的限制。自然资源的开发与利用应在生态系统的承载力范围内,减少不可再生性资源的消耗,保持自然生态系统的平衡与稳定,不能以破坏生态环境的方式发展。

(二)共同性原则

人类生存在同一个地球上,即具有共同的生存环境,地球的完整性和人类的相互依存性决定了全人类根本利益的共同性。全人类呼吸着同一大气圈的空气,饮着同一水圈的水源,吃着同一生物圈的食物,一旦自然受到污染,危害的不仅仅是某一个人或某一类人,而是地球上的每一个成员。人类作为地球生物圈的一员,与生物圈的利益也有共同性。一旦生物圈遭受破坏,意味着人类的生存基础也遭受破坏,会使人类陷入生存危机。地球上的资源和环境是世代人生存的共同基础,而资源和环境是有限的,部分资源是不可再生的,当代人如果不珍惜、不保护资源和环境,人类后代也将难以生存和发展。因此,可持续发展作为全球发展总目标,其要求和原则是共同的,要实现这一目标,需要克服民族障碍和地区障碍,全球联合行动。

(三)公平性原则

公平性原则是指利益公平,包括当代人的代内公平以及当代人和后代人之间的代际公平。代内公平是指当代人公平地享有利用地球资源和环境、谋求共同发展的权利,由于全球经济发展的地区差异性和人与人之间拥有财富的差异性,公平性特别强调不能因为满足部分地区或者部分人的需要而危及另一部分人的需要,不能因为满足一部分人的利益而牺牲另一部分人的利益。基于前文提到的共同性原则,世界上部分国家和地区的资源浪费必然导致另一些国家和地区资源的短缺,特别表现为发达国家对资源的高消费势必限制欠发达国家公平享有资源和环境的可能性。此外,部分国家对环境的污染和破坏也会影响相邻国家和地区乃至全球的环境质量。代际公平是指当代人和后代人公平地享有利用地球资源和环境以求发展的权利。当代人过度地使用资源、破坏环境,将会剥夺后代人公平地享有资源和环境的权利。

**四、可持续旅游**

(一)可持续旅游的产生

从20世纪80年代起,随着可持续发展观念在全球兴起,全社会也开始意识到旅游业与可持续发展有着密切关联。一方面,旅游业是一个依赖自然资源和社会文化资源才得以存在的资源型产业;另一方面,相比其他产业,旅游业对环境更为友好。在这样的背景下,可持续旅游的概念应运而生。1990年,全球可持续发展大会在加拿大温哥华召开,会议发表了《旅游可持续发展行动战略(草案)》,构建了可持续旅游的基本理论框架,阐述了可持续旅游的主要目标。1995年,联合国环境规划署、联合国教科文组织和世界旅游组织在西班牙召开旅游可持续发展世界会议,会议通过了《可持续旅游发展宪章》和《可持续旅游发展行动计划》,为旅游可持续发展制定了行为准则和具体操作程序。这标志着可持续旅游从理论阶段进入到实践性阶段。为了响应联合国《里约环境与发展宣言》,1997年,世界旅游组织、世界旅游理事会和地球理事会在联合国第九次特别会议上正式发布了《关于旅游业的21世纪议程》,议程详细描述了可持续旅游应采取的具体行动。进入21世纪后,可持续旅游在全球范围内得到更加广泛的关注,世界旅游大会、可持续发展会议和其他相关的国际会议都将其作为重要议题。如2002年,可持续发展世界首脑会议在南非约翰内斯堡召开,会上专门成立了可持续旅游发展工作组;2011年,在美国拉斯维加斯召开的第11届世界旅游旅行大会将可持续旅游作为主要议题之一;同年,联合国环境规划署、多个国家政府、非营利组织和商业集团共同结盟为全球可持续旅游伙伴关系,其使命是促进全球旅游业的可持续发展。可持续旅游的相关研究也逐渐受到学术界的重视,特别是1994年《可持续旅游杂志》的诞生,是可持续旅游研究的新起点,该期刊内容涉及可持续旅游的概念、内涵、原则、模式、标准、影响及具体措施等多个方面,并且善于借鉴旅游学、社会学、地理学、环境学、生态学、资源科学等其他学科领域中较为成熟的理论与方法开展研究,为可持续旅游发展提供了有力的理论支撑。

(二)可持续旅游概念

可持续旅游是伴随着可持续发展观念的出现而出现的,可持续发展强调人类的发展必须以不破坏或少破坏资源和环境为前提,实现途径是进行有效的资源管理,使资源损耗的速度低于其更新的速度,同时减少或避免使用不可再生资源或再生速度较慢的资源,用可再生资源或再生速度较快的资源替代,以保障当代人和后代人有充足的资源可利用。

1993年,世界旅游组织出版了《旅游与环境》丛书,其中《旅游业可持续发展——地方旅游规划指南》一书将可持续旅游界定为:在维护文化完整、保持生态环境的同时,满足人们对经济、社会和审美要求的旅游,它既能为当代的主人和客人们提供生计,又能保护和增进后代人的利益并为其提供同样的机会。

1995年,《可持续旅游发展宪章》指出:可持续旅游发展的实质,就是要求旅游与自然、文化和人类生存环境成为一个整体,即旅游、资源、人类生存环境三者统一,以形成一种旅游业与社会经济、资源、环境良性协调的发展模式。由此可见,保护资源和环境是可持续旅游发展的基础和出发点。

与可持续发展的目标相对应,可持续旅游的目标是:在为旅游者提供高质量的旅游环境的同时,改善当地社区居民的生活水平;并在旅游发展过程中维持生态环境的良性循环、当地文化的完整性和旅游业经济效益的可获得性;保持和增强社会和经济未来的发展机会。达到这一目标的基本前提是对旅游资源的合理利用,对旅游业发展模式和规模的科学规划和管理,以及保持旅游目的地环境的协调性和文化完整性。

**五、可持续发展理论与生态旅游**

可持续发展理论的产生和发展,标志着人类在理解资源与环境和人类发展之间的关系上发生了根本性的改变,使多年来人们寻求经济、社会、环境协调平衡发展的梦想成为可能。旅游业作为一个涉及经济、文化、社会、环境等多部门的综合性产业,努力寻求旅游可持续发展。可以说,生态旅游是实现可持续旅游发展的保证,生态旅游的目标就是旅游业的可持续发展,为达到这个目标,所有生态旅游活动的参与者都应坚持以可持续发展观为指导思想,将其作为一切行动的准则。

(一)生态旅游的发展目标是可持续发展

生态旅游和传统大众旅游最大的区别是发展战略的区别。人们在很长一段时间内对传统大众旅游存在着认知偏差,比如认为旅游业是"无烟工业",旅游业是一项投资少、见效快、高产出的劳动密集型产业,旅游者的旅游活动属于非耗竭性消费等。结果导致旅游景观的破坏和消亡、严重的水土流失等环境问题。生态旅游在可持续发展理论的指导下,纠正了以往对传统大众旅游的认知偏差,把旅游可持续发展作为目标,重视经济、社会和环境三大效益的协调发展,重视当代人和后代人的代际公平发展,并通过各项切实可行的具体措施将可持续发展观念落到实处。

(二)生态旅游者应树立可持续发展观

旅游者的旅游活动并非是非耗竭性消费。认为主要由可再生资源构成的旅游活动大多是精神消费,因而旅游资源不存在损耗——这是人们对旅游的肤浅认识。旅游资源是有限的,既包含可再生资源也包含不可再生资源。之所以能成为旅游资源,是因为其对旅游者具有吸引力,能满足旅游者生理或心理的某种需要。而吸引力又源于资源有别于城市环境的原始性、自然性、独特性等。如果旅游者在旅游消费过程中自私自利,只顾当下需求的满足,过度利用甚至是破坏性地利用旅游资源,这不仅影响或危及他人旅游需求的满足,而且损害不同代际旅游者的权利,严重的甚至危及整个人类生存环境。因此,生态旅游者需要树立可持续发展观,增强环境保护意识,自觉地以行动来保护资源、爱护环境,尽可能地将旅游活动可能对环境造成的负面影响降至最低。

(三)生态旅游从业者应坚持可持续发展观

首先,生态旅游规划要坚持以可持续发展观为指导思想。生态旅游规划不仅是旅游发展总体规划的重要组成部分,也是经济可持续发展和环境保护的重要内容。在生态旅游规划中,政府部门要建立健全相关法规和制度体系,并加强对生态旅游规划实施的领导和协调;企业是生态旅游开发项目的主要承担者和具体实施者;地方社区则主要是对生态旅游规划的实施提供咨询和服务,开展各种教育和培训。所有参与生态旅游规划的主体,都必须坚持可持续发展原则:①确定自然环境的保护区域,确定生态旅游区的边界和开展生态旅游活动的范围,将生态旅游活动给环境带来的负面影响尽可能地降至最低;②在各种国家公园、自然保护区和类似的区域内修建住宿、餐饮、交通、问询中心等旅游设施时,必须科学规划、严格控制在合理的范围内,并要求建筑风格、材料、家具和装潢等都应尽量与周围环境和当地文化相协调;③对于进入生态旅游区的交通、通信等设施设备应强调尽量减少对生态环境的破坏,禁用噪声大、污染大的各类交通工具和旅游活动设施,使用低污染的新能源并配备有效处理旅游者废弃物的各种设施和条件等。总之,科学的规划和开发是保护资源和环境的先决条件,一切工作都要围绕可持续发展原则展开。

其次,以可持续发展观为指导思想建立生态旅游的政策法规体系,如建立生态环境和文化遗产保护的相关法律法规和制度,制定生态旅游的行为规范和标准,建立生态旅游的监控和评估体系,成立生态旅游的专家支持系统等。

再次,要按照可持续旅游发展的原则和要求,明确政府部门、旅游企业和地方社区在发展生态旅游中的责任和义务,形成职责明确且相互协调的运行机制,确保对生态旅游发展过程的有效监管。

最后,生态旅游经营管理者和服务人员应采用节约型以及保护型的管理模式和服务模式,如加强对生态旅游景区环境承载力的分析和研究,确保游客数量和规模被严格限制在景区承载能力范围之内,让生态旅游资源在满足生态旅游者需求的同时能休养生息,避免遭受无法弥补的破坏,从而实现旅游资源的永续利用。

**【阅读材料】**

**代表委员谈生态旅游:保护与发展协同,走好绿色之路**

习近平总书记于2020年3月底在杭州西溪国家湿地公园考察时明确提出,"原生态是旅游的资本,发展旅游不能以牺牲环境为代价"。近年来,生态旅游蓬勃发展,如何处理好环境保护与经济发展间的关系,受到社会广泛关注。2020年全国"两会"期间,部分代表、委员接受了《中国旅游报》记者的采访,就生态文明建设、生态旅游发展分享经验、提出建议,并表示要处理好保护与发展的关系、走好可持续发展之路,生态旅游前景广阔。

2020年,第十三届全国政协委员、农工党吉林省委副主委、水利部松辽水利委员会副总工程师李和跃说,绿水青山转化为金山银山,发展生态旅游是重要路径。要在保护的前提下,充分利用生态特色,科学合理设计生态旅游线路。同时,发展生态旅游有利于带动脱贫增收。很多老少边穷地区基础设施相对落后,但往往有良好的自然环境,适合发展生态旅游,甚至可以将其作为支柱产业来发展,通过旅游消费带动当地经济发展。

全国政协常委、国家林业和草原局副局长刘东生表示,在推进生态文明建设中,处理好保护与发展的关系是一个永恒的主题。要树立保护与发展协同推进的理念,坚持生态优先、保护优先,坚决避免走以破坏生态环境为代价发展经济、先破坏后治理的老路。在有效发挥生态功能区主体功能、保护自然资源和生态系统原真性的前提下,适度合理地开展综合利用、旅游康养等发展项目,实现生态效益、社会效益和经济效益有机统一。

全国政协委员、洛阳师范学院院长梁留科认为,受疫情影响,人们更加关注具有安全、生态、绿色、康养等特征的产品,生态游、康养游、线上游成为旅游新需求及消费新趋势。生态旅游高质量发展应从创新产品设计、营造安全环境和强化智慧管理三方面着手。要突出精品设计意识,融入更多绿色自然、健康养生、体育休闲、文化体验等元素。要突出营造安全环境,更加注重干净卫生、舒服宜居、健康有序,提升软硬件建设中的安全品质。要突出智慧化管理,使用线上预约、大数据分析等智慧化手段,做好生态旅游目的地风险管理。

全国人大代表、重庆市巫山县委书记李春奎表示,生态保护与经济发展可以相得益彰。近年来,巫山县坚持生态优先、绿色发展,重点构建以生态旅游、生态农业、生态康养为主的生态产业体系,切实做好"大生态+大旅游",全力打造旅游战略性主导产业。"我们树牢新发展理念,把生态和旅游结合起来,把资源和产品对接起来,把保护和发展统一起来,将生态环境优势转化为旅游发展优势。一幅产业兴、百姓富、生态美的壮丽画卷正在巫峡大地磅礴展开。"

在内蒙古自治区锡林郭勒盟多伦县,昔日的漫山黄沙变成一片绿洲。从"沙中找绿"到"绿中找沙",绿色已成为多伦县的亮丽名片。全国人大代表、多伦县蔡木山乡铁公泡子村党支部书记李国琴介绍，目前，全村林草地面积达到19万亩，林草植被综合覆盖率达到90%。"村里的自然资源丰富，不仅有草原、山丘、森林，还有由金莲花和赤芍形成的彩色风景线。发展生态旅游，让村民们看到了更多致富的可能。下一步，我们将继续探索新路子，在林业、牧业、旅游业有机结合上做新文章，走好绿色发展之路。"

"神山村山美、水美，非常适合发展乡村旅游。"全国人大代表、江西省井冈山市神山村党支部副书记左香云介绍，近年来，神山村立足自身山地资源，发挥良好生态特色，大力发展以茶、竹、果为主的富民产业。当前，在常态化疫情防控下，全村已复耕复产，村里也在加大各项帮扶力度。"下一步，要完善基础设施，带动农产品外销；引进专业团队，打造民宿新村落；深挖本地资源，做精做优糍粑、竹木工艺品等产业。"

2015年起，我国陆续开展国家公园体制试点建设。目前，已建立三江源、东北虎豹、大熊猫、神农架等10个国家公园体制试点。全国政协委员、国务院参事、中国林业科学研究院森林生态环境与保护研究所学术委员会主任杨忠岐建议，结合精准扶贫和乡村振兴战略，尽快编制生态移民搬迁安置专项实施方案。针对下岗职工和移民发展替代生计，提供生态管护和社会服务公益性岗位，鼓励其参与特许经营项目，如引导其在国家公园周边开展家庭旅馆、农家乐和林特产品开发等经营活动；优化资源利用方式，有序做到工矿企业退出、生态移民、传统产业转型，在国家公园建设中维护好民众的切身利益。

"河南将打造具有国际影响力的黄河文化旅游带，谋划建设黄河国家文化公园。"全国政协常委、河南省政协副主席高体健说，河南将抢抓黄河流域生态保护和高质量发展等重大战略机遇，统筹大保护、大治理、大发展，强化区域间资源整合与协作，传承弘扬黄河文化，推进全域旅游发展，唱响新时代"黄河大合唱"。

当前，青海正大力推进国家公园省建设。全国政协委员、青海省工商联副主席、青海花海旅游开发有限公司董事长韩文林说，这有利于将青海独有的自然资源优势和生态优势转化为经济发展、民生改善优势，全面加速推进以旅游业为龙头的特色产业蓬勃发展。在国家公园省建设过程中，应该正确处理好保护与发展的关系，既要牢固树立生态保护优先的理念，进一步加大生态治理、生态保护、生态修复力度,保护好中华水塔、三江源头,筑牢国家生态安全屏障,也要充分利用生态资源优势,走出一条绿色发展之路。①

## 第三节 生态美理论与生态旅游

生态美是以生态人文观为基础的一种全新的具有生态哲学意义的美学概念,是人类在生态文明社会中的美学追求,有着与自然美截然不同的本质特征。在生态旅游活动中,包括旅游者、旅游开发者和旅游经营管理者在内的所有参与主体都与生态美息息相关。

### 一、生态美学的概念

生态美学具有深厚的历史渊源,不论是在我国古典美学的典籍中,还是在西方近现代文化中,以及在马克思主义的理论中都能找到生态美学的内容和精神。关于什么是生态美学,国内众多学者对其含义进行了阐释。刘成纪认为,生态美的本质特征是生命之美;生态美学的建立基础是人与自然在生命上的平等性,万物皆有生命,生态美就是自然万物所展现出的生命样态的美,是生命力的自然表现。自然并非只为人类而美,它有自身的美学价值,这种美往往与生存紧密联系。自然界的生命体,不仅具有独立的认识和发现美的能力,而且也以独特的方式完成美的创造。曾繁仁指出,生态美学有狭义和广义之分。狭义的生态美学仅指人与自然处于生态平衡的审美状态,这一理解由于研究对象和研究范围的约束而过于狭隘。因此,广义的生态美学,即将研究对象扩大到人与自然、人与社会,以及人类自身的动态平衡、和谐一致的审美状态上。狭义的生态美学,认为人存在于自然之中的、回归人之本原的和谐性和直接性才是人与自然的关系。从这个意义上说,生态美并不等于自然美,而是人与自然的物我相忘、浑然一体的存在。因此,生态美学从一开始就关注自然和环境,

---

① 沈啸、李志刚、李凤:《保护与发展协同,走好绿色之路:代表委员谈生态旅游》,《中国旅游报》2020年5月27日。

强调人与自然相互依存,追求"天人合一"的生态理想。生态美学从广义上讲,它除了关注自然,还关注社会和人类本身。"生态美学对社会的关注,就是提倡人与人之间在生态环境问题上的相对公平和公正。每个人在生态环境中的生存权都应该以尊重他人的生存权为前提,还应该考虑到后代的环境生存权,要为我们的后代留下青天绿水。"[①]

生态美不等同于自然美,自然美是由自然界长期演化创造的美,是基于对自然外部形态、色彩、声音等在感官基础上产生的心灵愉悦;生态美除了包含自然生态美以外,还包含人与自然共同创造的人与自然和谐之美,是基于对生命价值、自然价值的认识基础上而产生的感官和心灵上的愉悦,即人文生态美,例如生态园林、生态城市、生态农业园等都能体现出人文生态美。可以这样理解,生态美是充沛的生命与其生存环境和谐共生所展现出的一种美的形式。

**二、生态美学的现实意义**

生态美学的产生标志着人类由传统"主客二分"的认识论向存在论的演进和发展。"主客二分"中的"主"指人,"客"指自然,这种思维是把人与自然截然两分,认为人是拥有理性认识能力的主体,自然是等待人去感知和认识的客体,人想要获得生存和发展,就必须征服自然。伴随着工业发展和科技进步,人类对自然认识得更深刻,创造出很多前所未有的辉煌。与此同时,当人类为自己征服自然的能力感到自豪时,地震、海啸、飓风、泥石流、沙尘暴等自然灾害频频出现。这些灾难向人类揭示了一个事实——工业革命以来,曾给人类带来巨大物质财富、为人类创造辉煌的"主客二分"认识论已经不能适应当今世界的发展,化解人类面临的生存危机,恢复自然生态平衡,必须从转变人类的思维方式开始。与传统"主客二分"认识论思维方式不同,生态美学倡导存在论思维方式,强调人类在自然中的存在,和其他生命体一样属于自然,与自然浑然一体,不可分离。这种认知充分肯定了自然界所有物种的平等性,反映出生命之间的和谐交融,为正确认识和处理人与自然的关系提供了全新的视角。

---

① 李庆本:《从生态美学看实践美学》,《文艺理论研究》2010 年第 3 期,第 23—27 页。

生态美学用存在论的崭新思维方式替代了认识论的传统思维方式,有助于人们走出人类中心主义的价值观,以和谐共生为特征的生态整体主义成为当代的主要价值观。人类中心主义自古就有,早在古希腊时期,就有"人是万物的尺度"这样的名言。在文艺复兴和启蒙运动后,这种思想进一步完善,工业革命和蓬勃发展的生产力更是赋予了它神奇的力量。在人类中心主义的观念下,人类认为自己是自然的主宰,自然界的全部意义就在于为人类服务,尚未意识到人与自然和谐相处、协调发展的重要性。对此,恩格斯早就告诫过,人类不应过分陶醉于对自然界的每一次胜利,因为对于每一次这样的胜利,自然界都报复了人类。人类并非自然界的主宰,而只是自然界整个生命有机体的一个组成部分。在这个整体中,人有生存发展的权利,但不能对外界任意施加影响,人类"必须轻轻地走过这个世界,仅仅使用我们必须使用的东西,为我们的邻居和后代保持生态平衡"。[①]生态美学带来的全新价值观,可以让人类重新审视和反思对待自然的态度,通过尊重自然、善待自然,重建美好家园,化解人类生存危机。

### 三、生态美理论和生态旅游

生态美学所倡导的珍视生命、珍爱自然,和生态旅游的宗旨不谋而合,生态旅游者所追求的、生态旅游开发商所努力打造的、生态旅游经营管理者所极力维护的都是同一目标——生态美。

(一)生态美学与生态旅游的目标一致

生态美学帮助人类重新审视自身与自然的关系,认为人类的生存危机源于人类中心主义这种错误的价值观,如果人类继续无休止地掠夺资源和破坏自然,如果人类不摒弃"主客二分"的思维方式,如果人类不超越人类中心主义的价值观,人与自然很难和解。生态美学为化解人类面临的各种危机提供了新的理论参考。其主张人类与自然是一个有机整体,人类不能脱离自然而孤立存在,人类的过度发展会给自然造成严重伤害。它提倡人类作为自然的一部分,应与自然和谐共生。

---

① 大卫·雷·格理芬:《后现代精神》,王成兵译,中央编译出版社,1998。

生态美学以整体性的视角，重新审视人类在自然中的权利和义务，这与生态旅游所倡导的保护环境、实现人类可持续发展的目标是完全一致的。生态美学能纠正生态旅游发展过程中价值观和思维方式的偏差。

(二)生态美学对生态旅游规划和开发具有指导作用

科学合理的规划是实现可持续发展的前提，生态旅游的规划和开发应以目的地的环境容量和生态适宜性为依据。部分地方政府和开发规划部门急于追求生态旅游的经济效益，忽略自然生态环境的脆弱性，急功近利、大肆开发，造成生态环境问题。这种错误的认知影响了旅游规划的科学性和导向性，必须加以纠正，否则将会把生态旅游引入歧途，还会给今后的规划开发工作造成极大的负面影响。所以，在开展生态旅游规划和开发时，应坚持生态美学的基本原则，即尊重和关怀所有的生命体，敬畏与保护整个自然，一方面要使生态旅游活动满足人类的审美情趣和休闲放松的需求，另一方面也要强调开发和规划的合理性与科学性，在敬畏自然、尊重自然的前提下达到人类科学利用资源和环境的目的。

(三)生态美学倡导人文精神的复归

生态旅游是人类回归自然、释放心灵、自我治愈的一种重要方式。因此，旅游者自觉的环保意识和浓厚的人文精神在生态旅游过程中显得尤为重要。现今社会大都市中极易出现的空虚、颓废、压抑、畸形、扭曲的精神生态导致人类不能正确看待周围的事物，人与人之间、人与自然的人文关怀日渐减少。生态美学倡导把真、善、美重新注入人类的思想意识中，恢复人类健全、完整的精神生态，修复被破坏的自然环境，还原生态系统的有机整体状态，从根本上化解生态危机，重建人与人、人与自然的和谐关系。这种人文精神的复归会促使以认识自然、保护自然和不破坏自然为宗旨的生态旅游得到更好的发展，也会使人类在与自然的共生共存中体会心灵的自由超脱，实现人类社会的完整统一。

综上所述，生态美学是对人类所面临的生存危机的一种特有的回应。它以存在论的全新思维方式重新明确了人与自然之间的地位和责任义务，促使人类与自然和谐共生，为生态旅游的发展提供了正确的思维方式和价值观念。

# 第三章 生态旅游的主体——生态旅游者

## 第一节 生态旅游者概述

作为生态旅游活动主体的生态旅游者被看作是生态旅游形成和发展的关键因素，但关于生态旅游者的概念目前尚无明确的统一说法，究其原因主要是人们对生态旅游定义理解的差异性较大；针对生态旅游者的相关市场调查研究比较少，现有的调研大多也只针对一个旅游目的地，涵盖大范围的地区性、全国性乃至世界性的市场调研难度太大。更重要的一个原因是，生态旅游者可能出现在各类旅游产品的消费中，而他们在旅游动机、具体开展的活动、市场特征和需求等方面差异巨大。

### 一、生态旅游者的概念

生态旅游者的概念有广义和狭义之分。广义的生态旅游者是指到生态旅游区开展旅游活动的所有旅游者。此类定义具有统计上的可操作性，但无法真正体现生态旅游的内涵，忽视生态旅游的产生与发展是人们环境保护意识增强的结果。狭义的生态旅游者是指前往生态旅游区开展旅游活动并对环保与经济发展负有一定责任的那部分旅游者。这类定义尽管不便于统计分析，但却反映了生态旅游的内涵，也体现出生态旅游者的本质特征。

#### (一)广义的生态旅游者

世界野生动物基金会(WWF)的研究人员伊丽莎白·布在对生态旅游下定义的同时，将生态旅游者界定为：那些以风景和野生动植物为特定目标，为实现学习、研究、欣赏、享受等目的而到受干扰比较少或没有受到污染的自然区域开展旅游活动的旅游者。

麦克尼利认为生态旅游者是到保护区旅行，参与游憩、审美的、社会文化的、科学的、教育的、精神的以及历史的等非消耗型活动的游客。

怀尔德指出生态旅游者既包括有特殊兴趣的专家组，如鸟类观察者、摄影师和科学家，又包括对自然区域和不同文化感兴趣的普通人。

巴兰坦和伊格尔斯认为生态旅游者以学习自然为动机，荒野或未破坏的自然区域是其重要的旅游吸引物。

布莱米和伯格将在相对未受干扰或未被污染的自然区域，以欣赏、享受或者体验自然为首要动机进行旅行并至少获得一种生态旅游体验的任何人都归结为生态旅游者。

萨利赫和卡尔瓦克指出生态旅游者通常是寻求在相对未受干扰的自然区域中的旅游体验的人。

这类定义都只是从市场的角度出发，对生态旅游者的行为现象进行部分概括，将到达生态旅游区并消费生态旅游产品作为界定生态旅游者的标准，其最大的优点是便于统计相关指标，但这种界定方式几乎将生态旅游等同于自然旅游，无法真正体现"生态"的内涵。因为并非所有到达生态旅游区并消费生态旅游产品的旅游者都具有生态保护意识和知识，虽然这些所谓的生态旅游者都为其生态旅游支付了相关费用，但无法保证他们的旅游活动对生态环境是无害的。事实上，大量打着生态旅游旗号的生态旅游者在旅游活动中造成自然保护区环境的破坏，包括水污染、噪声污染、空气污染、垃圾公害、资源退化等。

(二)狭义的生态旅游者

齐费尔、伊丽莎白·布、斯尼彭格等都认为理想的生态旅游者以参与文化和生态敏感性活动为动机，希望其花费用于支持当地的经济和资源保护，愿意在旅游活动中为当地的环境保护和可持续发展做贡献。

谢贝洛斯·拉斯喀瑞指出生态旅游者是生态旅游的实践者，他们有机会以一定的方式融入自然，从而获得一种特殊的体验，这样的体验是大多数人在惯常的城市环境中所享受不到的。通过旅游，他们将获得关于自然环境和文化环境的相关知识，增强自身保护意识，并最终转变成为热衷于环境保护的人士。

哈维提出生态旅游者是那些在旅游活动中自觉坚持对自然和文化系统不

造成负面影响的人。

怀特认为生态旅游者是到达生态旅游目的地旅行并且行为与可持续的价值观和原则相一致的旅游者。

1993年,在北京召开的第一届东亚地区国家公园与自然保护区会议将生态旅游者界定为:在不损害当地生态系统或地域文化的情况下访问、了解、鉴赏、享受自然及文化的旅游者。

中国原国家环境保护总局自然保护司杨朝飞提出:真正的生态旅游者既要到自然中去放松、消遣、休闲、娱乐,又要具有比较高尚的道德标准,在其开展旅游活动的同时要爱护自然、保护环境,不能因其旅游活动而给当地的自然环境和生态系统造成破坏和污染;生态旅游者还应该通过生态旅游更多地了解自然,向自然学习更多的知识,从而更自觉地保护自然、保护生态。

中国社会科学院旅游研究中心原主任张广瑞指出:生态旅游者的目的地是自然区域或某些特定的文化区域,开展旅游活动的目的是了解当地环境的文化和自然历史知识,欣赏和研究自然景观、野生生物及相关文化特征等。从事该旅游活动的原则是不破坏生态系统的完整性,保护自然资源,使当地居民经济上受益。

黄羊山指出生态旅游者对目的地旅游环境的质量要求很高,同时也能非常自觉地、有意识地保护环境,他们还能协助旅游行政管理部门进行资源保护。

陈楠等人认为生态旅游者具有强烈的生态意识,不追求旅游舒适度,不会为了自身的方便而要求修筑公路、索道等可能会损害当地生态环境的各类交通设施。

王群、陆林和章锦河从多个具有代表性的生态旅游概念中提炼出生态旅游者的内涵:必须带有专门的欣赏、学习、教育、研究和保护等目的,并不仅仅是为了享受自然风光;旅游目的地是自然和社会生态系统保持完好的生态旅游区;旅游者必须对当地的环保和经济发展负责,基本要求是不损害当地自然生态系统和地域文化生态系统,甚至应主动采取一些环保行动(提供人力、物力、财力均可),为生态旅游目的地的可持续发展做出贡献。

这类定义将是否具有生态和环保意识,愿意且能够购买生态旅游产品作为生态旅游者的判断标准,避免了生态旅游产品的消费者就一定是生态旅游者的片面认识。狭义的生态旅游者被更严格地限制为一小部分群体,这在统计工作中有一定难度,因为是否具有环境保护意识难以衡量和判定。实际上,仍不得不将所有进入生态旅游区或购买生态旅游产品的旅游者统计为生态旅游者。此类定义反映了生态旅游的内涵,体现出生态旅游者的本质特征,将生态旅游者与传统旅游者显著地区分开,便于生态旅游者自我要求。

对生态旅游者众多的概念进行归纳,得出其概念中的四个公共认同点:一种强调合作的旅游方式;生态旅游以自然为基础;教育和学习是生态旅游必不可少的要素;生态旅游应具有可持续性。

**二、生态旅游者的特征**

科尔文认为一个真正的生态旅游者应具有如下特点:第一,希望获得有深度的"真正"经历,不论是对个人还是对社会而言,此经历有益;第二,追求身体和精神的挑战;第三,希望与目的地居民交往,学习文化;第四,避免参加常规路线旅行的大旅行团;第五,要求参与,而非被动;第六,追求经历,而非舒适。

杨桂华认为生态旅游者除具备一般旅游者的异地性、消费性、业余性和地域差异性外,具有三个显著特点。第一,旅游对象和旅游服务的自然性。生态旅游者的旅游对象不仅包括自然环境形态,还包括原汁原味的、体现人与自然和谐共生的特色文化。生态旅游者对食、宿、行、游、购、娱等各个环节所提供的服务要求必须是原汁原味,如食、宿入乡随俗,交通工具体现当地特色兼具环保要求,参与社区居民的传统娱乐活动,购买目的地特产等。第二,生态旅游者的责任性。生态旅游者一方面通过旅游消费为旅游目的地社区经济做出贡献,另一方面具有生态保护的责任感,自觉做到不破坏自然环境,尊重和维护人与自然和谐共生的特色文化。第三,生态旅游者对自身素质要求的特定性。生态旅游者要具有良好的身体素质、道德水平、环保知识和文化修养,如知晓大自然生态平衡的原理,理解传统民俗风情的文化内涵,明白自身行为是否符合环保的规范要求等。

张建萍认为凡符合以下要求的旅游者均可被视为生态旅游者:第一,事先学习访问地域的有关知识;第二,尊重旅游目的地的文化;第三,不给旅游目的地的自然环境造成不良影响;第四,积极参加保护生态环境的各种有益活动;第五,通过旅游实践,提高道德修养,培养尊重自然、尊重不同文化的良好行为习惯。

钟林生、马向远和曾瑜皙提出中国生态旅游者的基本特征有三点。第一,具有生态意识。与传统大众旅游者相比,生态旅游者具有生态意识。第二,具有环保行为特征。生态旅游者开展旅游活动时,带有明确的环境保护意识,在食、宿、行、游、娱、购的每个环节中都强调旅游与保护的和谐统一。第三,旅游目的地偏好自然区域。回归自然是世界旅游发展的趋势,生态旅游者喜欢前往自然区域,例如干扰相对少的自然保护区开展旅游活动,为减少对当地自然环境和文化系统的消极影响,一般能自觉约束自己的行为。

李燕琴认为生态旅游者的特征包括:第一,以欣赏、享受、体验和学习自然为动机;第二,愿意在旅游活动中为当地的环境保护和可持续发展做贡献;第三,希望他们的旅游花费用于支持目的地的经济发展和资源保护;第四,能敏感地对待并包容不同的文化。

### 三、生态旅游者与传统大众旅游者的区别

从旅游对象上看,吸引传统大众旅游者开展旅游活动的对象无明确限制,可以是自然的,也可以是人文的,还可以是其他类别的任何资源。而生态旅游者的旅游对象一般为生态旅游景观,包括各类自然景观,如地质地貌、水体、山地、森林、野生动植物,以及人与自然和谐共生的生态文化景观,如民俗风情、社会形态等。

从旅游的目的与动机上看,传统大众旅游者的构成主体——消遣型游客主要追求休闲、游玩、享乐等目的,重在对旅游资源的享用和消费。而生态旅游属于专项旅游,生态旅游者一般都带有专门的目的,如学习、研究、教育、保护等,对旅游目的地历史和文化的认识和理解是首要的,享受自然风光往往是次要的甚至是附带的。

从旅游规模来看,传统大众旅游者人数多,规模大,一到旺季往往人山人海,拥挤不堪;而生态旅游者人数有限,规模小,密度低。

从旅游形式来看,传统大众旅游者大多只是走马观花似的观光游玩,形式

比较单一;而生态旅游者是以大自然为舞台,开展活动形式多样,内容丰富,寓教于乐。

从参与性来看,传统大众旅游者一般不参加旅游环境管理活动,较为被动;而生态旅游者将自身视作整个生态系统的一部分,认为主体与客体密不可分,因而主动自觉地参与有组织的环保活动。

从旅游体验来看,传统大众旅游者只获得传统美学意义上的审美体验;而生态旅游者通过积极地亲近自然,达到心灵与自然的共鸣,个人情感得到升华,获得生态美的体验。

从旅游者自身的素质来看,传统大众旅游者只需具备旅游的主客观条件即可成行;生态旅游者除了需具备上述条件外,还应有较高的文化素质。

从环保意识来看,传统大众旅游者缺乏环保意识或环保意识较弱,往往会对旅游目的地的环境造成一定的冲击;而生态旅游者的环保意识较强,往往会主动保护生态环境。

从行为责任上看,传统大众旅游者只要求旅游消费行为合法;而生态旅游者在行为上除上述要求外,应体现自然与人文关怀。

### 四、生态旅游者的分类

无论是学术界还是相关部门对于生态旅游者的分类都没有一个统一标准。各相关部门和研究学者基于不同的研究角度、研究方法及研究目的,对于生态旅游者的分类标准也存在差异。就目前而言,常见的分类标准及类别有:按照是否跨越国境分为国际生态旅游者和国内生态旅游者;按照组织形式分为团体生态旅游者和散客生态旅游者;按照出行的目的分为观光型生态旅游者、参与型生态旅游者、专门型生态旅游者和综合型生态旅游者;按照旅游对象分为自然生态旅游者和人文生态旅游者;按照旅游具体内容分为宗教生态旅游者、考古生态旅游者、民俗风情生态旅游者、探险生态旅游者、登山生态旅游者、森林生态旅游者、野生动植物观赏生态旅游者、科学考察生态旅游者和乡村生态旅游者;按照年龄特征分为青少年生态旅游者、中年生态旅游者、老年生态旅游者;按照旅游动机和旅游行为的生态化程度分为严格的生态旅游者、一般的生态旅游者和组织性生态旅游者等。

目前研究最为广泛的是"严格的、一般的和组织性生态旅游者"这种分类方式。该分类是由拉阿曼和德斯特在1987年首次提出的,在生态旅游学术界得到了广泛的认可,目前我国的生态旅游相关研究成果中关于生态旅游者的分类大多以此作为标准。

### (一)严格的生态旅游者

这是一种理想的生态旅游者类型,他们对自然充满了崇敬与关爱,认为人类与自然是平等的关系而不是征服与被征服的关系,人类应该与自然和谐共处。因此,他们都具有强烈的生态意识,表现为在旅游活动中对舒适度的要求很低,反对一切可能损害目的地生态环境的行为,如修筑公路、兴建停车场、铺设索道设施等。他们更愿意在体力上有所挑战,通过亲力亲为获得深刻的旅游体验,以充分了解目的地的生态环境。在食、宿、行、游、购、娱这六个环节上,严格的生态旅游者要求也很低,如住宿可能不会选择星级酒店,而是住在目的地社区居民开办的民宿里,或是自带帐篷居住;对于旅游行程安排自主性强、随意性大,游览中处处强调个人对自然的深刻体验。严格的生态旅游者还表现出强烈的环境责任感,他们以身作则、严于律己,一方面亲自参与环境保护工作,另一方面还不断地影响和感染身边其他游客为保护环境做贡献。他们通常喜欢前往那些远离城市、保持相对原始状态的自然区域深入亲近自然、了解自然、学习自然;喜欢自己安排旅游行程,一般出游规模较小,多以规模团队方式开展活动。他们除了关注自然环境保护,还关注目的地社区的经济发展,对当地的传统文化也很感兴趣,并愿意为目的地社区的发展做贡献。这类生态旅游者具备充分的生态意识和生态道德,完全能体现出生态旅游的内涵,一切行为均符合生态旅游的发展目标。

### (二)一般的生态旅游者

与严格的生态旅游者刚好不同,一般的生态旅游者有人类中心论倾向,认为人类独立于自然存在,人类优于自然,人类主宰自然,他们只把自然当作旅游活动对象和消费对象。在旅游活动中,一般的生态旅游者的生态意识并不深刻,或浮于表面,或有中等程度的认识,因此对于环境问题的责任感远不如严格的生态旅游者那样强烈,他们也许会自我约束不破坏生态环境,也可能对身边其他游客破坏环境的行为置若罔闻。他们对各类接待设施的舒适度有较高要求,希望景区能提供较为完善的旅游服务,喜欢通过导游讲解、指示牌说明等方式被告知关于自然的各种知识,缺乏主动了解自然、探索自然的精神。一般的生态旅游者在旅游行为上与传统大众旅游者类似,通常依靠旅行社大规模组团前往旅游目的地,不喜欢距离太过遥远而需要长途跋涉才能到达的景区,愿意选择交通便利、无须过分耗费体力便能轻松到达的目的地。与自然间的交流主要表现为走马观花似的欣赏,缺乏深入的体验。对于旅游目的地社区的发展,他们一般也不太关注,尽管有时口头上表达要对当地社区做贡献,但往往也没有付诸实际行动。从本质上看,一般的生态旅游者就是大众旅游者,充其量是大众旅游者当中更喜欢接触自然环境的那一部分。

(三)组织性生态旅游者

组织性生态旅游者在旅游动机上类似于严格的生态旅游者,他们也想学习和了解自然,也具有较强的环境责任感。在对服务舒适度的要求上,他们更接近于一般的生态旅游者,表现为更希望加入旅行社组织的团队游,依靠旅行社安排好行程,希望有导游全程陪同照顾,要求生态旅游景区能为旅游者提供充足且条件良好的旅游服务和接待设施。可以这样理解,组织性生态旅游者是通过传统的大众旅游者参与生态旅游的自然爱好者。

肖朝霞和杨桂华认为形成这三种不同类别生态旅游者的主要原因是其生态意识上的差异。严格的生态旅游者具有强烈的生态意识;一般的生态旅游者具有中等或表层的生态意识;组织性生态旅游者的生态意识水平居于两者之间。

# 第二节 生态旅游者的形成条件

## 一、生态旅游者形成的客观条件

要成为生态旅游者必须具备一定的主、客观条件;此外,对生态旅游者进行生态环境教育显得尤为重要。

(一)足够的可自由支配收入

个人的收入水平和富足程度，或者确切地说是其家庭的收入水平和富足程度，决定着其能否产生和实现旅游需求。这意味着，家庭收入达到足够高的水平不仅是个人能够产生旅游需求的重要前提，也是其实现旅游需求的重要物质基础。但并非全部收入都可用于外出旅游，真正决定个体能否实现其旅游需求的实际上是该家庭的可支配收入水平，或者更为确切些说，是该家庭的可自由支配收入的水平。可支配收入和可自由支配收入是研究旅游需求时经常使用的两个概念。可支配收入是指个人或家庭收入中扣除应纳所得税之后的剩余部分。可自由支配收入也称可随意支配收入、可任意支配收入，指个人或家庭收入中扣除应纳所得税、社会保障性消费（即按规定应由个人负担的养老金、失业保险、医疗保险等社会保障费用的预支），以及日常生活必须消费部分（衣、食、住、行等）之后所剩余的收入部分。所谓可自由支配收入，意味着可供人们自由地选择其用途，因而也是家庭收入中真正可用于旅游消费的收入部分。可用公式表示为：

可自由支配收入＝个人或家庭的收入－全部纳税－社会消费－日常生活必须消费。

根据相关调查表明，生态旅游由于管理与保护需要投入更多的人力、物力和财力，生态旅游者的消费从总体上看比传统大众旅游者的消费更高一些，因而，拥有足够的可自由支配收入是个人能够实现生态旅游需求、成为生态旅游者所必须具备的首要物质条件。

（二）足够的闲暇

不少事实表明，有些人虽然拥有足够的可自由支配收入，但却仍然不能外出旅游，原因是其终日忙于工作而不得脱身。因此，拥有足够的闲暇时间也是个人产生和实现旅游需求必须具备的又一客观条件。事实上，闲暇时间长短不仅决定着个人能否实现外出旅游，而且还会影响对出游目的地的选择，以及在旅游目的地停留时间的长短。

对闲暇时间的理解和认识，首先需要从人生的时间构成谈起。以社会在职人员的情况为例，其人生时间大致由五个部分构成。第一，法定的就业工作时间。显然，这部分时间由不得个人随意支配。第二，必需的附加工作时间。比如必要的加班加点，必要的从事第二职业时间等。这部分时间同样也由不得个人随意支配。第三,用于满足生理需要的时间。例如用于吃饭、睡觉的时间。这部分时间的付出是不可避免的,否则一个人将难以维持生命。第四,必需的社会活动时间。诸如参加必要的社交聚会,出席学校召开的学生家长会等。这部分时间也不容个人随意支配。第五,闲暇时间。即可由个人任意支配的自由时间。可用于开展旅游活动的闲暇时间虽然是属于非工作时间,但并不等同于非工作时间,而只是非工作时间中的一部分。詹森曾明确指出闲暇时间是指人生中除谋生和自我生存所需时间之外的时间,是可用于追求闲情逸致的自由时间。帕特莫尔则提出闲暇时间与娱乐时间并非同义语,闲暇时间所指的是在满足了工作、睡觉、吃饭以及必要性的日常琐事等方面的需要之后所剩余的时间。由此可见,闲暇时间并非仅是用于娱乐的时间,而是如马克思所说的可由个人随心所欲地自由支配的时间;换言之,闲暇时间不仅可用于娱乐,而且也可用于读书、看报以及旨在追求闲情逸致的消遣性活动。综上所述,闲暇时间是指在日常工作、学习、生活以及其他方面所必须占用的时间之外,可由个人任意支配、用于开展消遣娱乐及自己所乐于从事的任何其他活动的自由时间。可用公式表示为:

闲暇时间=全部时间-法定的就业工作时间-必要的附加工作时间-用于满足生理需要的时间-必要的社会活动时间

包括生态旅游在内的所有旅游活动的开展都是在闲暇时间内发生的,这意味着个人必须拥有足够数量且连续集中的闲暇时间,才有可能开展生态旅游活动。

(三)身体状况和家庭人口结构

据统计,年龄在65岁以上的老年人,在传统大众旅游者中所占的比例较低。究其原因,年龄本身似乎并非是造成这一状况的根本原因,与其年迈相伴的体力不支、行动不便才是实质性的影响因素。由于生态旅游是回归自然的旅游活动,尤其是徒步、登山、骑车、滑雪等旅游项目需要耗费大量体能,对体力要求比较高。因此,身体状况成为个体能否进行生态旅游的重要生理性因素。根据李燕琴、怀特等人的研究结果表明,生态旅游者多为18—54岁的中青年人,60岁以上的生态旅游者占比极小,这与年龄增长带来的体力不支和心理年龄老化密切相关。事实证明,身强力壮者开展生态旅游的占比远大于弱不禁风者。

还有研究证明,一个人所处的家庭生命周期阶段是影响其能否实现旅游需求的一个客观因素。但凡有婴幼儿(尤其是4周岁以下的婴幼儿)的家庭,外出旅游的可能性很小。这一方面是因为婴幼儿需要特殊照顾,麻烦事颇多;另一方面也是因为在外出旅游期间,往往不容易找到适合婴幼儿生活需要的专门旅游接待设施。另外,家庭中如果有无法自理的老年人或残疾人需要照顾,也会影响个人出游。

**二、生态旅游者形成的主观条件**

前文在讨论生态旅游者形成的客观条件时,是基于一个假定前提,即假定一个人有意外出生态旅游。如果离开这一前提,那么即便一个人同时具备了前面所述各项客观条件,他也未必会成为一个现实的生态旅游者,因为他可能根本不愿意去旅游。个人要成为现实的生态旅游者,不仅需要具备上述那些客观条件,还需要具备主观条件。换言之,生态旅游者的形成不仅会受前述客观因素的影响,还要为自身的主观因素所决定,这里所称的主观因素指的是旅游动机。

动机是心理学中的一个概念,可以解释为引发一个人去做某事以满足某种生理需求或心理意愿的内在驱动力。简单地讲,动机就是促发一个人做出某一行为的内在驱动力。旅游动机可以理解为一个人为了满足自己的某种需求而决意外出旅游的内在驱动力,或者说是促使一个人有意外出旅游的心理动因。

人本主义心理学派认为动机与需求两者之间存在着非常密切的关系。一个人的动机总是为满足自身的某种需求而产生。换句话说,动机是需求的反映,而需求则是动机产生的原因。

生态旅游者参加生态旅游的动机是为了满足其"回归大自然"的心理需求,即离开人工雕琢的环境,到自然环境或到人与自然和谐共生的环境中以获得享受的需求。据调查,生态旅游者的旅游动机种类中大多与自然密切相关。李燕琴指出生态旅游者最重要的出游动机包括:前往未破坏的自然区域;在大自然中学习;可以观鸟、其他野生动物或绿树野花;风光摄影;活动筋骨,以喜好的方式自由活动;时间允许,看尽可能多的东西;改变繁忙的工作状态,实现自我恢复;体验新的生活方式;参与运动和品尝新的美味等。吴章文和胡零云认为,在现代社会中,人们喜欢短期暂时改变一下生活环境,并对异国他乡的景观和文化感兴趣,喜欢探新求异,在这种心理因素驱使下,人们需要亲自去看一看和亲自去体验一下异国他乡的新异之处,这便是生态旅游者的心理需求之一。此外,在现代社会中,竞争日趋激烈,压力越来越大,在紧张工作之余,短期暂时摆脱竞争和压力的困扰、回归自然、放松身心、消除疲劳、促进健康、返璞归真、净化自我,成为生态旅游者的迫切需求。

杨桂华指出,人们之所以想回归大自然,是外因和内因共同作用的结果。外因主要是人类生存环境的恶化,城市的空气不再清新、水源不再洁净、食物不再天然、鸟语花香也不复存在,人们于是期望返璞归真、回归大自然,去寻找一片净土的世外桃源。内因主要是人类恢复身心需求、探新求异需求以及对自然的依恋情结。喧闹拥挤的城市、单调枯燥的生活、紧张和充满压力的工作,让现代城市居民感到窒息。而回归宁静又祥和的大自然,体验和享受自然之美,能让人们忘却各种烦恼和压力,得到彻底放松。此外,随着信息技术的发展、科技水平的提高和人们受教育程度的提升,人类对于未知世界的好奇心和求知欲越来越强,大自然的神奇奥妙和博大精深,不断激发人们去探寻。人类起源于自然、属于大自然,本能地对自然有依恋情结,想要亲近自然、回归自然去寻找原始的、混沌的精神家园。

**三、生态旅游者的教育**

具备了上述的主、客观条件,生态旅游者就可能产生生态旅游行为;生态旅游同时也是进行生态学教育的知识性之旅,要成为名副其实的、合格的生态旅游者,还需要具备较强的环境保护意识,这类意识并非与生俱来,需要教育和培养。

*(一)教育的内容*

钟林生认为,生态旅游者教育的内容主要涉及三个方面:自然知识、环境意识和活动指南。

自然知识包括地质地貌、气象气候、江河湖海、山川树林、动物植物等一切与自然有关的内容,涵盖它们的起源、构成、特点、价值、美感等知识。知晓自然知识是培养环境意识的基础,只有了解自然才能更好地欣赏自然,通过欣赏自然达到热爱自然,通过热爱自然达到保护自然。

环境意识是人们对环境和环境保护的一个认识水平和认识程度,也可以理解为是人们为保护环境而不断调整自身经济活动和社会行为,协调人与环境、人与自然互相关系的实践活动的自觉性。环境意识包括两个方面的内容:其一,是人们对环境的认识水平,即环境价值观念,包含有心理、感受、感知、思维和情感等因素;其二,是人们保护环境行为的自觉程度。这两者相辅相成,缺一不可。培养环境意识就是要让生态旅游者充分意识到自然是包括人类在内的有机整体,人类作为自然界的一部分,其生存必须遵循自然规律,人类活动会对自然平衡及目的地社区文化带来负面影响,必须有计划地约束自身活动和行为,合理地利用自然资源,从而维护自然的平衡调节能力和社区文化的传统性。也就是说,要将人类活动的影响控制在自然调节能力允许的范围内。

活动指南为生态旅游者的旅游行为指明了方向、限定了范围,也为生态旅游者挑战自然、体会乐趣提供知识保障。活动指南应涵盖生态旅游各种丰富多彩的项目,包括每一个项目的具体内容、特点、要求和注意事项,特别是如何在旅游过程中避免对资源和环境造成破坏等。比如学习生态旅游目的地的自然和文化知识,了解旅游目的地的传统文化习俗,提示不干扰野生物种的生存和活动,告知不能采集的受保护物种品类、不应购买的被保护生物及其制品,提醒游客除了脚印什么也不留下,除了照片什么也别带走等。

(二)教育的途径

对生态旅游者的教育是一个系统工程,既需要旅游者自我学习,也需要开展环境教育。学习是指人不断获取知识、经验和技能,形成新的习惯,改变自己行为的过程。可以向书本知识间接地学习,也可以通过自身实践直接地学习。通过学习,增强环境意识,改变破坏环境的不良行为,培养爱护环境的良好习惯。事实证明,投身实践活动的学习效果比阅读书本知识更好。这些实践活动包括积极参加社会性的环境保护运动,比如世界各组织或各个国家发起的与环境保护相关的纪念日活动:2月2日国际湿地日、3月12日中国植树节、3

月 22 日世界水日、5 月 22 日国际生物多样性日、6 月 5 日世界环境日、6 月 8 日世界海洋日、9 月 16 日国际臭氧层保护日、10 月 4 日世界动物日等；也可以向生态脆弱地区捐助资金，还可以积极参加生态旅游活动。研究证实，生态旅游者的构成中大约有 1/3 是重复购买者，有经验的生态旅游者占比在持续增长，因为这些旅游者通过旅游实践活动，能更加深刻感悟大自然的神奇与奥秘、惊叹人与自然和谐共生的原生态文化、充分理解人与自然的正确关系、明确善待自然的正确做法，从而更加愿意参与其中。

开展环境教育，有效地培养人们的生态意识和提升人们的生态素质，可促使人们去了解、认识并关心自然及有关生态旅游的问题，从而成为潜在的和现实的生态旅游者。第一，学校教育。教育要从娃娃抓起，应广泛开展以中小学生为对象的基础教育，将环境教育内容写进教科书、深入课堂。针对在校大学生开展环境保护高等教育。作为文化程度较高的受众及潜在的生态旅游者，大学生具备成为严格的生态旅游者的潜质。大学教育可以增设"环境概论""生态伦理"等公共必修课程，开设"生态旅游""旅游资源学"等选修课程；引导、鼓励并支持大学生创建各类环保社团；利用假期组织大学生开展户外实地考察调研活动，深入生态旅游地进行自然或人文方面的专项调查，让他们从寓教于乐的方式中获得环境教育，增强其责任意识。第二，社会教育。积极开展以全体公民为对象的社会宣传教育，普及环保知识，增强全民生态意识。培育公民生态意识，应摒弃传统独白式的教育模式，构建以对话为中心的全新方式，通过对话交流在双向互动中潜移默化地塑造公民的生态意识。比如通过微信、微博等自媒体平台就生态消费、生态保护等问题展开讨论，提高公民对生态文明建设的关注度和参与度。用通俗易懂的话语来传播与公民日常生活、消费活动等息息相关的生态知识，提高其对生态知识的接受度。比如出版生态环境保护方面的科普读物，制作环境保护教育方面的影视作品等，还可以将生态知识和生态理念等转化为亲民、幽默的宣传语，如"小草微微笑，请您绕一绕"等，以有效拉近生态意识教育与公众之间的心理距离。通过多方面社会力量的共同作用，造就环境保护的强大社会舆论，将生态意识上升为全民意识，使热爱自然、保护环境、珍惜野生动植物成为全民的共同意愿。第三，生态旅游区教育。生态旅游景区可以通过建立生态科普馆、环境教育中心，设立户外解说牌等方式开展环解说,向游客宣传环境保护知识,介绍各种典型的生态系统以及当地珍稀和濒危的物种。在旅游实践中开展环境教育,更有助于增强旅游者对自然的认识,理解人类与自然的关系,从而能更好地提高其环境保护的自觉性和主动性。

## 第三节　生态旅游者行为

关于生态旅游者行为的研究,主要涉及旅游者行为规范与规律等方面。因为生态旅游是强调对环境保护负有责任的旅游,环保意识必须体现到生态旅游者的行为上,即生态旅游者应具有保护性旅游行为。很多国家提出了具体的执行方法,如澳大利亚生态旅游协会对生态旅游者在出发前、旅游途中、回来时等不同阶段的行为制定具体的指南,美国旅行代理商协会制定了关于生态旅游的十条戒律等,这些指南与戒律就是生态旅游者的行为规范。

### 一、生态旅游者行为的特点

(一)环保性

生态旅游与传统大众旅游最大的区别之一在于前者强调环保,生态旅游者的行为必须利于环境保护。生态旅游者具有较强的环保意识并能将其贯穿至整个旅游行程,他们充分明白保护自然的重要意义并愿为之努力践行,懂得尊重生态旅游目的地的人与自然和谐共生的原生态文化,不惊扰野生动植物生存环境,不采集花草践踏植被,不吃受保护的野生动植物,不买珍稀动植物及其制品等。生态旅游行为绝非只是单纯地回归自然环境中走走看看,绝非是大众旅游重新包装的噱头,而是将环保意识贯彻始终的负责任行为。

(二)知识性

生态旅游是一种具有较高知识水平和较大信息含量的活动形式。生态系统构成复杂,既包含大量的地质地貌、气象气候、山川水文、动物植物等自然学科知识体系,又涉及历史、社会、文化、民俗、艺术等人文学科知识体系。生态旅游者通过欣赏、观察、研究、分析、体验等形式,可以直接获得丰富的各类知识,达到科学知识普及的目的。

### （三）参与性

生态旅游者能广泛地参与生态旅游活动。生态旅游者不再像传统大众旅游者那样走马观花似的"浏览"景区、拍照打卡，而是身体力行、积极投入到亲近自然的活动中去，全身心地体验自然界的阳光、空气、山川、水体、植被，用心感受人与自然和谐共生的文化，获得一种自然美、和谐美的审美体验，同时还能锻炼体魄、恢复身心、开阔眼界、增长知识。此外，生态旅游者还直接或间接地参与生态旅游目的地的环境保护工作，促进旅游的可持续发展。

### （四）替代性

哈文歌尔德通过调查研究指出，生态旅游者旅游行为的替代性比其他旅游类型高。所谓替代性，是指旅游经历的可替代性，即在旅游目的地、时间、交通工具和旅游活动项目等发生改变的情况下，旅游者对旅游产品的满意程度。可替代性越强，说明旅游者越容易接受旅游活动内容的改变，其对旅游环境及旅游服务的依赖性就越小。有利于生态旅游景区根据自身环境特点科学规划、合理布局，也有利于对生态脆弱地段的保护。比如，用徒步或骑马替代燃油机动车进入景区，生态旅游者很容易接受这一方案并愿意积极配合。

## 二、生态旅游者行为的层次与阶段

生态旅游者的行为规律涉及层次与阶段，陈传康提出生态旅游者行为层次理论，该理论将生态旅游者的行为划分为三个层次：基本层次是亲近自然，提高层次是学习自然，专门层次是保护自然。亲近自然也称享受自然，指生态旅游者置身于大自然中，仰望蓝天白云、呼吸清新空气、远眺绿水青山、感受鸟语花香，享受大自然的宁静与祥和，例如户外野营。学习自然也称探索自然，指生态旅游者带着好奇探寻自然万物的真谛，探索自然的奥秘，从而开阔眼界、增长知识、提升自身素养，例如野生动植物观赏游。保护自然也称爱护自然，指生态旅游者在亲近自然、学习自然的基础上，对自然产生崇尚与热爱之情，自觉地将崇尚与热爱转化为保护行动，为保护环境做出切实贡献，例如野外植树游。

生态旅游者的一次旅游行为过程还可以分为不同的阶段。库珀等人对生态旅游行为过程中精神境界的升华做了分析，提出"三N"阶段论：第一阶段是

"自然",指生态旅游者回归大自然,到自然环境中去;第二阶段是"怀旧",指生态旅游者怀念起人类的童年,勾起对原始美好环境的回忆;第三阶段是"天堂",是整个生态旅游行程中最高的精神境界,指身处自然,烦恼和压力顿时全无,心境仿佛到了物我为一、天人合一的世外桃源和天堂。这三个阶段是层层递进的关系,是生态旅游者的旅游体验过程。

### 三、生态旅游者行为的行动指南

生态旅游者的保护性旅游行动指南应涵盖出行前的准备、旅游途中六环节,以及行程结束后的善始善终。

生态旅游者在出发前应专门学习关于旅游目的地的自然资源、民风民俗、交往礼仪和传统文化等知识。例如,该目的地的生态系统构成及资源特点,珍稀濒危物种名单,生物多样性的种类,社区居民的宗教信仰、风俗习惯、民族传统文化等,明确旅游者对环境保护应承担的责任与义务,准备好必要的旅游用品和环保工具,如自己的洗漱用品和可以重复使用的餐具,减少一次性物品的使用及浪费,又如将废物带走的垃圾分类袋等。生态旅游者在旅游过程中的食、宿、行、游、娱、购六个环节都要以保护为原则。食,要入乡随俗,尊重目的地居民关于吃的各种风俗,坚决抵制食用以珍稀濒危动植物为原料烹饪的食物,如大鲵、穿山甲等。宿,以简单方便为原则,不考虑舒适度,不在生态系统脆弱的区域留宿。行,尽可能徒步或使用环保无污染的交通工具,按规定走专门的游览通道,不惊扰动物,不侵犯其栖息地,不踩踏珍贵物种植被。游,不采集被保护的生物物种,不攀爬树木,不乱扔废弃物;尊重目的地传统文化,遵守当地的礼仪,尊重社区居民的隐私,拍照要征询他人的同意等。娱,要注意健康高雅,在当地居民允许的情况下参加有关传统习俗等活动,不高声喧哗制造噪声,不投喂、不惊吓、不挑逗野生动物。购,要本着支持社区居民生活、有利于物种保护的原则,只购买经认可的旅游纪念品,自觉不购买被保护物种及其制品。生态旅游者还应积极参加保护自然的公益活动,如向生态旅游目的地捐助资金,提供环保的知识和技术,开展保护环境的宣传,参加保护环境的义务劳动等。当生态旅游活动结束,生态旅游者即将离开旅游目的地时,按照"除了脚印什么也不留下,除了照片什么也别带走"的指导原则带走废弃物。在这一阶段,旅游者还可以将对旅游目的地相关环保措施的意见和建议及时反馈给旅游经营管理者,便于其改进,从而有利于生态旅游业的可持续发展。

【阅读材料】

### 生态旅游者统计口径的探讨

据调查,目前绝大部分生态旅游者统计都是以生态旅游区为基点,将到生态旅游区的所有游客都看成是生态旅游者,并根据生态旅游区的门票和住宿接待人数统计,这实质上是一种广义的生态旅游者统计。这类界定虽具有统计上的可操作性,但只是对旅游者行为现象的部分概括。它关注的是该旅游区是否为生态旅游区,而没有关注游客的旅游目的和行为是否具有生态性。

生态旅游者统计方面存在的问题主要根源在于对生态旅游者内涵的模糊认识。有学者将生态旅游者分为严格的生态旅游者、一般的生态旅游者和组织性生态旅游者,尽管这种分类考虑了旅游者的生态意识和行为特征,但实际上仍扩大了生态旅游者的内涵。生态旅游者是生态旅游活动形式的主体,其内涵的界定根植于对生态旅游的认识,主要包括三个方面的内容:第一,必须带有专门的欣赏、学习、教育、研究和保护等旅游目的,而并不仅仅是为了享受自然风光;第二,旅游目的地是生态旅游区,该区自然和社会生态系统保持完好;第三,旅游者必须对当地的环保和经济发展负责,起码要求是不损害当地生态系统和地域文化系统,提高要求是旅游者也应主动采取一些环保行动(提供人力、物力、财力均可),为生态旅游地的可持续发展做出贡献。因此,生态旅游者不同于一般意义上的大众旅游者。一般意义上的大众旅游者只要旅游者具备时间、金钱、动机等基本主客观出游条件即可,大众旅游目的地对旅游者并无限制性要求。而生态旅游者除具备大众旅游的出游条件外,自身还需具有较高的文化素质和环保意识,旅游目的地对旅游者也有较强的行为约束。尽管不便于统计分析,但是反映了生态旅游的内涵,同时也涉及了生态旅游者的本质特征。因此,判断一个游客是否为生态旅游者应根据其在生态旅游区的旅游活动行为是否具有保护环境的性质来确定。

将到生态旅游区的所有游客都纳入生态旅游者统计中,显然扩大了生态旅游者的内涵,有悖于生态旅游者的本质特征。对于关心生态旅游发展的国家有关政府部门来说,所需要的是真正的生态旅游者统计数据,以便全面掌握生态旅游发展的真实情况。

根据前文生态旅游者内涵的探讨,并结合目前生态旅游发展的状况,生态旅游者应包括下列人员。第一,专门欣赏、体验生态环境而不污染破坏环境的个体或团体旅游者。不破坏环境虽是对生态旅游者的最基本要求,但对于旅游统计部门区分这一类生态旅游者具有一定的难度。当地旅游管理部门可通过在各景点设置监控设施,对游客的旅游行为进行实时监控,从而统计出生态旅游者人数。第二,到生态旅游区旅游并接受环境保护教育的企事业、机关、学校等单位官方或非官方旅游团体等。这类团体到生态旅游区旅游具有较强的组织性,而且带有考察、教育等专门目的,所以到生态旅游区一般都不会破坏当地环境。第三,专门到生态旅游区研究生态系统的科研工作者。这是具有高度专业色彩的生态旅游者,他们不仅自身具有很强的环保意识,而且希望通过对当地生态系统的机理研究,为生态旅游地的可持续发展提供建议。第四,为生态旅游区环境保护投资建设,定期或不定期到生态旅游区旅游的人或单位。这类人员一般文化素质较高,对环境保护有着特殊兴趣,而且拥有较多的资金,他们每年向生态旅游区投入一定的资金用于环境保护,并定期或不定期地前往生态旅游区体验或考察旅游。第五,生态旅游协会成员。在我国,生态旅游协会成员绝大多数为学术研究者,而在国外,生态旅游协会成员层次丰富,只要热爱环境保护并愿意为之做出贡献的人都可申请加入生态旅游协会。这类人员经常有组织地到生态旅游区旅游,并做出一些公益性的环保活动。

另外,为全面了解生态旅游发展的真实效益,其统计中不应包括下列人员:第一,纯粹出于享受自然风光,而不约束自身行为的旅游者。这类旅游者在目的地往往会做出一些破坏生态环境的行动,对他们的统计可以通过旅游地的监控系统进行区分。第二,专门的环保行动志愿者。这类人员纯粹是为了环保而进行环保行动,脱离了旅游属性。如日本的富士山和美国的黄石公园每年有一大批志愿者前去捡垃圾,他们在某种程度上应该是当地的工作人员,而不应是生态旅游者。第三,环保宣传者。这类人员所做的环保宣传无论是出于自愿还是受组织安排,都是将生态旅游地作为他们众多的宣传地点之一,他们虽为生态旅游地的环境保护做出了贡献,但同专门的环保行动志愿者一样,这种行动脱离了旅游属性。[1]

---

[1] 王群、陆林、章锦河:《基于可持续发展的生态旅游者统计探讨》,《中国人口·资源与环境》2004年第6期,第74—78页。

# 第四章 生态旅游的客体——生态旅游资源

## 第一节 生态旅游资源概述

### 一、生态旅游资源的概念

生态旅游资源是生态旅游的客体和对象，它吸引着生态旅游者回归自然，同时也是生态旅游得以开展的基础，是随着生态旅游活动而出现的概念。由于生态旅游的概念本身就存在争议，所以生态旅游资源的概念也没有完全统一。目前，学术界对生态旅游资源概念的界定，以下几种观点颇具代表性。

刘继生、孔强和陈娟认为，生态旅游资源是指可供人们开展生态旅游活动的自然生态区和人工模拟生态区。杨桂华将生态旅游资源定义为以生态美吸引游客前来进行生态旅游活动，为生态旅游业所利用，在保护的前提下，能够产生可持续的生态综合效益。张建萍则认为生态旅游资源是以生态美（包括自然生态和人文生态）吸引游客前来进行生态旅游活动，并为旅游业所利用，在保护的前提下，能够实现环境的优化组合、物质能量的良性循环、经济和社会协调发展，能够产生可持续的生态旅游综合效益，具有较高观光、欣赏价值的生态旅游活动对象。卢云亭提出生态旅游资源是指在自然场所或自然与历史文化相融合的场所中，可供生态旅游者感知、享受、体验自然生态功能与价值的资源。侯立军指出生态旅游资源就是按照生态学的目标和要求，实现环境的优化组合、物质能量的良性循环以及经济和社会的协调发展，并有较高观光、欣赏价值的生态旅游区。赛江涛和张宝军认为凡是能够造就对生态旅游者具有吸引力环境的自然事物和具有生态文化内涵的其他任何客观事物，都可以构成生态旅游资源。程道品和阳柏苏指出生态旅游资源是以自然生态景观和人文生态景观为吸引,满足生态旅游者生态体验的、具有生态化物质的总称。胡绿俊将生态旅游资源定义为能够解除旅游客源地人们所处恶劣生态环境的困扰,解除生态旅游者身心疲惫,使生态旅游者心情愉悦、健康长寿的良好自然生态系统。简单地说就是能提供生态服务(生态效益)以满足生态旅游者生态旅游需求的良好生态系统。周文丽指出生态旅游资源是以生态美吸引旅游者前来进行生态旅游活动,为旅游业所利用,在保护的前提下,能够产生可持续的经济、社会、环境综合效益的自然生态区,其中并不排除与其相关的人文因素。

分析以上观点不难发现,在生态旅游资源对生态旅游者具有吸引力这一点上,学者们基本已达成共识,主要争议集中表现在三方面:

第一,关于生态旅游资源的主体究竟是个体对象物还是区域的争议。杨桂华、张建萍、卢云亭、赛江涛和程道品等人从生态旅游资源个体的角度出发,认为生态旅游资源是生态旅游活动的对象物;而刘继生、侯立军和胡绿俊等人则从资源组合形成区域的角度出发,认为生态旅游资源是生态旅游目的地。个体对象物和整体区域的不同只因研究目的和研究范围的不同而不同,没有本质上的区别。实践中,生态旅游资源的评价侧重于对一定区域内所有资源开发价值的总体评价,因此,从区域的角度将生态旅游资源作为一个整体进行研究将更有助于资源评价工作的开展。同时,将生态旅游资源界定为整体区域而不是个体对象物,能有效地避免对生态旅游资源范畴的争议,即凡是存在于生态旅游区中的资源,不论是自然的还是人文的都可以作为生态旅游资源加以开发利用。

第二,关于生态旅游资源的范畴究竟是自然生态还是自然生态加文化生态的争议。"生态"一词原本是生物学中的概念,是指生物与其环境之间的关系,最初仅仅指自然生态。同时,在生态旅游概念的早期界定中,明确指出生态旅游的对象即生态旅游资源是"自然景物"。西方很多国家也严格遵循这一界定,特别是美国、加拿大和澳大利亚等几个生态旅游起步较早的国家,更是把生态旅游资源限定在"国家公园""原始森林""野生动物园""热带丛林"等纯自然的区域。但是,随着生态学向社会学的渗透,出现了人文生态和社会生态的概念,生态旅游资源也开始由自然生态范畴向自然生态加人文生态范畴转变。

比如，在历史悠久的我国，千年的历史文化已经赋予自然山水浓厚的文化底蕴,名山胜水的自然和文化因素紧密融合、无法分离,在传统的"天人合一"哲学思想指导下,这些区域处处散发着人与自然和谐的"生态美"。从这个意义上来说,生态旅游资源不应只是具有自然美的自然景观,还应该包括与自然和谐共生,充满着生态美的文化景观。目前,仍有部分学者坚持生态旅游资源仅指自然生态旅游资源,而另外一些学者却认为两类资源虽在产生背景和表现形态上有很大差别,但它们都具有脆弱性、原生性这些共同点,都是维护生态多样性的重要构成,于是将人文生态诸如少数民族文化生态等也纳入生态旅游资源的范畴。还有部分学者坚持认为只有比较原始的自然资源,尤其是自然保护区、国家公园才是生态旅游资源。而另外一些学者则认为要求可以适当放宽,只要是能满足旅游者部分生态需求的资源都可视作生态旅游资源,比如一些市区或市郊的植物园、动物园。此外,还有少数学者认为对于环境污染较为严重的城市游客来说,一些环境保护较好的城市景观也可纳入生态旅游资源的范畴。福尔曼和戈德罗恩认为地球上的景观按照人类的干扰强度从弱到强可以分为自然景观、管理景观、耕作景观、城郊景观和城市景观。自然景观既包括使人感到舒适的森林和草原,也包括可能使人感到不适的沙漠;管理景观指人类管理的草地和森林,可以是自然的,也可以是人工栽培而成的;耕作景观指由人工引进、培育而成的动植物景观,包含其中的村庄农舍等人工生态系统;城郊景观和城市景观的主体是人工建筑,即使在市区和近郊有着小面积的绿地,如行道树、草坪和公园等,也不应被纳入生态旅游资源的范畴。另外,生态旅游的主要特征之一是前往相对原始的自然区域开展旅游活动,所以生态旅游资源必须以自然生态景观为主,相关的文化生态景观可以作为辅助性资源纳入生态旅游资源范畴,但纯粹的文化景观(如城郊景观、城市景观等)不应被看作生态旅游资源。

第三,关于生态旅游资源是物质的还是包括精神的争议。旅游资源的概念包括对旅游者具有吸引力的任何因素,也就是说不仅包含物质的景观也包含非物质的精神、文化资源。物质性的自然保护区、国家公园等是生态旅游资源,这已获得学术界的公认,但精神产物是否该纳入生态旅游资源却仍然存在争议。杨桂华认为附着于物质景观上的精神产物,不仅是生态旅游资源的构成部分，而且还是其核心，是生态旅游资源开发时需要重点发掘的、深层次的吸引旅游者的灵魂和精髓。可以将生态旅游资源的物质构成部分视为有形生态旅游资源，精神部分视为无形生态旅游资源，后者的内涵是蕴藏于前者中的美学、科学、文化、哲学与环境教育等知识。

### 二、生态旅游资源的内涵

第一，相对于生态旅游的主体生态旅游者而言，生态旅游资源处于客体的位置，是生态旅游者实践活动的对象。第二，生态旅游资源主要指自然生态资源（包括森林、草原等生态环境良好的自然区域，也包括荒漠等生态环境较差的自然区域），但还应包含与其相关的人文因素。位于生态旅游区域内并具有地方特色、能体现人与自然和谐共生，且能吸引生态旅游者的人文景观可视为生态旅游资源的构成要素。第三，生态旅游资源必须能为生态旅游业所利用，能给生态旅游目的地带来经济的、文化的、社会的、环境的效益，还产生可持续的生态效益。第四，生态旅游资源具备生态美学功能，表现为生命与环境之间相互支持、互惠共生而展现出来的美感，这成为生态旅游资源吸引力的重要构成。第五，生态旅游资源开发必须遵循保护的原则，不能因开发利用而对资源和环境造成破坏。

### 三、生态旅游资源的特征

#### （一）生态旅游资源的综合性与系统性

综合性是指生态旅游资源是由地形地貌、气象气候、山川水文、动物植物以及当地民族文化等资源所组成的一个综合体。如森林生态资源的形成离不开当地的气温、土壤和水文大环境，其内部还有与之相互依存的动植物资源，当地居民依靠它生存和发展，与之发生物质和能量的交换。这是一个不可分割的有机整体，反映出生态旅游资源的系统性，即生态旅游资源系统各组成部分之间存在相互关联、相互依存、相互制约的关系，使其构成一个有机的系统。

#### （二）生态旅游资源的原生性与和谐性

原生性是指作为生态旅游资源的生态系统是自然生成的，比如原始森林、原始雨林等。原生的自然生态旅游资源是大自然经过上亿年的演化，生命与当地环境磨合、造就而成的,除了能给人类带来感观上的赏心悦目,还以其丰富的美学、科学、哲学及文化内涵吸引旅游者。和谐性则是指人类遵循生态学规律,与自然共同创造的文化生态系统都有一个共同的特征,即人与自然的和谐,或者说具有和谐之美。这些人文生态旅游资源的形成有的是因生产力条件的限制,只能顺应自然而建,如象征着农耕文明的哈尼梯田;有的则是在"天人合一"哲学思想的指导下所建,如武当山及其古建筑群、中国古典园林;有的则严格遵循自然生态学规律所建,如各类野生动植物园等。

(三)生态旅游资源的脆弱性与保护性

脆弱性是指生态旅游资源系统对旅游开发和旅游活动等外界干扰的承受能力是有限的,一旦超出限度就会影响和破坏原系统的稳定性。从旅游资源开发角度来看,如果不了解这一特征而盲目开发将会对生态旅游资源造成破坏。从旅游管理角度来看,如果只顾眼前经济效益,不考虑生态旅游资源承载力的超负荷经营也必将破坏生态旅游资源。正因为生态旅游资源具有脆弱性的特点,为了能永续利用,必须注重保护。不管是在旅游资源开发中还是在旅游业日常经营管理中都必须遵循生态学规律,有效地保护生态旅游资源。

(四)生态旅游资源的广泛性与地域性

广泛性是指生态旅游资源的分布极为广泛,生态旅游资源不仅存在于人类生存的地球的各个角落,也存在于浩瀚的宇宙空间中,只是在目前的科技发展水平下只能作为有待开发的潜在生态旅游资源;不仅存在于人烟稀少的偏远地区,也存在于城市近郊甚至城市中心。随着科技进步和经济的发展,潜在的生态旅游资源在不断地转变为现实的生态旅游资源,例如过去无人问津的南极、北极也逐渐由科考对象转变为生态旅游目的地。地域性是指任何生态旅游资源都是在特定自然生态环境和文化生态环境下形成的,具有与其他资源不同的地方性特征。即在大自然中无法找到完全相同的两个生态旅游资源,资源之间存在永恒的差异性。如森林和草地不同,海洋和陆地不同,即便同样是森林,北方的森林不同于南方的森林。正是这种地域上的差异性构成了吸引旅游者的真正动力。

(五)生态旅游资源的季节性与时代性

季节性是指生态旅游资源的景色随季节变化而变化,这也决定了生态旅游活动的季节性。如春季的春暖花开、万物复苏,吸引人们外出;夏季适合观瀑、漂流等活动;秋季红叶是北京香山的最佳景致;寒冬白雪皑皑、千里冰封则是滑雪和观赏冰雕的最佳时节。自然景致在一天之内也会呈现出变化,形成具有吸引力的生态景观,如清晨的日出、傍晚的落日晚霞都是人们观赏的自然生态景观。时代性是指在不同的历史时期、不同的社会条件下,由于旅游者兴趣的转移或其他原因,生态旅游资源亦会随之发生变化。过去人们熟视无睹的资源今天可能变成热门的生态旅游地,当前人们趋之若鹜的生态旅游地未来也许门可罗雀。

(六)生态旅游资源精神价值的无限性与经济价值的不确定性

精神价值的无限性是指蕴含于有形生态旅游资源内的无形的精神价值留给人们无限的创造和想象空间。生态旅游资源的精神价值包括美学价值、科学价值、文化价值以及环境教育价值等。生态旅游资源的开发不仅仅是创建有形的旅游服务接待设施和条件,更重要的是从有形的生态旅游资源中发掘出无形的精神价值。实践证明,一个区域的生态旅游开发成功与否取决于这一关键因素。生态旅游资源价值的不确定性表现为由资源的精神价值发掘程度所决定的经济效益的不确定性。生态旅游资源的精神价值发掘是否正确、精深,决定了该资源对旅游者的吸引力,也相应地决定了其在经济上的价值。

(七)生态旅游资源的民族性

民族性是指生态旅游资源在当地的自然和文化共同作用下,体现出人与自然融为一体的特征,具有地域民族特色。例如在我国西部高海拔地区的严酷自然条件下,由于畏惧大自然,不少雪山都被当地藏民奉为神山,美丽景色的背后都有一段精彩的神话故事。生态旅游强调回归到原始的或近乎原始的生态环境中,这些地区往往是风情较为浓郁的少数民族聚居区,他们敬畏自然,世世代代与自然和谐相处,有自己的民族崇拜及图腾,有着独特的生活方式,这种民族性还因地域的不同而差别迥异,因而特异的民族性成为吸引旅游者的精髓。

(八)生态旅游资源的不可转移性与可更新性

不可转移性是指生态旅游资源由其地域性特征而决定的在空间上不可能完全原样转移的特征。不论是自然生态旅游资源还是人文生态旅游资源,都是在特定的自然区域和社会条件下形成的，表面上看可以移走其中部分有形的资源，事实上是不可能移去其存在的周围环境及相互间的关系，因而整个生态系统是不可能转移的。可更新性是指生态旅游资源由于其生态系统内生物组成的可更新，因而在生态规律下也可以重新形成新的生态系统的特征。基于这一特点，在生态旅游开发时，可以对一些曾经被工业污染或旅游活动破坏的生态资源进行生态建设和修复，例如退耕还林、污水治理等。这一特征也使得旅游业具有保护资源和治理环境问题的潜在功能。

(九)生态旅游资源市场需求的多样性

市场需求的多样性是指生态旅游者对生态旅游资源的需求是不尽相同的，包括对资源的类型、品位档次及空间距离等需求的多样性。从资源类型上看，有的旅游者喜欢秀美的绿水青山景观，有的喜欢一望无际的大海、草原、沙漠景观，有的喜欢壮美的雪冰川景观，有的喜欢宁静祥和的世外桃源般的乡村景观等。从品位档次上看，高品位的生态旅游目的地意味着高档次、高消费，旅游者在可自由支配收入上的差异决定了有人前往世界遗产地，有人则寻求消费较低的一般目的地。从空间距离看，旅游者的旅游需求是由其可自由支配收入和闲暇时间共同决定的，部分可自由支配收入富足、闲暇时间充足的旅游者往往热衷于远距离生态旅游，反之则就近开展生态旅游。即使是同一旅游者也会因闲暇时间长短不同选择出远门旅游或周末近郊休闲。生态旅游资源市场需求的多样性决定了生态旅游开发也应以满足旅游者的多样需求来规划设计。

(十)生态旅游资源旅游经营的垄断性

旅游经营的垄断性是指由于生态旅游资源的地域性和不可转移性特征带来的旅游经营者拥有独家经营权的垄断性特征。生态旅游资源的"专利权"受到大自然的保护，无法被模仿、不能被替代、无人能侵权。

## 四、生态旅游资源的分类

人们对生态旅游资源有着多种不同的分类。这主要是因为采用不同的分类标准，分出的类别势必会有差异。国外学者主要将生态旅游资源限定为国家公园和自然保护区,因而分类也主要是针对这两类资源展开的。如美国、澳大利亚、英国、荷兰、德国、瑞典、日本、新西兰等国家都创建了各自的国家公园和自然保护区分类系统。国内很多学者也对生态旅游资源分类开展过研究,有的根据生态旅游资源的功能、属性、生成机理等标准从微观角度进行分类,有的则尝试从整体宏观的角度进行分类研究。根据生态旅游资源形成的原因,可以将其分为以下三类。

(一)自然生态旅游资源

自然生态旅游资源通常是指那些以大自然造物为吸引力本源的生态旅游资源。在决定自然生态系统的众多影响因素中,有一个起主导作用,据此可以将其进一步划分为陆地生态旅游资源和水体生态旅游资源。还可将陆地生态旅游资源划分为森林生态旅游资源、草原生态旅游资源和荒漠生态旅游资源三类,水体生态旅游资源划分为海滨生态旅游资源、湖泊生态旅游资源、河流生态旅游资源和温泉生态旅游资源四类。

(二)人文生态旅游资源

人文生态旅游资源也称人与自然共同营造的生态旅游资源或人与自然相伴相生的生态旅游资源,顾名思义,这类生态旅游资源是人类在与自然和谐共处的过程中造就出的产物,以人与自然营造的生态美为吸引力本源。可进一步将人文生态旅游资源划分为农业类生态旅游资源、园林类生态旅游资源、宗教类生态旅游资源、民俗类生态旅游资源、科普类生态旅游资源、城市类生态旅游资源、历史遗迹类生态旅游资源和景观恢复类生态旅游资源。

(三)自然保护生态旅游资源

自然保护生态旅游资源通常是指在极端的环境下,人类难以涉足或即使涉足,影响也在其承受范围内的资源,如南极、北极和高海拔山岳冰川等区域。正是由于人迹罕至,这些区域的原生生态系统才得以较为完善的保留下来。随着生态旅游的发展,它们日益成为一种重要的潜在生态旅游资源。自然保护生态旅游资源可进一步划分为北极生态旅游资源、南极生态旅游资源和山岳冰川生态旅游资源。

**【阅读材料】**

### 森林生态旅游

生态旅游是在自然环境中，对生态和文化有着特别的感受并负有责任感的一种旅游活动。而在多种多样的生态旅游——如森林生态旅游、海洋生态旅游、草原生态旅游、高山生态旅游等活动中，最为广大旅游者所钟情的也就是最易于接受的还是森林生态旅游（通称森林旅游）。

利用森林兴办旅游是提高森林利用效率、保护生态环境、实施可持续发展战略的一种重要形式。联合国在1992年环境与发展会议上所形成的全球可持续发展战略主题性文本——《21世纪议程》中指出，通过生态旅游等"非破坏性"使用来提高森林的价值。森林旅游是在林区内依托森林风景资源发生的以旅游为主要目的的多种形式的野游活动，这种野游无论是直接利用森林还是间接利用森林，都属于生态旅游的范畴。森林旅游是旅游者对优美的森林生态环境的享受，是对孕育人类文明的大自然的回归，更是生活在现代文明社会中人们对山林野趣的寻觅。它具有放松、猎奇、求知、求新、健身、陶冶情操和激发艺术灵感等多种功能，具有较强的自然性、真实性、科普性和参与性。与传统旅游项目相比，森林生态旅游以体验的丰富性、生态教育的启发性等特点，满足了人们的精神需求。借助森林旅游产业的发展，不仅可以提高社会对于森林资源的重要性认识，还为当地其他产业的经济增长提供支撑。

1982年，我国建立了第一个森林公园——张家界国家森林公园，她以神奇的地貌和优美的环境向世人一展森林公园的风姿，为中国的生态旅游开创了一个成功的范例。1994年，林业部聘请有关专家教授组建了中国森林风景资源评价委员会，旨在加强森林公园的环境质量和规范建设等基础性工作。1995年，在泰山召开了有关森林公园建设的学术性会议，其主题就是生态环境的保护和建设。森林公园在推广生态旅游，倡导健康、文明的旅游活动方面也发挥着重要作用。北京连续多年举办森林旅游宣传周，并以电台咨询、知识竞赛、印制地图等形式开展多方位宣传，许多森林公园也通过开办青少年绿色营、发放垃圾回收袋、组织市民认养风景树等活动，宣传自然科学知识，提高游客的环保意识，北京森林国际旅行社还成立了森林（生态）旅游爱好者俱乐部。张家界森林公园还连续多年举办国际森林保护节,以唤起人们保护生态、树立环境意识为主题,广交天下朋友;还有河北海滨森林公园建立的开放式野生动物园等,都产生了较大的社会影响,新型森林(生态)旅游产品被不断推出。1996年,在国务院公布的《中国的环境保护》白皮书中,也将森林公园列为中国生态环境保护的重要内容。林业部已于1994年初颁发《森林公园管理办法》;1997年又发布了创建"文明森林公园"活动的通知,对森林公园的保护和建设等有关问题都做了具体的规定,从而保证我国森林生态旅游的健康发展。

森林生态旅游涉及森林系统的各个层面,旅游活动融入森林的自然系统中,充分发挥了不同森林元素对于森林旅游的作用。游客可对森林生态系统进行全方位的感知,了解森林中所栖息的动物及植物分布,让游客更加系统地了解森林,体验森林资源的丰富性,认识到森林对于自然环境及人类社会的深刻影响。

与其他旅游形式相比较,森林生态旅游表现出了较强的静态性。游客在某一森林生态系统中感受了生物多样性的魅力,体验了人与自然的融合,收获了森林对生活带来的启发。大自然的静谧为游客带来了岁月静好的恬静,鸟语花香让游客感到大自然的呼唤。通过森林生态旅游,游客还能够对自然生态系统进行更加深入的了解,从而激发起对大自然的热爱和保护意识,这对于全面协调可持续发展理念的实现有着重要影响。游客会思考如何合理利用森林资源,这也是森林生态旅游启发性的表现所在。

和传统旅游活动相比,森林生态旅游能够满足人们精神文化层面的需求,更好地保护森林。在旅游开发时,可通过对森林进行不同分区,为游客规划游览路线,既满足游客的观光需求,也收获了经济效益,还较大限度保护了森林资源。

森林生态旅游可从促进森林资源的永续利用、推动林业经济的循环发展、增强人们森林资源保护意识等方面,促进林业的健康、可持续发展。近年来,随着人们对健康的关注和对生态环境的重视,森林生态旅游产业将以国家公园、森林生态教育、森林康养等多种形式灵活组合,为林业经济的可持续发展提供机遇与动力。目前我国已经有737家国家级的森林康养基地,这将为森林生态旅游的发展奠定坚实基础。[1][2]

## 第二节　生态旅游资源开发

生态旅游资源开发,通常是指为了发挥、改善和提升生态旅游资源的吸引力,而从事的有关开拓和建设的活动。换言之,开发是为了发挥、改善和提高有关生态旅游资源的吸引力而采取的手段,根本目的是使有关生态旅游资源项目得到有效利用。

### 一、生态旅游资源开发的必要性

生态旅游资源是生态旅游活动的客体,也是一个生态旅游目的地借以吸引生态旅游者来访的基础条件。

首先,若要使潜在的生态旅游资源转化成为现实的生态旅游资源,生态旅游目的地必须根据其自身接待条件进行必要的初始建设,否则将无法使其对生态旅游消费者的吸引力得到有效发挥。这意味着,对于一个生态旅游目的地来说,若要有足够的能力和条件接待来访者,那么开发工作至关重要。

其次,即使是现实的生态旅游资源项目,甚至是那些长期以来已为旅游业所使用的现有生态旅游景区,也有必要根据其自身及市场情况的变化,适时进行再生性开发。此时开发工作的目的则转为巩固、改善和提升该生态旅游资源项目的吸引力。现实的生态旅游资源项目之所以需要适时进行再生性开发,其主要原因在于,作为生态旅游产品的组成部分,任何围绕某一或某些吸引因素所形成的生态旅游景区都有其生命周期,在其形成之后,随着时间的推移,旅

---

[1] 王兴国、王建军:《森林公园与生态旅游》,《旅游学刊》1998年第2期,第15—18+61页。

[2] 朱丽、方法林:《森林生态旅游推动林业经济可持续发展探析》,《林产工业》2021年第1期,第77—79页。

游者的来访量都将经历一个由少到多,继而又逐渐由多变少的演进过程。对于不同的生态旅游景区而言,这一过程所经历的时间也许不尽相同,有的可能会历时漫长,有的则可能会历时很短。从理论上讲,其市场寿命的这一演变过程迟早总会发生,即任何生态旅游景区都有生命周期,包含初创期、成长期、成熟期和衰退期四个阶段。一般而言,在生命周期的初创期和成长期阶段,该处的生态旅游环境由于适应了当时生态旅游消费者市场的兴趣和需要,因而吸引力会迅速增加,来访旅游者人数会迅速增多。在此后的成熟阶段,旅游者来访量会达到高峰。接下来,随着时间的推移,无论是内部因素还是外部因素都有可能发生变化。就内部因素而言,该景区有可能会出现诸如环境污染、服务质量下降等问题,从而会削弱该地的旅游吸引力;就外部因素而言,生态旅游者的兴趣可能会发生转移,从而也会导致该景区吸引力的减弱。

实践证明,如果生态旅游景区经营管理者能注意监测有关情况的变化,并能积极采取应对措施,则完全有可能通过为该生态旅游景区注入新的生命元素,使其生命周期的发展得以延缓,从而延长其市场寿命或重振其生命活力。这类应对举措的策划与实施,可称之为继发性开发或再生性开发。

综上所述,潜在的生态旅游资源需要通过初始开发才可转化为现实的生态旅游资源,使其吸引力得以发挥。而现实的生态旅游资源需要不断进行继发性或再生性开发,使其吸引力得以巩固、改善和提高,生命周期得以延长。

## 二、生态旅游资源开发的目标

与传统大众旅游资源开发的目标不同,生态旅游资源开发的目标是实现旅游业的可持续发展。传统的大众旅游资源开发虽然也要求经济效益、社会效益和生态效益的协调发展,但在实践中,经济效益往往作为首要目标,以追求最大的经济效益为指导思想和驱动力进行资源开发,旅游业陷入了工业发展"先污染后治理"的相同误区。为了尽快获得投资回报和短期经济高收益甚至牟取暴利,很多自然资源躲过了工业、农业的污染破坏,却难逃旅游业的负面影响,导致旅游资源的永续利用成为问题,旅游业的快速发展只是昙花一现。

将生态旅游资源的开发目标定位于旅游业的可持续发展,是解决上述问题的最佳方案。首先,在生态旅游资源开发时必须将保护生态旅游资源及环境作为前提条件,必须是在范围上的限制性开发,在强度上的控制性开发,在方式上的选择性开发。其次,生态旅游资源开发的短期目标是追求经济效益、社会效益和生态效益三者的综合效益最大化,不能厚此薄彼,尤其不能只注重经济效益。最后,生态旅游资源开发的长期目标是获得可持续的三大综合效益,包括可持续的经济效益、可持续的社会效益和可持续的生态效益。

### 三、生态旅游资源开发原则

#### (一)保护性开发原则

芬内尔和伊格尔斯提出生态旅游的核心是对生态旅游资源的保护,应对生态旅游资源进行保护性开发。生态旅游景区的开发和旅游设施的建设必然导致该目的地的环境出现某些变化,增加其环境压力,也就是说,开发就意味着会对目的地环境带来一定程度的破坏。但是,如果处理得当,将对生态旅游资源的保护放在首位,在保护的前提下进行开发,可以有效地将破坏程度降至最低,开发后获得的收入反过来还可用于保护工作。因此,开发应服从于保护,坚持做到保护第一、开发第二。保护性开发原则具体体现在以下几方面:

1. 确定生态旅游环境容量

生态旅游资源及生态旅游环境对其旅游开发和利用都有一个有限的承载力范围,一旦超出范围生态旅游资源及生态旅游环境就会遭到破坏。因此,必须把生态旅游的活动强度和生态旅游者的进入人数控制在资源及环境的承载力范围之内。在生态旅游资源开发和利用的过程中,应遵循生态规律,根据生态旅游景点景区的实际情况,科学地估算出生态旅游环境容量,并制定一些行之有效的措施,确保景区不论何时接待人次都不超过估算的生态旅游环境承载力。

2. 采取分等级保护策略

开发生态旅游资源时,应该根据生态旅游景区内动植物资源的分布情况,划分出核心保护区、缓冲区、游览观光区等区域,在不同区域内对资源和环境实行不同程度的保护。与此同时,还应根据生态旅游景区内重点保护对象的生长习性,划分出重点保护时期和非重点保护时期,以便在不同的时期内对资源进行不同程度的保护。这种分等级保护策略能有效地缓解生态旅游资源开发利用和保护之间的矛盾,既有利于较好地保护生态旅游资源,又有利于较充分地利用生态旅游资源。

3. 生态旅游景区内的旅游设施设备与当地生态环境相协调

在自然生态旅游景区内应尽量少建建筑物,在兴建必要的如厕所、餐饮、住宿场所等建筑物时,要注意几点。首先,在开发以自然生态旅游资源为主要依托的自然生态旅游景区时,必须严格控制旅游设施的建筑数量与密度,以免破坏自然生态美。其次,旅游设施的建筑风格要与周围生态环境相协调。交通、食宿、娱乐和购物等配套旅游设施的外观和造型等都要与当地的环境协调统一。旅游设施的建设应融入当地的环境,成为当地生态景观环境的合理补充,而不能喧宾夺主地改变当地原有的主体环境。再次,建筑物宜隐蔽不宜显露。在生态旅游景区建设配套建筑时,应注意做到衬景而不能夺景或毁景。除了用于点景、配景的建筑物外,其余各类建筑物都应尽量修建在生态旅游景区内相对隐蔽的地方,做到藏而不露,以免因其过于显露突兀而影响整体生态景观的美感。最后,在生态旅游景区内不兴建现代旅游设施设备。修建现代旅游设施设备最容易破坏原始的自然生态风貌,也不利于生态旅游者开展生态休闲、体验、求知等活动。所以,对在生态旅游景区内兴建诸如户外电梯、索道、游乐设施之类的大型现代旅游设施设备的行为要严格加以控制。

4. 对旅游从业人员进行技术培训

保护工作要落到实处,旅游从业人员的保护意识和素质是重要保证。必须一改过去只注重对旅游从业人员进行旅游服务技能的培训,应加强对从业人员保护意识的培养和保护知识的培训。旅游行政管理部门相关负责人和社区居民也应纳入技术培训的队伍中来,以减少传统大众旅游的粗放式开发,杜绝破坏性开发,还能避免因管理水平低下带来的破坏。

5. 开展环境教育

生态旅游与传统大众旅游最大的区别之一是其对生态旅游者的环境教育功能,要让生态旅游者在愉悦、放松中提高环保意识,在生态旅游资源开发环节,就必须规划设计一些能培养旅游者环境意识的旅游设施或旅游项目。比如针对部分旅游者乱涂乱刻乱画的破坏环境行为,生态旅游景区可以通过修建人工植树纪念园、留名纪念墙等,给旅游者提供留名纪念的机会。这种人性化的经营管理，既能满足旅游者的需求，又能培养旅游者的环境意识，还能保护生态旅游资源和环境。

6. 注意清洁生产、节约资源

清洁生产这一概念最早源于工业生产，意为在生产过程中通过精心设计，使一个生产流程的废物转变为另一个生产流程的原料，最大限度地减少工业生产排放的废物，力求一个无污染的"清洁生产"过程。旅游资源开发中的清洁生产概念是指在餐馆、饭店等接待设施的实际运作中尽可能不向环境排放废物，把旅游可能对环境造成的不利影响控制在环境承载力的范围内。节约资源是指在资源开发中应以"消耗最小"为准则，一方面节约自然资源，另一方面提倡适度消费。例如，尽量选择太阳能、风能、水能等可再生环保资源，尽量采用砖瓦、石头、沙子等不会造成环境污染的建筑材料。

7. 依法开发

旅游资源开发必须遵循相应的保护法律法规，如《中华人民共和国旅游法》《中华人民共和国环境保护法》《中华人民共和国野生动物保护法》《中华人民共和国水法》《中华人民共和国森林法》《中华人民共和国自然保护区条例》等。

8. 开发收益回投

旅游收入中的一部分应重新投入环境保护中，用以消除因旅游接待对环境造成的不利影响，保证生态旅游资源具有永续利用的潜力。

(二)突出独特性原则

生态旅游资源贵在罕见稀有，在不考虑其他影响因素的情况下，某一生态旅游资源的价值在很大程度上取决于它所具有的与众不同的独特性。这种独特性既是能对生态旅游者产生吸引力的本原，也是决定其吸引力大小的重要因素。假设在一定区域范围内存在同类资源竞争的情况下，独特性就意味着该生态旅游资源的不可替代性，独特性越明显，不可替代程度就越高，其市场竞争力也就越强。因此，在生态旅游资源开发时，注重突出旅游资源的独特性，尽量保持生态旅游资源的原始性和真实性，包括保护大自然的原生韵味和当地传统文化的特色，避免因开发造成文化污染。突出独特性原则具体体现在以下几方面：

1. 尽量选择开发带"最"字的生态旅游资源

比如在一定区域范围内的同类资源中,该资源的规模"最"大、历史"最"悠久、造型"最"奇特、工艺"最"精良、知名度"最"高等,以突出其独特性,实现"人无我有"或"人有我优"。

2. 尽可能保持原貌

对那些作为自然或历史文化遗存的生态旅游资源,应尽可能保持其自然或历史形成的原始风貌。这些遗产性资源的根本意义及吸引力在于其独特的天造奇观或历史文化价值。因此,开发中任何画蛇添足式的过分修饰甚至大规模地拆旧换新的做法都不可取,因为这样做将会破坏这些资源的自然性和历史性,削弱其独特的吸引力。联合国教科文组织在评审世界文化遗产和世界自然遗产时,将有关遗存保持原始风貌的程度作为标准之一。即便是对一些已荡然无存的资源进行重新复建时,也应尽量反映其历史风貌,而不宜以现代的建筑材料和建筑风格取而代之。

(三) 社区居民参与原则

让社区居民参与到生态旅游服务中,可以增强生态旅游目的地特有的文化氛围,提高生态旅游资源的吸引力。更为重要的是通过增加社区居民的收入以及改善其生活条件等,使居民们真正地从生态旅游中受益。这样既能实现旅游扶贫的功能,又能使居民自觉保护的行为具有强劲的动力。

1. 让社区居民参与生态旅游的规划与开发

在生态旅游的规划与开发过程中要充分考虑社区居民的利益,以谋求旅游可持续发展。因此,开发生态旅游业必须立足本地,让社区居民参与决定,了解他们想要什么样的开发,以及使他们知道应该做什么。只有将规划过程立足于社区,才能被居民所接受。要想让社区居民有能力参与生态旅游的规划与开发,就必须提高其生态意识和生态保护知识,即要对居民开展环境教育,使其充分知晓生态旅游的价值以及会给他们带来的切实利益。沃克指出一些地方政府急于在保护区内开展生态旅游,以造福社区居民并保护当地的生态系统,但是居民也许无法意识到生态旅游将给他们的社会、经济和环境带来的影响。因此,有必要在规划之初强调居民参与,让他们了解生态旅游规划及其进展情况,听取他们的意见。开发计划也让居民参与制订,而不能自行完成后发布信息就草草收场。让社区居民参与生态旅游的规划与开发极为重要,当地社区是开发的主要负责者而非附庸品。同时,旅游开发所获得的利润除应返还投资者外还应返还当地社区,以保障社区的基本生活体系,并使社区有能力保护文化遗产以及生物多样性。

2. 让社区居民参与生态旅游的经营与管理

传统的大众旅游通常只能让很少的一部分旅游地居民从旅游开发中获益,大部分人往往只体会到发展旅游带来的社会成本提升,如物价上涨、空间拥挤等。长此以往,将导致社区居民对旅游者产生反感、厌恶甚至排斥的情绪,对旅游发展和环境保护都十分不利。此外,社区居民有选择安静和舒适生活环境的权利,因此社区参与是影响旅游业能否长期稳定发展的重要因素之一。发展以社区为基础的生态旅游,让当地居民或本地企业成为旅游开发、经营和管理的主体,由社区拥有并经营旅游生意,鼓励本地居民直接地参与旅游业的经营与管理,避免当地的酒店、餐馆及纪念品的经营被外地企业甚至跨国性集团所垄断,目的就是为提高社区居民的收入水平并改善其生活质量,使居民充分地从生态旅游中获益,其获利又用于保护自然资源和文化遗产,如此良性循环、缔造双赢,可促进当地生态旅游业的可持续发展。

3. 让社区居民成为环境保护的主体

社区居民是与当地自然历史和文化资源关系最密切者,也是生态旅游业的促进者和核心成员。环境保护仅靠环保部门、旅游部门或是旅游者都是难以奏效的,真正的环境保护主体应是社区及社区居民。要让他们自觉地成为环境的保护者,就必须在生态旅游的规划、开发、经营、管理以及保护工作等方面给予当地居民优先参与的机会。只有让他们从生态旅游发展中受益,并获得满足感,才能说服他们放弃传统的放牧、砍伐、农作、打猎等资源利用方式,成为环境保护的主体。

【阅读材料】

**生态旅游与当地居民利益——肯尼亚生态旅游成功经验分析**

肯尼亚是非洲各国开展生态旅游最早的国家,是生态旅游的先驱者。旅游业是肯尼亚国民经济的支柱,而在旅游业中占成分最重的是与野生动物有关的生态旅游。

生态旅游的内涵之一就是要顾及当地居民的利益，保证当地居民从旅游业中受益，改善居民的生活质量，以此推动生态旅游区的环境保护和可持续发展。在这方面，肯尼亚给我们树立了很好的榜样。其中马赛马拉保护区和安波沙堤国家公园联合当地居民发展旅游的实际经验是非常珍贵的。

马赛马拉保护区和安波沙堤国家公园是肯尼亚生态旅游发展最著名的两个地区，两者的成功都与兼顾当地居民利益密不可分。

一、马赛马拉保护区实例

马赛马拉保护区是肯尼亚最受欢迎的旅游景点。经过十多年的发展，它取得了显著成绩，尤其在保护活动与当地居民参与的结合上十分成功。许多居住在保护区内的马赛人被吸收为旅游发展协会的成员，通过参与，民众渐渐都能接受新的土地和资源利用方式。1977年政府颁布禁猎令，传统的马赛族人无法再靠贩卖猎物为生，此时恰好生态旅游兴起，生态旅游带来的可观收入足以弥补他们的损失，而且这种收入比以往更丰厚，也比较稳定，还减少了风险。地方议会也很慷慨，每年都拿出一定比例的收入回馈当地居民，支持许多当地部落的发展计划，如兴建医疗服务站、学校、供水设备。改善牲畜蓄养设施以及道路的修建等。伴随着生态旅游带来的丰厚收益，许多旅游业者和土地拥有者对发展以观赏野生动物为主的生态旅游事业兴致勃勃，并且对保护工作抱积极的态度。居民也不愿再冒险去打猎，所以偷猎的情形有非常大的改善。正如一位协会管理人员所说的："在短短的几年内就明显看到当地民众态度的转变，现在他们视野生动物为重要的经济资源，不仅不会去伤害它们，还会尽力去保护它们；年轻的下一代更容易接受此观念。"当肯尼亚境内其他地区的犀牛和大象数量锐减时，马赛马拉保护区内的犀牛和大象族群数量却能稳定增加，1990年在马赛马拉区域只记录到5头大象的死亡，其中还有3头是自然死亡的；仅有1头犀牛死亡，并且还是6年来的首次记录。

二、安波沙堤国家公园实例

安波沙堤国家公园是另一个成功的典范。安波沙堤的当地居民马赛族人曾和政府议会有着严重的冲突。安波沙堤集水区是马赛人重要的水资源地，是他们生活的家园，由于野生动物出没、游客行为或多或少会影响农牧活动，所以马赛人对旅游发展颇有微词,因为他们并未得到实际的利益,反而增加了许多生活上的困扰。20世纪60年代后,随着安波沙堤划设为国家公园,矛盾进一步激化。肯尼亚总统于1971年宣布中央政府拥有安波沙堤的管辖权,迫使马赛人迁出此区域,并另觅水源。这种来自中央的强硬措施激怒了马赛人,他们大肆猎杀草原上的犀牛、狮子、印度豹、大象等进行抗议;他们清楚地表达自救意识:如果中央政府强行占取该土地,马赛人就要让生存在该土地上的动物消失,使其丧失作为国家公园的资格。后经多方协调,安波沙堤顺利成为国家公园,政府则以下列承诺回报马赛人的让步:政府须在邻近湖泊兴建取水和引水设施,将水送至马赛人的土地;中央政府须将部分门票收入用于国家公园的管理与发展上;政府须聘用当地居民从事园区管理工作,增加就业机会;马赛自治团体对其他剩余土地保留拥有权;在世界银行所援助的3750万美元计划中,应提出600万美元用于安波沙堤国家公园建设。如此,当地村落的基础设施建设得以推动,学校、医疗站和村民活动中心就建在公园边上,国家公园周边以及区内的道路状况得到改善。为了报偿当地民众在禁猎野生动物方面所达成的共识,魏诗登一开始就回馈当地居民27万美元,从此马赛人觉得拥有这些野生动物是很棒的一件事,因为他们是高经济收益的象征。从此,马赛人开始自觉致力于保护野生动物;老一辈的马赛人还打趣地告诉公园管理处的人员:"无形中国家公园管理处已有了2000多双眼睛,他们将协助管理人员取缔盗猎者。"

综合以上对马赛马拉保护区和安波沙堤国家公园的分析,不难看出,生态旅游在这两个地区的顺利发展与取得当地民众的支持是分不开的。它使生态旅游真正成为解决环境保护、经济发展与当地民众生产生活三者矛盾的一贴良药。这也许就是肯尼亚生态旅游发展给全世界的最重要的启示。[①]

### 四、生态旅游资源开发模式

#### (一)"护源"开发导向模式

传统的旅游资源开发模式通常只围绕一个主导因素,或是"资源型",或是

---

[①] 张建萍:《生态旅游与当地居民利益——肯尼亚生态旅游成功经验分析》,《旅游学刊》2003年第1期,第60—63页。

"客源型"。"资源型"将开发地丰富独特的旅游资源作为具有竞争力的主导因素。"客源型"又称"市场型",那些旅游资源相对匮乏,但区位条件好的大城市或口岸城市,凭借其巨大的交通流量和完善的基础设施通过兴建现代人造主题公园等方式开发旅游。如果一个地区同时具备资源优势和客源优势,则既可以开发原有的旅游资源,又可以适当兴建现代人造游乐场所。不论是传统的"一源"还是"二源"开发导向模式,都忽略了保护这一关键因素。既然生态旅游的核心是对生态旅游资源的保护,那么生态旅游资源的开发就应该将保护置于首要地位,形成"保护+资源""保护+客源"以及"保护+资源+客源"的开发导向模式。生态旅游资源开发应把保护环境作为前提条件,把地理信息系统和遥感等技术手段应用在开发工作中,同时密切关注客源市场,充分了解其需求,注重吸引旅游者兴趣,以减少客源流失,保证充足的客源。

(二)"三Z"开发投入模式

"三Z"是指资源、知识和资金,生态旅游资源的开发不应只考虑资金投入,还应同时考虑资源和知识的投入,即应采用"资源+知识+资金"的"三Z"开发投入模式。首先,要充分认识旅游资源是有价值的,即便有"资源无价"一说,也应理解成因为资源的珍稀珍贵而无法用具体的数字来衡量其价值。既然开发有资源投入成本,就应用最小的投入获取最大的效益,使投资收益最大化。换句话来说,开发时应充分地利用资源,最大限度地发挥资源的作用,珍惜并保护资源,将投资收益用于资源和环境的维护及保护工作中,以便能长期地获得投资回报。其次,要充分认识知识在旅游资源开发中的重要价值,该价值体现在旅游资源开发中的文化创意、特色挖掘和宣传促销上。最后,才是资金投入。这"三Z"缺一不可,其中资源和知识投入是发展生态旅游业的前提,资金投入是发展生态旅游业的保障。

(三)循环开发过程模式

传统的旅游资源开发不能有效地保证对旅游资源的保护,其中一个重要原因是对开发过程的认识存在误区,具体表现为在开发过程中开发与管理脱节,致使保护工作难以落到实处。过去对旅游资源开发的认识仅限于旅游景区的建设,之后的旅游景区经营管理被认为与旅游资源开发无关。这种将开发与管理剥离的做法使开发中的资源保护工作难以在经营管理中得到全面落实。

此外，两者的分离，使得经营管理中出现的保护问题也很难反馈到开发工作中，以便重新优化。为解决旅游资源开发过程中的保护问题，应采用循环开发过程模式。首先，要把旅游资源开发过程广义化，开发工作既包括对旅游景区的规划和建设，又包括对景区建成后的管理和监测。其次，旅游资源开发过程中的规划、建设、管理和监测四个环节之间的关系模式应该是环状的。与传统旅游资源开发的规划、建设、管理直线型模式相比，多了监测这一环节，而正是这一环节，沟通了规划、建设与管理，让三者的直线型关系转变为环状关系。即通过监测链，可以向其他三个环节进行信息反馈，如果发现存在问题，能及时优化规划设计方案，使旅游资源开发工作更为完善。同时，通过监测反馈的信息，可以及时发现旅游资源开发和管理中存在的各种环境问题，再将解决方案落实在进一步的优化规划设计和管理中，把环保工作建立在监测提供的科学依据上。

(四)PRA调查法模式

PRA调查法全称是Participatory Rural Appraisal，即参与性农村评估，这是20世纪90年代出现并迅速获得推广的一种资源调查方法，此方法原来主要在农村地区实施，现在已扩展到城市，并广泛地应用于很多领域。PRA是一种能让目的地社区居民和旅游者充分地参与旅游资源开发的全新方法，它能鼓励人们相互分享知识、共同分析问题、共同制订计划。具体做法是在生态旅游资源开发时，当地政府部门先广泛地征求社区居民和旅游者对旅游资源开发的意见和建议，让他们成为资源开发的主要参与者，以实现生态旅游资源开发既能满足生态旅游者的需求，又能为社区居民谋取福利的双重目标。调查贯穿生态旅游资源开发的全过程，将从旅游者和社区居民身上获取的真实有效的信息用于指导开发实践，最终开发出的生态旅游产品才会使旅游者和社区居民受益。

(五)市场导向型开发模式

生态旅游资源开发的最终目的之一是为了进入市场并获得经济效益。生态旅游资源开发当然也不例外。因此，有必要以市场导向为原则，重视生态旅游者的消费偏好及其变化，确定生态旅游资源的开发方向，提供满足生态旅游市场需要的具有强大吸引力和理想投资回报的生态旅游产品。同时，还应积极开拓生态旅游客源市场,针对旅游者的需求不断地创新生态旅游产品,使生态旅游资源开发具有一定的前瞻性和应变性。比如,针对"银发"市场适宜开发度假生态旅游、乡村生态旅游、自然观光生态旅游等产品。针对中青年市场适宜开发科普生态旅游、观鸟生态旅游、探险生态旅游、科考生态旅游等产品。

(六)体验式开发模式

斯塔波力斯和斯凯尼斯提出体验式旅游是一种预先设计并组织的、有一定程序的、旅游者需要主动投入时间和精力参与的、追求舒畅而独特的感受的旅游方式,能给旅游者带来一种全新的附加价值。约瑟夫·派恩和詹姆斯·吉尔摩认为体验式开发模式包括审美型体验、娱乐型体验、教育型体验和逃避型体验四种类型。在生态旅游资源开发中,要从传统的满足旅游者的需求转变为满足旅游者的需求和增加旅游者的体验。在体验经济时代,必须高度重视旅游者的个性化需求和情感需求,旅游开发应在立足生态旅游资源的基础上,坚持市场导向,在资源开发中以旅游者的行为模式、心理特征、生活态度和生活方式等为基础去设计、规划和创新,强调旅游者的互动性和参与性。对于生态旅游资源开发来说,体验式开发显得更为重要。将环保体验贯穿生态旅游产品的全过程,不仅有助于培养生态旅游者的环境意识、增长保护环境的专业知识,还能让生态旅游者切切实实地为环境保护做贡献,可谓一举多得。

**【阅读材料】**

### 沙漠游的新体验

近年来,沙漠游市场持续升温。除了穿梭于茫茫沙海,欣赏"大漠孤烟直,长河落日圆"的壮阔,沙漠游还有哪些新体验?

一、"沙漠+艺术"——72件雕塑,工业感扑面而来

在甘肃省民勤县苏武沙漠大景区雕塑艺术主题公园,来自国内外雕塑家的72件作品立于沙漠之中,以全新的生态理念、文化符号和艺术风格,形象生动地传播人沙和谐共生的理念。

数峰瘦骨嶙峋的骆驼奋蹄跋涉,稍显刺眼的阳光穿透躯体射入黄沙。夕阳西下,在呼啸的北风中,仿佛能看见往昔丝路商旅往来的情景。这座名为《沙漠之舟》的雕塑,采用钢板剪影式的手法,刻画出骆驼的形象。

民勤县地处古丝绸之路要道。从汉代起，民勤人便驯养骆驼用于长途运输，当地男性年幼时便跟随驼队走货，被称为"骆驼客"。鼎盛时期，民勤驼户有3000家之多，养驼达到10万峰以上，民勤县遂有"大漠驼乡"之称。

离公园不远，摘星小镇正从一片大沙漠中崛起。小镇以沙漠观星为主题，融合了中国传统天文特色的概念，打造沙漠戈壁中的"太空基地"。

小镇建设了天文科普厅、灿烂星空展示区和数字天象厅，各个展厅都有专业的仪器设备，可供游客了解天文知识、观看天象演示。置身其间，游客能够感受栖身银河、迈步苍穹的神秘与美妙。

二、"沙漠+研学"——埋锅造饭，重温治沙不易

"来到库布齐后我才发现，原来沙漠不只有沙子，还有郁郁葱葱的柠条、沙柳，以及大片凌汛水形成的湖泊。"对武汉姑娘余舒晗来说，三年前在内蒙古库布齐沙漠近一周的研学经历，改变了她对沙漠的印象。

2017年10月，余舒晗和数十名小伙伴一同参加了由联合国环境规划署和亿利公益基金会在库布齐沙漠组织的环境教育实践营，参观了各类防风林、防沙带、种子基地以及治沙设施。

"在这里我们认识了各类沙漠动植物，了解到不同的防沙治沙方法，还一起到沙漠中翻捡垃圾。"余舒晗和小伙伴们在大漠无人区徒步穿越10公里，在沙漠腹地自己埋锅造饭，重温当年库布齐治沙人风餐露宿、以沙拌饭的不易。"我们要以这些治沙数十年的叔叔阿姨们为榜样，以实际行动爱护环境。"余舒晗说。

近年来，库布齐沙漠治沙生态亲子研学游吸引了全国各地众多孩子。"相关研学活动已经进行了四年多，包括夏令营与亲子游等，每年都有数千名孩子参加，主要集中在暑期。"内蒙古博文远景旅游文化有限公司总经理管丽娜介绍说。孩子与家长在体验沙漠风情的同时，还能学知识、做公益、护环境、增感情。

对于成长于库布齐沙漠周边的孩子们来说，学习实践同样必不可少。"我们每年都会参加沙漠徒步旅行和植树活动，参观种子资源库和科技中心，这些社会实践让我们更加珍惜眼前来之不易的绿色。"杭锦旗亿利东方学校初一学生杨锦苹说。目前，库布齐沙漠周边30多所中小学已组织近3万名学生接受

生态文明实践教育。

三、"沙漠+体育"——追逐竞技,体验速度与激情

浩瀚沙漠,几辆越野车正竞相追逐,时而急刹打转,时而冲上沙丘……游客正在体验的是新疆尉犁县罗布人村寨景区全地形沙漠越野项目。

罗布人村寨景区紧邻塔克拉玛干沙漠,是新疆南疆旅游线路上的特色景区。每逢旺季,慕名而来的游客络绎不绝。

除沙漠越野外,尉犁县还推出了许多沙上运动项目——体验传统的沙漠出行方式骑骆驼,最受孩童喜爱、简单易操作的滑沙,每年举办的沙漠徒步挑战赛、沙漠拔河比赛,沙滩排球,沙滩足球……沙漠独特的地理环境,为每一项运动又增添了几分趣味。

罗布人村寨景区管委会主任刘焱介绍,近两年,尉犁县不断完善旅游规划编制,进行塔河主河道导流防洪,对路、桥、木栈道、停车场等基础设施进行新建、扩建和改造,注重生态环保建设,打造了全地形沙漠越野、环线骆驼、滑沙(碰撞球)、游船等旅游项目,全面提升游客体验感和舒适度。每年举办的各类沙漠文化特色节庆活动,如中国体育旅游露营大会、大漠胡杨文化艺术节等,也为当地增添了名气,聚集了人气。[1]

---

[1] 阿尔达克:《沙漠游的新体验》,《人民日报》2020年9月14日。

# 第五章 生态旅游的媒介——生态旅游业

## 第一节 生态旅游业概述

生态旅游业是生态旅游系统中连接生态旅游者和生态旅游资源的媒介，在促进生态旅游发展中发挥着组织、供给和为旅游者提供便利的作用，由众多部门和相关行业组成，这些部门和行业有着共同的特征，即为生态旅游者的活动提供各种服务，为生态旅游活动的开展提供便利。由于生态旅游业具有综合性特征，包含各行各业的众多企业，这些企业生产的产品和提供的服务各不相同。再加上由于国情不同、经济制度上的差异，人们对于生态旅游业的认识也各有千秋，所以要准确界定生态旅游业并非易事。

### 一、生态旅游业的定义

按照旅游业这一概念界定的逻辑分析，不能从传统意义上的产业定义去归纳，即旅游业，并非由生产同类产品或提供同类服务的企业所构成。界定的方法需另辟蹊径，思考各类企业为何能成为旅游业的一部分。原因显而易见，看似不相关的各行各业，之所以能构成旅游业，因为有着共同的服务对象——旅游者，有着共同的目标——为旅游者的旅游活动提供便利。参考这一逻辑，可以从范围和任务出发对生态旅游业进行界定。

我国学者杨桂华等人在分析生态旅游业范围和任务的基础上，认为生态旅游业是以生态旅游资源为凭借，以旅游设施为基础，为生态旅游者的生态旅游活动创造便利条件并提供其所需商品和服务的综合性产业。[1]澳大利亚生

---

[1] 杨桂华、钟林生、明庆忠：《生态旅游（第3版）》，高等教育出版社，2017，第164页。

态旅游学者大卫·韦弗将生态旅游业界定为那些直接与生态旅游者相互作用的机构,即从生态旅游活动计划阶段到结束这一过程中帮助生态旅游者进行生态旅游体验的产业。鲁小波提出生态旅游业是指直接满足生态旅游者的生态旅游需求,并帮助其完成生态旅游体验的企业集合。世界生物基金会环保专家认为生态旅游业是基于自然资源又为保护自然资源做出贡献的旅游业。覃建雄则指出生态旅游业是生态系统中沟通生态旅游主体和生态旅游客体的媒介,在推动生态旅游的发展方面起到了供给、组织和便利的作用,它是由众多部门和相关行业组成的向生态旅游者提供各种服务的社会综合体。[1]

基于以上分析,生态旅游业可以理解为以生态旅游者为服务对象,为生态旅游活动的开展创造便利条件并提供其所需商品和服务的综合性产业。

**二、生态旅游业的构成**

从生态旅游活动组织和经营管理的角度看,生态旅游业涉及的范围十分广泛,可以依据关系的密切程度,将其划分为三类。第一,直接与生态旅游活动相关的企业,这类企业或组织包括旅行社、饭店、交通、餐馆等。第二,辅助性服务企业,这类企业或组织与生态旅游活动关系不如前者那样密切,但是同样能满足生态旅游者的需求,并为其生态旅游创造便利,包括商场、土特产商店、工艺品店、食品店、洗衣店、旅游出版物的生产和销售企业等。第三,各类组织结构,包括旅游行政管理机构、生态旅游协会、旅游院校等。它们较少与生态旅游者发生直接关联,但是对于生态旅游业的良性发展来说不可或缺。

从生态旅游活动过程看,生态旅游业可由三部分构成。第一,关于生态旅游"准备"的行业,包括提供生态旅游信息咨询与办理生态旅游预定业务的旅行社、出售生态旅游用品的商店、发布生态旅游和目的地相关信息的信息产业等。第二,关于生态旅游"移动"的行业,包括航空、汽运、铁路、轮船等各类交通运输行业。第三,与生态旅游"逗留"相关的行业,如饭店、餐馆、景区、娱乐设施等经营组织。

生态旅游业的构成要素十分广泛,除了实实在在因生态旅游而存在的旅

---

[1] 覃建雄:《现代生态旅游学——理论进展与实践探索》,科学出版社,2018。

行社、饭店、旅游目的地管理机构等组织外,还有其他各行各业的自然渗透。可见,和其他传统意义上的产业不同,生态旅游业乃至整个旅游业的产业界限十分模糊,并不明显。

### 三、生态旅游业的性质

旅游业是一项具有文化性的经济产业,生态旅游业在此基础上强调了生态性,是具有文化性、经济性和生态性的产业。

生态旅游业是具有文化性质的产业。在生态旅游的整个过程中,生态旅游者所追求的既包括物质享受也包括精神享受,物质活动与精神活动互为条件、相互依存。生态旅游者在生态旅游活动过程中能够开阔眼界,增长知识,陶冶情操,放松身心,获得审美体验。可以说,生态旅游者的这些活动实际上都属于社会文化活动。因而,文化性也是生态旅游业的性质之一。

生态旅游业的根本性质是经济性。虽然构成生态旅游业的各类企业规模不同、组织类型不同、地域不同、提供的产品和服务不同,但它们都是以营利为根本目的,需要进行独立核算的经济组织。另外,发展生态旅游业有助于增加外汇收入、加速货币回笼,还能带动农业、轻工业、手工业及交通运输业等相关部门和行业的发展,促进目的地经济发展。因而从根本上说,生态旅游业是一项具有经济性质的服务行业,其根本性质是经济性。

生态旅游业是具有生态性质的产业。与传统旅游业不同,生态旅游业是为生态旅游者开展生态旅游活动提供便利,有明确的指向性,是一种以协调旅游开发与环境保护之间的关系为主要内容的新型旅游方式,这决定了生态旅游业必然具有生态的性质。生态旅游业在运作和发展过程中必须以生态学作为指导,各个相关部门的经营和管理都要生态化。例如生态旅游景区要实行旅游环境容量的管理和控制,旅行社的导游和景区讲解人员要具备强烈的环保责任感和生态学的专业知识,旅游餐饮企业要提供绿色饮食,住宿企业要开展节能环保的绿色经营等。

### 四、生态旅游业的特点

生态旅游业并非只是旅游业的一个分支或一个部门,而应该理解为是旅游业一个崭新的发展阶段。生态旅游业的兴起,旨在解决旅游业发展与生态环境保护协调发展、旅游资源永续利用以及旅游收入合理分配等一系列长期困扰旅游业的问题,目的是让传统旅游业的发展实现可持续发展。因此,生态旅游业除了具有传统旅游业的综合性、脆弱性、劳动密集性等一般性特点外,还有一些有别于传统旅游业的新特点。

(一)生态旅游业是综合性的产业

生态旅游业的综合性特点是由其生产、产品及效益的综合性决定的。首先,生态旅游业的生产需要多个部门和企业协调配合,既涉及旅行社、住宿业和交通业这三大支柱产业,又涉及一些物质资料生产部门,如农业、林业、畜牧业、重工业、轻工业、建筑业、装潢业等,还涉及一些非物质资料生产部门,如文化、商业、卫生、宗教、科技、邮电、金融、环保、海关、保险等。总之,生态旅游者的食、宿、行、游、购、娱等需要众多相关部门和企业提供产品及服务。其次,生态旅游业所提供的生态旅游产品具有综合性,如生态旅游资源既有自然的,也有人文的;既有历史遗留的,也有现今创造的。生态旅游所凭借的设施设备既有旅行社设施,又包括住宿设施、餐饮设施、娱乐设施,还有交通客运设施等。生态旅游业所提供的产品和服务并非某个单一的产品或某项单一的服务,而是由食、宿、行、游、购、娱等多种产品和多项服务组成的综合体。最后,生态旅游业追求的效益也是综合性的,是经济效益、社会效益与生态效益的综合。

(二)生态旅游业是动态性的产业

动态性是指生态旅游业在空间上与时间上的动态变化。空间的动态变化是指生态旅游者的生态旅游活动与目的地生态环境之间的相互影响、相互关联及相互制约的关系。了解这种相互作用的动态关系有助于正确认识生态旅游活动对生态环境可能造成的负面影响,以便及时调整,尽量避免。时间的动态变化换句话来说就是指生态旅游业的季节性,这是由生态旅游活动的季节性造成的,而生态旅游活动的季节性又主要是由目的地的自然条件、人文环境及生态旅游者的闲暇时间等因素决定的。生态旅游目的地的地理环境、气候等自然条件会引起生态旅游资源的观赏利用价值随季节的变化而变化,形成生态旅游业的旺季、淡季和平季。此外,生态旅游目的地很多传统的人文节庆活动只在特定的时间举办,这也造成生态旅游业的季节性特征。最后,受客源地假日制度的影响,生态旅游者的闲暇过于集中,公共假日期间全民共同放假,更加促成了生态旅游业季节性的形成。明显的淡旺季之分,为生态旅游业的经营带来困难。不论是淡季的门可罗雀,还是旺季的门庭若市,都不利于旅游业的良性发展。唯有设法缩小生态旅游业淡旺季的差异,充分合理地利用各类资源与设施,才能有效地提高生态旅游业的效益。

(三)生态旅游业是高收益的产业

随着城市的生态环境变差,人们回归自然的需求日益强烈,优质的生态资源正在日益减少,需求的增长和供给的短缺,使得生态旅游业拥有充足的客源市场,因而能获得较高收益。

(四)生态旅游业是以高科技为基础的产业

生态旅游业发展的理论基础是生态学、旅游学、美学和规划理论等,还要依托系统工程、环境技术、信息技术等。生态旅游资源的调查研究、生态旅游资源信息系统的建立、生态环境的动态检测、生态环境的影响评价、生态环境的保护、旅游生态容量的合理界定,以及生态旅游产品的设计生产等都是在现代科学技术的参与下进行的。离开科学技术这个基础,生态旅游业将无法实现资源开发利用与环境保护协调发展的目标。可以说,生态旅游业不仅仅是劳动密集型的产业,还是知识密集型与技术密集型的产业,不论是规划、研究,还是经营、管理、服务等都要求从业者具有较高的专业素质和丰富的生态知识。

(五)生态旅游业是集经济效益、社会效益和生态效益多重目标为一体的可持续性产业

传统旅游业以追求经济效益最大化为主要目标,增加目的地的经济收入、加快货币回笼、获取外汇、积累建设资金,是旅游业长期以来的发展动机。追求享乐是旅游者的主要目标,获得审美体验、放松身心、增长见识、开阔眼界是旅游者出游的主要动机。对于传统的旅游业来说,最大的受益者是旅游开发商、经营商和旅游者。由旅游活动所带来的环境代价则主要由目的地社区居民承担。以牺牲环境资源的可持续利用价值来换取短期的经济效益,这种旅游方式是不可能持续发展的。而生态旅游的目标是为了实现可持续发展,包括目的地经济的可持续发展和目的地文化的可持续发展,以保证旅游资源的永续利用。生态旅游所追求的多重目标虽然从长远看是一致的,但在发展

过程中必然会产生一些矛盾和冲突。生态旅游业必须承担起缓解矛盾和冲突、协调各方关系、平衡各方利益的责任。也就是说,生态旅游业的发展既要符合市场经济规律,又要符合生态规律;既要考虑目的地社区居民的利益,又要兼顾旅游经营者的利益;既要保证生态环境不会因游客到访而遭受不可逆的破坏,又要满足旅游者的需求,保证其旅游体验不会因为各种环境保护措施而受到影响,让旅游开发商和经营商、旅游者、目的地社区居民等都成为直接受益者。因此,生态旅游业是集经济效益、社会效益和生态效益多重目标为一体的可持续性产业。

**【阅读材料】**

## 以"两山"理念为遵循推动旅游业高质量发展

2005年8月15日,时任浙江省委书记习近平在安吉县余村考察时首次提出"绿水青山就是金山银山"的科学论断。15年来,习近平总书记在不同地方、不同场合反复强调,要牢固树立"绿水青山就是金山银山"的理念,明确指出,发展旅游不能牺牲生态环境,不能搞过度商业化开发。"两山"理念已经成为旅游行业的共识和行动,是我国旅游业发展的重要遵循。

党的十八大以来,我国旅游业紧紧围绕美丽中国和生态文明建设,充分发挥战略性支柱产业作用,在推进绿色发展、提振消费、乡村振兴、脱贫攻坚等国家战略中实现了蓬勃发展,涌现出浙江安吉、北京延庆、山西右玉等许多实践案例及创新举措,深入诠释了习近平生态文明思想的强大力量,成为践行"两山"理念的生动样板。"两山"理念在旅游领域的成功实践表明,旅游业是绿水青山的"保护伞",绿水青山是旅游业的"聚宝盆"。

"两山"理念提出以来,显示出持久的理论生命力和强大的实践引领力。笔者认为,面对新冠肺炎疫情影响和经济下行压力增大等风险挑战,面对全面建成小康社会即将收官和脱贫攻坚决战决胜的历史任务,面对人民群众更加美好的旅游需求,践行"两山"理念是应对风险挑战、推动旅游业转型升级的长久之策,是坚定不移贯彻新发展理念、实现旅游业高质量发展的必由之路。

越是面临困难,越要向绿色转型要出路。要牢固树立生态优先、绿色发展的导向,以全域旅游为引领,加快转变旅游业发展模式,实现从数量增长到质效提升、从粗放型经营到集约发展的转型。常态化疫情防控下,生态游、乡村游、森林游等备受青睐,率先回暖,释放无限商机。全行业要充分运用生态优势应对变局、开拓新局,依托农村绿水青山、田园风光、乡土文化等资源,大力发展休闲度假、旅游观光和乡村旅游,借助电商、直播带货、云平台等最大限度降低疫情的影响,实现旅游业增长和旅游资源环境可持续改善。

越是紧要关头,越要向生态旅游要动力。助力打赢脱贫攻坚战,是全旅游行业必须完成的底线任务。生态旅游是打赢脱贫攻坚战的有力抓手。数据显示,全国通过发展旅游实现脱贫的人数占脱贫总任务的17%—20%。现在距完成全面建成小康社会和脱贫攻坚决战决胜目标任务仅有四个多月,越到最后越要咬紧牙关,聚焦深度贫困地区和特殊贫困群体,依靠绿水青山大力发展绿色经济,挖掘生态资源大力发展生态旅游,带动更多贫困群众就业创业,让他们端稳端好绿水青山这个"金饭碗",吃上"旅游饭",摘掉"贫困帽",过上好日子,拥有更多获得感、幸福感和安全感。

越是永续发展,越要向法治制度要效益。实现旅游业高质量发展和旅游资源可持续性保护,必须依靠制度、依靠法治。旅游发展过程中存在的过度商业开发、景区最大承载量控制不严等"不绿色"现象,大多与体制不健全、制度不严格、法治不严密、执行不到位、惩处不得力有关。各级各地应划定旅游业绿色发展的底线和红线,建立健全并严格落实对旅游企业的绿色认证制度,对旅游景区的环境预警、绿色监管等制度,对生态旅游区域实施用途管制、审计问责和公众监督等机制,绝不让制度规定成为"没有牙齿的老虎"。

旅游业是绿色产业、幸福产业。只要我们坚定不移践行"两山"理念,以"两山"理念为遵循发展旅游业,就能够既留住绿水青山,又抱回金山银山;就能够既增进人民福祉,又擦亮美丽中国。[1]

---

[1] 王红彦:《以"两山"理念为遵循推动旅游业高质量发展》,《中国旅游报》2020年8月18日。

## 第二节 生态旅游业管理

### 一、生态旅行社业

旅行社业是旅游业中主要的经营部门之一，也是旅游业的三大支柱产业之一。旅游学术界一般认为旅行社业是饭店业和航空公司等旅游供应商的产品分销渠道，因此常被视作旅游中间商。

(一)旅行社的界定

根据我国《旅行社条例》的相关规定，旅行社是指"从事招徕、组织、接待旅游者等活动，为旅游者提供相关旅游服务，开展国内旅游业务、入境旅游业务或者出境旅游业务的企业法人"。其中，"招徕、组织、接待旅游者等活动"以及"提供相关旅游服务"包括：为旅游者安排交通、住宿、餐饮、观光游览和休闲度假等方面的服务，以及为旅游者提供导游、领队、旅游咨询、旅游活动设计等方面的服务。

(二)旅行社的作用

旅行社将分散的、单独进行的生态旅游活动社会化，如同一座桥梁将生态旅游需求者与生态旅游产品的供应者连通，在不同国家和地区的生态旅游者与生态旅游经营者之间担当中介。

1.旅行社是生态旅游活动的组织者

旅游者在旅游活动中所需的食、宿、行、游、购、娱等各项旅游服务分别隶属于不同行业、不同部门，相互之间关联度较小，联系比较松散。旅行社将生态旅游景区、旅游交通、餐饮和住宿等部门提供的单项产品进行设计、组合，得到生态旅游线路这一形式的整体生态旅游产品，再将其以一次性报价的形式销售给生态旅游者，使其生态旅游活动得以顺利开展。同时，旅行社还广泛宣传促销，招徕大批生态旅游者购买生态旅游产品。此外，旅行社还通过派出导游人员全程陪同照顾的方式，帮助生态旅游者克服各种障碍，顺利完成生态旅游活动。因此，从旅游者需求角度看，旅行社是生态旅游活动的组织者。

## 2. 旅行社是生态旅游产品的销售渠道

生态旅游业的发展有赖于构成生态旅游业各行业和部门的共同发展,有赖于生态旅游产品的销售情况。而生态旅游产品有别于一般物质类商品,一般商品是先生产,再通过运输流通环节,最后通过交换到达消费者手中;而生态旅游产品作为典型的服务类产品,具有生产与消费同步进行的特点,并非通过运输到达旅游者手里,而是需要旅游者克服空间距离来到生产地点才能得到。可见,生态旅游产品的生产者和消费者之间需要媒介参与销售,旅行社正好充当了这一角色,它既通过自身广泛的销售渠道将生态旅游产品推荐给有购买欲望的潜在旅游者,同时又积极组织生态旅游者去购买为实现生态旅游活动所需的各项产品。旅游者无须再为开展生态旅游活动而费心安排,也无须再为生态旅游活动过程中可能遇到的各种问题而担忧,一切活动都由旅行社着手安排,这大大简化了生态旅游者与生态旅游企业的交换关系。虽然有部分旅游企业也直接向旅游者出售自己的产品,但出于成本和便利因素,大部分产品还是经由旅行社销售给广大旅游者。因此,从旅游目的地的供给角度看,旅行社是生态旅游产品的销售渠道。

## 3. 旅行社是生态旅游者和生态旅游企业之间的桥梁

一方面,在旅游业构成的各部门中,旅行社最接近旅游客源市场并且首先直接同生态旅游者接触,也就是说,旅行社对生态旅游客源市场的需求信息能够第一时间了解并掌握,并将这些信息反馈给各旅游企业,能使企业更好地设计、生产满足旅游市场需求的生态旅游产品。另一方面,旅行社同旅游业的其他行业和部门联系密切,对这些相关企业的生态旅游产品信息了如指掌,并将其通过宣传促销等方式传播给生态旅游者,方便旅游者的选购。可见,旅行社在了解生态旅游需求和指导生态旅游产品供给方面发挥着至关重要的作用,因此,旅行社是生态旅游者和生态旅游企业之间的桥梁。

### (三)生态旅游业对旅行社经营管理的要求

#### 1. 设计与开发生态旅游线路

将旅游业各企业的单项旅游产品组合成旅游线路,是旅行社经营的主要业务模式。生态旅游要求旅游与环保并重,因此,在组合设计线路时,生态旅游活动涵盖的食、宿、行、游、购、娱六个环节,都要考虑这一核心要求。

第一,旅游目的地的选择要符合生态旅游要求。可以尽量选择那些原生态的、受人为因素影响较小的自然或人文环境作为生态旅游目的地并设计开发相应的生态旅游产品,同时避开那些脆弱、敏感的生态保护区域。如森林旅游、海洋旅游、观鸟旅游、野生动植物观赏游、生态农业旅游、沙漠探险游等。对于那些只想利用生态环境获取高额经济回报而完全不重视保护或接待条件的旅游目的地,旅行社应该主动回避。总之,只要能实现帮助人们亲近自然、了解原生态文化、认识生物多样性等目的,符合可持续发展要求的环境,都可以作为生态旅游目的地的参考对象。

第二,住宿设施的选择要符合生态旅游要求。应尽量选择生态型饭店、民宿和乡村小旅馆这类主题住宿设施。这些住宿设施要么充满着浓郁的乡土气息、原汁原味,便于生态旅游者与目的地社区居民直接交流,体验当地的原生态文化;要么能通过绿色的环保设施设备将环境保护工作落到实处,让生态旅游者将可持续发展观身体力行。

第三,餐饮安排要符合生态旅游要求。餐饮安排上应选用能体现地方特色的传统菜肴,让生态旅游者在品尝美味佳肴的同时了解目的地的传统饮食文化。绝对不推荐、不选用珍稀野生动植物作为原料。

第四,娱乐活动安排要符合生态旅游要求。应为生态旅游者安排一些既有益于身心健康又不会对生态环境和资源带来破坏作用的娱乐活动。如滑雪、漂流、垂钓、泡温泉、种植果园的采摘、动植物习性的观赏等。

第五,旅游购物的引导要符合生态旅游要求。导游人员应事先对生态旅游者进行教育,告知他们哪些动植物受国家法律保护、属于濒危物种,哪些商品禁止买卖。同时适时引导生态旅游者的购物行为,不购买野生保护动植物及其制品,不收集国家明令禁止的野生动植物标本。

第六,交通工具的选择要符合生态旅游要求。在生态旅游参观游览过程中,旅行社应尽量不安排或者少安排生态旅游者乘坐传统的燃油机动车辆,以减少其尾气排放对环境造成的污染及破坏。可安排兼具运输功能、环保功能和地方特色的交通工具,可以是传统的人力、畜力、自然力类交通工具,如滑竿、自行车、马车、牛车、船筏等;也可以是现代新能源交通工具,如电力车、太阳能汽车、氢能源动力汽车、燃气汽车等,实现污染零排放的低碳出行。

2.配备专业导游人员队伍

导游人员自始至终与生态旅游者同行,导游人员的素质对生态旅游活动的成功与否显得至关重要。旅行社应下功夫培养一支热爱生态旅游事业、具备专业生态保护知识、有强烈责任心的导游人员队伍。他们不仅要精通导游服务技能,熟知旅游目的地自然、文化概况,还要具有丰富的生态学知识。在导游服务过程中,既能为生态旅游者提供全面周到细致的服务,又能帮助旅游者树立生态保护意识,掌握生态保护知识。

3.组织接待生态旅游活动

首先,对生态旅游的组团人数要有所控制。生态旅游虽然是以不破坏自然与文化生态环境为前提的,但是人类的旅游活动不可避免地会对环境产生影响,人数越多,对生态环境的影响就越大,特别是对那些敏感脆弱而又频繁接待旅游者的旅游目的地来说,负面影响更大。因此,需要将生态旅游者的活动对环境的负面影响限定在环境可承受的范围内,即将生态旅游团队的人数控制在适当范围内。人数较少的小团队旅游,还能方便导游人员实施有效的管理,以此减少对生态环境的影响与破坏。有研究人员指出,8—10人的团体野外出游就算是大团了,在大部分地区,10人以上的团体应只占总数的5%。

其次,旅行社应注重加强与生态旅游目的地管理方以及目的地社区之间的联系,这样做的好处在于争取目的地社区居民对生态旅游的支持和理解,对外来生态旅游者的接纳和欢迎。在生态旅游活动过程中,可以聘请目的地社区居民担当向导和讲解员,也可以创造机会让旅游者与当地居民多交流,这样不仅能让生态旅游者直接接触到当地传统文化,获得更好的生态旅游体验,同时也能让社区居民从生态旅游活动中受益,并充分意识到吸引游客慕名前来的是当地未被破坏的原生态自然和人文景观,从而树立起保护家乡原生态环境、传承传统文化的良好意识。

再次,旅行社要开展对生态旅游者的生态教育。在前往生态旅游目的地的途中,导游人员可以对生态旅游者开展生态保护教育,让旅游者做好心理准备和物质准备,保障生态旅游活动的顺利进行。生态教育的内容具体包括:生态保护的重要意义,生态旅游目的地概况,相关环保政策与法规,生态旅游行为规范及注意事项,行李物品的携带规定,垃圾处理措施,与生态旅游目的地相关的援助计划,有助于生态保护的公益活动等。生态教育的方式应多样化,可以是导游讲解,可以举办讲座、报告会、研讨会,也可以发放宣传资料,还可以在交通工具上播放视频和音频材料等。

最后,在生态旅游活动过程中,可以适当开展环保公益活动。出于帮助生态旅游目的地经济发展和环境保护的双重目的,旅行社可以组织生态旅游者、各类团体组织向生态旅游目的地提供资金、技术、人员、教育等方面的援助,组织生态旅游者参与沿途分发生态保护宣传资料,植树造林、种植花草,捡拾垃圾、清理废物等保护生态环境的义务劳动。

4. 总结与反思

生态旅游活动结束后,旅行社应向生态旅游者及生态旅游目的地社区征求意见,比如关于此次生态旅游的体验如何,有何不足有待改进;活动的组织安排是否合理;管理方式是否达到了生态保护的要求;生态旅游者能否从中受到启发和教育;社区居民能否从中受益并认识到生态保护的重要性;旅游者及居民有没有掌握正确的生态保护方法等。这些反馈的重要信息将用于指导旅行社继续开展生态旅游组织接待工作,查漏补缺,及时改进生态旅游产品。

**二、绿色饭店业**

旅游饭店是旅游业的重要部门之一,通过为旅游者提供食宿及其他多项综合服务,使旅游者的旅居成为可能。旅游饭店伴随着旅游活动而产生,是发展旅游业必备的物质条件。在人类旅游活动的早期,旅游住宿设施主要是官办驿站、民办客栈及家庭式旅馆,随着大众旅游的兴起,饭店业规模迅速扩大,服务项目不断增多,使得它们对资源的消耗也越来越大,排放的废弃物对环境造成的破坏也越来越严重。随着人类环境保护意识的觉醒,如何改变饭店的资源利用模式及减少对生态环境的破坏日益引发人们的关注,绿色饭店应运而生,并成为生态旅游业重点发展的领域之一。

(一)旅游饭店的作用

1. 旅游饭店是旅游者开展旅游活动的重要基地

旅游者需要离开常住地,前往异地开展旅游活动,有住宿、休憩以缓解疲劳、恢复体力的需求,旅游饭店就是满足这一需求的场所,是旅游者的家外之家。

2. 旅游饭店是衡量旅游目的地接待能力的重要标志

一个地区旅游饭店的数量多少、规模大小、结构比例等指标,直接反映了该地区能够接待的旅游者数量,是旅游目的地接待能力的重要标志,也间接反映出该地区旅游业的发展水平。

3. 旅游饭店是旅游创收的重要部门

作为旅游者的家外之家,旅游饭店不仅提供住宿、餐饮等最基本的服务,现代新型饭店的功能已越来越多样化,旅游者所追求的休闲娱乐、特色餐饮,甚至购物需求,饭店都能一一满足,服务项目的完善带来利润的增加。因此,旅游饭店是创造旅游收入的重要部门。

4. 旅游饭店为社会提供直接和间接的就业机会

旅游饭店从修建到营业,能为社会提供大量的就业岗位,吸纳大量的劳动人口。旅游饭店业属于劳动密集型行业,需要大量的管理人员和服务人员。此外,旅游饭店的建设还带动了为其提供支持的建筑业、装潢业、轻工业、农副业、食品加工业、纺织业、公共事业单位等多个行业和部门的发展,为这些行业和部门提供大量的间接就业机会。据估算,根据我国旅游饭店业的人员配备现状,饭店每增加一间客房,就可以创造1.5—2个直接就业机会,2—5个间接就业机会。

(二)绿色饭店的概念

所谓绿色饭店,又称生态饭店,此概念诞生于20世纪80年代末期,是世界性环保浪潮在饭店行业的集中反映。"绿色"并非单纯指颜色,而是一种比喻,以指导饭店业在环保方面的正确发展方向。绿色饭店是可持续发展观运用于饭店业经营的表现,即能为社会提供安全、舒适、有利于人体健康的产品,并且在整个经营过程中,以一种对社会和环境负责任的态度,坚持合理地利用资源,保护生态环境的饭店。绿色饭店通过采取有效的保护措施,使自身的存在对人类的存在环境不会产生大的和不可恢复的影响,使饭店的内、外生态环境达到保护标准。我国绿色饭店国家标准指出绿色饭店是指在饭店建设和经营管理过程中,坚持以节约资源、保护环境为理念,以节能降耗和促进环境和谐为经营管理行动,为消费者创造更加安全、健康服务的饭店。[1]绿色饭店的经营和发展必须建立在生态环境的承受能力上,符合当地的经济发展状况和道德规范,即必须通过节能、节料、节水,合理利用自然资源,减缓资源的耗竭;同时减少废物和污染物的生成与排放,促使饭店产品的生产、消费过程与环境相容,降低饭店业对生态环境危害的风险。

(三)生态旅游业对旅游饭店经营管理的要求

1. 创建绿色企业文化

企业文化属于意识形态的范畴,是企业价值观的体现,又是一种非正式制度体系,是企业在长期经营过程中,由经营者创建的企业群体所共同认可的价值观念体系,涵盖企业宗旨、道德规范、规则制度及行为准则等。优秀的企业文化具有强大的导向作用、激励作用、约束作用和凝聚作用等,能有效地调动企业全体员工的工作积极性、主动性和创造性,从而使企业在激烈的市场竞争中始终立于不败之地,不断发展壮大。

绿色文化是促进社会可持续发展而创建的一种文化,其将人与自然和谐共生、人与人的和谐共处作为人类的永恒追求。绿色企业文化是以绿色文化为企业的经营指导思想,以发展绿色生产为基础,以开展绿色营销为保证,以满足员工和消费者的绿色需求为动力,以开展绿色经营为实现方式,从而实现员工、企业和社会和谐共处的可持续发展的企业文化,是企业生态化经营模式的核心和灵魂。

绿色企业文化旨在保护资源和环境、保障人类健康,要求饭店在经营过程中必须认真履行社会责任和义务,厉行节约、反对浪费,合理利用资源和保护资源,维护社会生态平衡。绿色企业文化为全体员工提供了一个共同的理念和工作氛围,让员工通过培训教育树立生态保护意识,为员工的日常服务工作提供了指导方针,促使其有效贯彻执行饭店的各项绿色经营措施。创建绿色企业文化不仅能给饭店业带来良好的社会效益和环境效益,通过节约降低经营成本,还可获得更好的经济效益。

---

[1] 中华人民共和国国家质量监督检验检疫总局:《中华人民共和国国家标准化管理委员会.绿色饭店国家标准(GB/T 21084-2007)》,中国标准出版社,2007。

### 2. 开展绿色营销

营销理念是企业文化的核心,也是创建企业的基础和关键。绿色营销是指企业在营销中要重视保护地球资源环境,防治污染以保护生态,充分利用并回收再生资源以造福后代。绿色营销理念是伴随着全球绿色消费而兴起的一种新型市场营销思维,旨在树立崇尚自然、保护环境和可持续发展的意识。具体表现为酒店以环境保护观念作为其经营的指导思想,以绿色消费为出发点,以绿色文化作为饭店文化核心,为满足消费者的绿色消费需求、实现饭店目标而开展的市场营销活动。绿色饭店所有经营管理活动都应围绕绿色营销这一主题,打造为旅游者提供的产品和服务符合充分利用资源、保护生态环境要求以及对人体无害的绿色形象。饭店开展绿色营销的主要任务包括实施清结生产,增加顾客、员工和社区居民的利益,培养顾客、员工和社区居民的生态保护意识,加强环境管理、杜绝污染等。

### 3. 采用清洁化生产

清洁化生产是指将整体预防性的环境保护策略持续地应用于生产过程和产品中,以减少或消除其对人类和环境可能造成的危害,同时充分满足人类需求,使社会经济效益最大化的一种生产模式。饭店的清洁化生产具体涵盖能源、生产过程和产品这三方面。首先,饭店应合理利用石油和煤等常规能源,采用节能技术和环保设备,提高能源利用效率;同时应结合地区优势,尽量利用可再生能源,如太阳能、风能、水能等自然能资源。其次,采用清洁化生产过程,要有完备的污水和废气处理设施设备,污染物和废气排放要达到国家标准;饭店的噪声符合环境噪声使用标准,饭店自备车辆应尽量使用无铅汽油,尾气排放达到国家标准;要求锅炉尽可能使用天然气和电力、太阳能等清洁燃料,减少污染物排放;洗衣房、客房清洁部门要使用无磷洗涤剂和清洁剂。最后,饭店应以不危害人体健康和生态环境为主导因素来考虑产品的制造过程,甚至要考虑其使用之后的回收利用,减少原材料和能源使用。比如加工产品尽量少用或不用珍稀原料,绝不用珍稀的濒危物种作为原材料制作菜肴。饭店给旅游者提供的生活用品应经久耐用,具有较长的使用寿命。

### 4. 开展绿色服务

第一,营造绿色环境。饭店选址应尽量避开生态脆弱地带,建造时主要通过绿地、假山、喷泉、人工湖、花草树木和装饰物等来构造饭店整体环境,建筑装修的选材用料要符合国家环保标准。可采用绿色植被、观赏花卉、人工瀑布、壁画、古玩仿品等来增加内部环境的绿色空间和文化品位。

第二,推出绿色客房。绿色客房是指讲求环保的客房,如设计建造时选用绿色环保的建筑材料,装修采用无污染的绿色装饰材料。客房里的物品应尽量包含各种绿色因素,如家具选用天然木材或竹藤制品,布草选用纯天然的棉织品或亚麻织品,香皂选用纯植物油脂皂,洗发水、沐浴露等尽量选择纯天然不刺激原料,还可以在房内摆放绿色盆栽,使客房有生机、有绿意。饭店应该把节能环保作为设施设备和物资的采购标准,选择能耗低、噪声小和有害物质少的物资。如可以采用节能环保型的中央能源管理控制系统,使用节能冰箱和节能空调等绿色家电,安装节能型声控或感应照明灯,使用可再生利用的产品,如用布制洗衣袋、纸质购物袋等取代传统的塑料袋。同时,逐步实现"不主动提供六小件(牙刷、梳子、浴擦、剃须刀、指甲锉、鞋擦)",以减少垃圾排放。

第三,提供绿色餐饮。餐饮食品是饭店产品的重要构成,必须符合绿色要求,即是无公害、无污染、安全、优质的可以绝对放心食用的食品,并在生产加工、运输储存、包装等环节都符合环境标准的要求,如尽量购买有机农产品,不选用国家保护类的珍稀动植物为食材开发所谓的特色餐饮。对餐饮产生的垃圾进行专门的分类处理。此外,绿色食品还应遵循人体最佳营养结构需求,让旅游者在"品绿色食品、饮天然饮料"中充分感受大自然的魅力。饭店提供绿色餐饮的有效办法是就近与当地农村社区合作,设立有机农产品生产基地,缩短供应链,有效地减少生产成本及环保成本。

第四,服务过程生态化,即实行绿色服务。饭店在服务过程中要对旅游者进行引导,倡导绿色消费,达到保护生态环境和人体健康的目的。如在客房服务过程中,可通过在客房内设置洗涤征询标识、一次性用品使用征询标识、床品更换征询标识、绿色消费宣传单等方式引导顾客杜绝浪费,绿色消费。在餐饮服务过程中,顾客点菜就餐时,服务员介绍和推荐菜肴不能只考虑推销产品,为饭店获得经济利益,还应考虑顾客利益,倡导"N-1"点菜模式,力争经济实惠、营养合理搭配、杜绝资源浪费。就餐结束后,若有剩余食物,用易回收、易处置或易消纳的环保餐具及时给顾客提供周到的打包服务。

第五,提倡厉行节约。绿色饭店应遵循4R原则,即减量原则、再使用原则、再循环原则和替代原则来指导资源的消耗利用。减量原则是指用较少的原料和能源投入,获得既定的经济效益和环境效益。饭店可以通过将所提供的产品体积小型化、重量轻型化、包装简朴化等途径,降低成本,减少垃圾。如饭店餐饮部科学合理设计菜单,调整菜品数量、分量,在菜单上标注菜品主料净含量,推行小份菜、半份菜。再使用原则是指在确保不降低饭店的设施和服务标准的前提下,尽可能把一次性使用变为多次反复使用或调剂使用,延长物品的使用期。如客房卫生间采用一次性非灌装式大瓶装洗护用品取代一次性小瓶洗护用品,将其安装在淋浴区墙壁上,游客每次只需挤压即可按需使用。改变传统的客房布件每日一换一洗的习惯,改为一客一洗,变一次性使用为多次反复使用,避免大量的洗涤剂污染水系统,减少消耗,降低成本。此外,饭店商务中心废弃的报表纸可以订成本子,作为客房交替班留言簿。再循环原则是指物品在使用以后将其回收,把它重新变成可利用的资源。如设置专门的回收容器,将垃圾分类收集,便于无害化处理;将洗衣袋由原来的一次性塑料袋改为布制洗衣袋,既能反复使用,又可减少白色污染,降低成本。替代原则是指为节约资源、减少污染,饭店使用无污染物品或可再生利用物品,作为某些物品的替代物。如用纸质餐盒、可降解餐盒替代泡沫餐盒、塑料餐盒;用有机农作物替代使用化肥和化学杀虫剂的农作物作为食品原料或布草原料。

**【阅读材料】**

## "六小件"撤出酒店客房

一直以来,酒店的一次性用品造成了巨大的浪费,有数据为证:2018年中国大约有44万家酒店,接待旅客约48亿人次,而住客中约70%的人只使用一次一次性香皂后便将之丢弃。酒店每年丢弃的香皂超过40万吨,如果按照每吨香皂2万元来计算,仅仅香皂这一个"小件"就造成了高达80亿元的浪费。作为能源消耗大户,节能减排、保护环境是酒店必须履行的责任,不主动提供一次性日用品可以有效帮助酒店从垃圾源头进行减量。

2019年7月1日起,上海市内酒店不再主动提供一次性替代消耗品"六小件"。

2019年9月1日起,广州市开始全面推进星级酒店减少一次性用品专项行动。根据《广州市星级酒店全面推进减少酒店行业一次性用品专项行动方案》要求,广州星级饭店不在客房内摆放"六小件"一次性用品(牙刷、梳子、剃须刀、鞋擦、浴擦、指甲锉),酒店餐厅不主动提供一次性餐具,倡导酒店新增可循环使用的旅行套装用品销售服务,引导消费者养成绿色生活和消费习惯。

2020年5月1日起,新版《北京市生活垃圾管理条例》规定,北京市的宾馆、酒店不再主动提供"六小件"一次性用品(牙刷、梳子、浴擦、剃须刀、指甲锉、鞋擦)。该条例还确定了相关处罚措施,即旅馆经营单位不按规定主动向消费者提供一次性用品的,将由城市管理综合执法部门责令立即改正,并处5000元以上1万元以下罚款;再次违反规定的,处1万元以上5万元以下罚款。

《天津市生活垃圾管理条例》(以下简称《条例》)于2020年12月1日起施行。为贯彻落实《条例》相关规定,实现生活垃圾"减量化、资源化、无害化"的管理目标,天津市文化和旅游局印发通知,开展全市旅游住宿业不主动提供客房一次性日用品工作。通知明确不主动提供客房一次性日用品目录,目录内容包括牙刷、梳子、浴擦、剃须刀、指甲锉、鞋擦。《条例》规定,旅游、住宿经营者不得主动向消费者提供客房一次性日用品。违反规定的,由文化和旅游部门责令改正;拒不改正的,处500元以上5000元以下罚款。

上海市旅游行业协会饭店业分会秘书长杨炎平在2019年12月接受《中国旅游报》记者采访时提供了这样一组数据:在接受上海市旅游行业协会饭店业分会调查的部分中高端酒店中,95%的酒店认为实施"不主动提供一次性日用品"这一项规定,在经过事先广泛宣传及充分解释的前提下,执行难度在可控范围,不如想象中那么大,而且确实有减量的效果。同比2018年,实施"不主动提供一次性日用品"的四个月来,规定不主动提供的一次性日用品的减量约在30%—50%,减量效果与酒店定位及接待客源层次有关。接受调查的酒店均表示,绝大多数的客人理解并愿意配合酒店实施这项规定,入住后不再向酒店索要一次性日用品的客人达到30%—60%。目前客人索要的一次性日用品的排序依次为牙刷、剃须刀、梳子、鞋擦、浴擦、指甲锉。样本统计显示,越是高端的商务酒店实施效果越好,但是一些亲子度假酒店,客人的索要量相对要大。而对于业内较为关注的"人工成本是否增加"的问题,调查显示,酒店人工成本虽有一定增加,但在事先做好告知工作的酒店,人工成本增加的并不是太多。例如一些酒店的前台在客人入住时就进行询问,在客人的要求下,提供所需用品或告诉客人取物密码,让客人去指定区域领取。另外,让机器人参与配合的酒店,人工成本的增加则更低一些。有95%受访酒店认为,今后有必要继续扩大延伸不主动提供的品种和内容。有53%的酒店表示,有必要将不主动提供改为收费提供。由此看来,这是一项"未完待续"的工程。"推进酒店业限制提供一次性用品的改革,是项既具有重要意义又有诸多困难的工作,需要以不断的创新思维来推进实施。"杨炎平如是说。

随着实施"酒店不主动提供'六小件'"的城市逐渐增多,这一趋势也在倒逼酒店一次性用品供应商向环保方向转型。根据相关数据统计,自从实施"酒店不主动提供'六小件'"后,上海酒店对这些一次性用品的采购量的确已有所下降。与以往相比,目前上海酒店的一次性牙刷的采购量减少了20%,一次性梳子的采购量减少了40%。

"虽然酒店不主动提供'六小件'短期内对生产厂家有一定的影响,但大家已经开始研发符合环保要求的产品。"一位酒店供应商向记者举例道,已有厂家开始推出可以整体回收再利用的环保拖鞋。"不主动提供'六小件'是为了提倡环保,直接提供使用环保材质制成的日用品或者可循环使用的产品,也能帮助酒店实现减少污染的目标。"

的确,也有消费者表示,目前各地酒店不主动提供的"六小件"的品种都比较统一,也确实是平时不太常用,或者差旅时方便携带的物品,但如果酒店要进一步限用如拖鞋等其他客用品的话,就可能给大家的出行带来一些不便。如果能有环保产品可替代,不失为一种好方法。

北京第二外国语学院旅游科学学院院长谷慧敏认为,酒店推行不主动提供"六小件"需要方方面面的创新,不仅酒店要创新服务流程、供应商要创新产品理念,消费者也需要养成新的消费习惯。而这些都需要一个过程,因此酒店在不主动提供"六小件"的实践中,社会应该给予一定的包容度,帮助酒店行业将这项规定彻底落地并不断延伸。①②③④⑤

**【阅读材料】**

"洗护用品换大瓶"行得通吗

随着上海、广州相继实行酒店限用"六小件",酒店行业近日刮起了新一轮"环保风"。继洲际酒店集团宣布旗下全球所有酒店洗护用品三年内将更换大瓶装之后,万豪国际集团也于近日宣布,要在全球旗下酒店中撤除一次性小包装洗护用品。

目前,万豪国际旗下已有20%以上的酒店在客房淋浴间不再使用一次性小瓶洗护用品。万豪方面表示,此项倡议在全球全面实施后,预计每年能避免约5亿小瓶,相当于约77.11万公斤的塑料垃圾,并将减少30%的便利塑料使用。

随着国际酒店集团相继提出此类倡议,也引发了一些网友的担忧:"酒店更换大瓶装洗护用品之后,是否存在卫生隐患?""如果有人在瓶里注入了不明液体怎么办?"

事实上,使用大瓶装洗护用品并非只在万豪和洲际两家酒店集团中出现,一些国内酒店集团也早已采用这一做法,并意识到大瓶装洗护用品使用的安全和卫生问题。

2013年,华住酒店集团旗下全季酒店就开始换装大瓶洗护用品,据了解,为了保证客人使用卫生,酒店方面采用了一款非灌装式大瓶装洗护用品。据酒店方面介绍,该产品安装在淋浴区墙壁上,为一次性非灌装式瓶装设计,客人每次使用,只需挤压即可;在更换时,也是服务员一次性整瓶更换,避免了其他

---

① 刘发为:《去除酒店六小件有多难》,《人民日报》2019年7月11日。
② 郑宏敏:《取消"六小件"广州星级酒店迈出第一步》,《中国旅游报》2019年9月12日。
③ 王玮:《不主动提供"六小件",上海执行得怎么样?》,《中国旅游报》2019年12月19日。
④ 王玮:《北京动真格,"六小件"撤出酒店客房》,《中国旅游新闻客户端》2020年4月28日。
⑤ 沈啸:《天津不主动提供客房"六小件"》,《中国旅游报》2020年12月8日。

客人往瓶里倒入其他液体。这种洗护用品已被多家国内酒店采用。

但有业内人士表示,虽然此做法在一定程度上能够防止客人向瓶中加入不明液体,但此前在个别酒店也发生过游客将整瓶洗护产品浪费或顺走的情况。因此有一部分业者认为,现阶段比较安全、卫生的做法仍然是采用小瓶装的洗护用品。

不过也有酒店经营者认为,恶意行为毕竟只是少数使用。此外,普通大号按压瓶的容量相当于10—12个一次性小瓶。小瓶通常不会回收,一般会被扔进酒店的垃圾桶,即便进入垃圾场也无法完全分解。而大瓶则可以像塑料汽水瓶一样被回收,起到了环保的作用。

任何市场都有一个从培育到适应的过程,"六小件"限用后,酒店可能会在环保方面采取更多的举措,具体哪些做法更为适合,还需要酒店行业继续探索。①

**【阅读材料】**

三亚启动"无废酒店"创建工程

推进"无废城市"建设,三亚酒店业在行动。2020年6月8日,创建"无废酒店"专题培训暨启动仪式在三亚举办。

据了解,2019年4月,生态环境部发布了全国首批11个"无废城市"建设试点城市名单,三亚市是海南省唯一入选城市。

"'无废城市'是指以新发展理念为引领,通过推动形成绿色发展方式和生活方式,持续推进固体废物源头减量和资源化利用,最大限度减少填埋量,将固体废物环境影响降至最低的城市发展模式。'无废酒店'是'无废城市'的细胞工程,三亚将紧紧围绕'绿色管理、塑造品牌、强力营销、争创效益'的工作指导方针,实行无废酒店程序化、规范化、表格化管理。"培训期间,专家为与会人员讲解了"无废城市"与"无废酒店"的含义、实施的重要性,以及三亚推行"无废酒店"的步骤。

三亚市生态环境局相关负责人表示,"无废城市"建设试点是国家赋予三

---

① 王玮:《"洗护用品换大瓶"行得通吗》,《中国旅游报》2019年9月12日。

亚的一项重要任务，是三亚高质量发展、绿色发展、可持续发展的全局性工作。"无废酒店"创建是"无废城市"建设试点的重要内容，希望参创单位争当"无废酒店"建设的宣传者、实践者、维护者，树立专业化旅游城市的良好形象，为"无废城市"建设、"筑梦美丽三亚"做出自己的贡献。

据了解，三亚"无废酒店"建设以三亚银泰阳光度假酒店、海棠湾阳光壹酒店、三亚国光豪生度假酒店三家酒店为试点，从减少能源消耗、营造绿色环境、严格执行禁塑、提供绿色消费、加强绿色培训、实施垃圾分类等多方面入手，总结试点经验和实施细则，并将其融入三亚市绿色饭店、绿色旅游饭店创建工作中。此外，三亚市要求现有的42家绿色饭店、绿色旅游饭店需限时达到"无废酒店"建设标准；在2020年底前，全市四星级以上酒店需依法提交固体废物产生和处理处置数据、固体废物减量计划，并在2020年底前，实现"无废酒店"人均生活垃圾日产生量不高于1.25公斤的要求。

三亚旅游酒店行业协会相关负责人介绍，三亚银泰阳光度假酒店已安装几百平方米太阳能设备，依靠太阳能就可以解决酒店热水供应。该酒店还通过将换热之后的蒸气蒸馏水引入二次加热空调系统，解决了蒸气蒸馏水浪费问题，不但实现了节能环保，每年还为酒店节省费用上万元。此外，酒店大量采用LED光源和节能灯，大大降低了能耗。房间电源开关使用智能化系统，不仅节约用电，而且更加人性化，方便客人操作。

三亚国光豪生度假酒店在客房管理中，将无废化理念以提示卡、面对面讲解的方式对客人进行宣传。在此基础上，一次性牙膏、洗涤用品的配置都本着杜绝浪费、爱护环境、绿色发展的原则进行了改革创新，使客房日用品的标准配置与宾客入住期形成合理配比，这项举措也得到了入住宾客的好评。

三亚市旅游和文化广电体育局相关负责人表示，"无废酒店"是打造"无废城市"的窗口和样板。三亚酒店业界要进一步认清"无废酒店"建设的重大意义，切实增强责任感和紧迫感，探索可复制、可推广的"三亚模式"，努力走在全国试点建设前列。下一步，三亚市将通过系列公益活动形成政府环保组织、企业以及公民的"环保合力"，让公众广泛参与到"无废城市"建设中来，使"无废"意识、理念、专业知识更加深入人心，营造良好的创建氛围，助力三亚"无废城市"建设试点和争创国家生态文明建设示范市。[①]

**三、低碳旅游交通业**

旅游交通是指旅游者通过某种交通手段或旅行方式，实现从一个地点到达另外一个地点的空间位移过程，其任务旨在解决旅游者在客源地与目的地之间的往返、从一个旅游目的地前往另一个旅游目的地，以及在目的地内的不同区域之间便利往来的问题。旅游交通是发展旅游业必不可少的要素之一，也是旅游业的重要组成部分，三大支柱产业之一。

(一)旅游交通的作用

1. 从需求上看，旅游交通是旅游者得以开展旅游活动的先决技术条件

对于外出旅游，旅游者首先要解决的问题是如何抵达旅游目的地。因为旅游者可用于外出的闲暇时间有限，如果旅途中所耗费的时间超过可以接受的限度，那么旅游者或者会改变对出游目的地的选择，或者直接取消外出的旅游计划。从这个意义上说，旅游者旅游活动的实现离不开交通运输这一技术条件。

2. 从供给上看，旅游交通是目的地旅游业的命脉

对于旅游目的地来说，旅游业的生存和发展有赖于充足的客源。只有在该地的可进入性程度足以让大批旅游者前来光顾的情况下，旅游业才有可能生存和发展。因此，旅游业是以旅游交通为基础和前提产生、发展并繁荣起来的。良好的交通运输条件能够促进旅游业的良性发展，否则将制约旅游业的正常发展。

3. 旅游交通作为旅游业的一个部门，本身也是旅游创收的重要来源

旅游者在外旅游期间，用于交通运输的消费属于必不可少的基本旅游消费，不能省也没办法省。因而旅游交通也是目的地旅游收入的稳定且重要的来源。据统计，在我国国内旅游的人均消费构成中，交通费用占比为28%—30%。欧美旅游者来华旅游，交通总费用往往占其旅游总开支的50%以上。

(二)生态旅游业对旅游交通经营管理的要求

生态旅游业对传统的旅游交通运输提出了更高要求，旅游交通设施应按

---

[①] 李青：《三亚启动"无废酒店"创建工程》，《中国旅游新闻客户端》2020年6月9日。

照生态原理规划、建设和管理,旅游交通工具应以低能耗、低排放为目标,整个交通体系与生态环境相协调。具体可从以下几方面着手:

1. 旅游交通工具的环保性

传统的交通工具对环境负面影响较大,如燃油机动车在使用过程中会排放大量含有一氧化碳、碳氢化合物、氮氧化合物、二氧化硫、含铅化合物、苯并芘及固体颗粒物的尾气,这些废气能引起光化学烟雾,危害人体健康。同时,机动车尾气中的二氧化碳、硫化物、氮氧化物和氟氯烃等使温室效应、臭氧层破坏和酸雨等大气环境问题变得更为严重。因此,要采取必要措施减少交通工具对景区环境的污染,一方面应限制传统燃油类机动交通工具直达生态景区,另一方面应积极采用低碳交通方式,如以天然气、电力、氢能源、太阳能等为主要动力的新型环保交通工具,减少尾气排放。

2. 旅游交通工具的自然性

在生态旅游区内,特别是生态较为脆弱的保护区域内应尽量采用自然类的旅游交通工具,提倡使用人力(自行车、滑竿等)、畜力(马、牛、骆驼、大象、毛驴等)、自然力(风能、水流、太阳能等)等交通工具或者徒步,既能贴近大自然,又能减少对环境的破坏。即便是必须使用符合环保要求的机动车辆,在形象上也应该与景区的自然文化环境相协调,避免造成视觉污染。在线路设计上要以不干扰珍稀物种的生存环境为基本原则。

3. 旅游交通工具的本土化

旅游交通特别是作为旅游项目的旅游交通适宜采用符合旅游目的地环境特点和文化特色的交通工具。本土化的交通工具不仅能更好地适应当地的地形地貌、气候条件等,也能很好地满足外来游客探新求异、体验当地特色文化的需求。如羊皮筏子,俗称排子,是黄河沿岸民间保留下来的一种古老的摆渡工具,也是一种古老的水上运输工具,迄今为止已有300多年的历史。筏子有大有小,由气鼓鼓的山羊皮"浑脱"组成,大筏子用上百只羊皮袋扎成,小皮筏用十余只羊皮袋扎成。早年主要用于运送瓜果蔬菜,渡送两岸行人等短途运输,现已成为黄河上旅游观光项目的一大亮点。

#### 四、生态旅游商品

在旅游业中,旅游商品是旅游食、宿、行、游、购、娱六要素中"购"的重要内容,旅游商品的消费是旅游总消费中重要的构成部分,旅游商品的发展也是旅游产业发展的关键要素之一。由于旅游商品的消费主要为弹性消费,即购物的支出是由旅游者自主决定,其弹性空间非常大,从某种意义上说,可以无上限。因此,在旅游业对目的地的经济贡献中,旅游购物有着不可估量的潜力。促进旅游商品消费可以成为目的地旅游经济新的增长点,也是增加目的地社区居民收入的重要手段。

(一)生态旅游商品的概念及类型

旅游商品也称旅游购物品,是指由旅游活动引起旅游者出于非商业目的而购买的以旅游纪念品为核心的有形商品。[1]也有学者指出,旅游商品是指旅游者在异地购买并在旅途中使用、消费或携带使用、送礼和收藏的物品,包括旅游日用品(饮料、食品和生活日用品等)、旅游纪念品和旅游工艺品,以及具有地方特色的土特产品等。生态旅游商品属于旅游商品的一种类型,具有旅游商品的一般属性,同时又是生态旅游的重要组成部分,受生态旅游开发和发展原则的规范与制约,具有自己的独特性。可以将其定义为生态旅游者在生态旅游过程中所购买的有形商品。这些商品也具有实用价值或具有纪念、收藏、欣赏、馈赠意义。生态旅游商品主要涵盖了旅游纪念品、旅游工艺品、旅游用品和旅游食品。

1. 旅游纪念品

旅游纪念品是指以旅游景区的自然景观和人文景观为题材,利用当地特有的原材料,能体现当地传统的工艺和风格,具有纪念意义并便于携带的旅游商品。这类商品的品种多、数量大、题材丰富、纪念性强,具有很强的艺术性、收藏性,能给旅游者带来美好的回忆。如印有景区标识的文化衫、西安的兵马俑复制品等。

---

[1] 苗学玲:《旅游商品概念性定义与旅游纪念品的地方特色》,《旅游学刊》2004年第1期,第27—31页。

2. 旅游工艺品

旅游工艺品是指用当地特色材料制作的,具有独特工艺、制作精美、设计新颖的艺术品。它是传统文化艺术宝藏的重要组成部分,通常历史悠久、技艺精良、久负盛名。如木雕、玉雕和泥塑等雕塑工艺品,金属摆件、工艺刀剑、锡器铜器等金属工艺品,金银首饰、玉器等饰品,蜀绣、苗绣等刺绣工艺品,羊毛毯、丝毯、天鹅绒毯等地毯工艺品,竹、藤、柳、草、麻等植物纤维编织品,唐卡、国画、油画等绘画工艺品。

3. 旅游用品

旅游用品是指旅游者在旅游活动中购买的生活日用品,包括洗漱用品、旅行箱包、旅游鞋帽、地图和旅行指南、防寒防暑用品和日常急救用品等。

4. 旅游食品

旅游食品是指旅游者在旅游活动中品尝的各色风味正餐或小吃,以及具有地方特色的名酒、名茶或农副产品等。如重庆火锅、陕西裤带面、贵州酸汤鱼、云南过桥米线、武夷山大红袍等。

(二)生态旅游商品的特点

1. 民族性和地域性

生态旅游商品用当地的原材料和传统的工艺流程进行制作和生产,能反映出深厚的民族文化和地方文化。通过生态旅游商品的设计,可将不同民族、不同地域的消费方式、审美标准、群体爱好和人际关系等显现出来。以生态旅游商品体现各地的民族风情和地方特色,具有很强的吸引力。民族风格和地方特色越突出的生态旅游商品,越能引起旅游者长久的回忆,越具有纪念意义,也越受生态旅游者的欢迎。

2. 艺术性、纪念性和实用性的统一

生态旅游商品应该将文化、艺术、知识和生活融为一体。其中艺术性是以旅游商品的玩味性为标准。还要具有纪念性,生态旅游者一般都想从旅游目的地购买一些富有纪念意义的旅游商品,并愿意为之慷慨解囊。实用性即要把具有实用价值的日常商品赋予纪念性的文化内涵,使之能够满足生态旅游者的各种需求。

### 3. 多样性和便携性

生态旅游者对生态旅游商品的需求数量不多,但要求品种繁多,以便让他们有选择的余地,还讲究体积小、重量轻、包装牢固、轻便、便于携带。

### 4. 生态环保性

传统旅游商品以提高目的地旅游收入为主要发展动力,以经济效益为导向,而生态旅游商品受生态旅游发展原则的规范和制约,应考虑经济效益、社会效益和生态效益三者的协调发展。生态旅游商品不论是在设计、原材料选用、加工制作还是在包装上都要符合环保要求,无污染无公害。

## (三)生态旅游商品的开发原则

### 1. 生态原则

生态旅游商品的开发应以保护生态旅游目的地自然旅游资源及人文旅游资源为前提,并能体现当地原汁原味的自然资源特征及历史文化特色。

### 2. 可持续发展原则

生态旅游商品的开发要兼顾经济效益、社会效益和环境效益三者的协调发展。

### 3. 环境教育原则

通过生态旅游商品的生产和销售将环境保护知识融入其中并发挥环境教育功能。

### 4. 社区居民参与原则

生态旅游商品的开发要充分利用当地人力资源,为当地居民参与其中创造便利条件。

### 5. 突出文化内涵原则

生态旅游商品要体现民族风格与地域特征,如果旅游商品在满足一定物质功能条件下还具有突出的民族文化特点,符合旅游者的审美需求就会受到旅游者的青睐。只有民族的旅游资源,才是世界的旅游吸引物。

### 6. 市场导向原则

进行市场调研,了解不同生态旅游者对生态旅游商品的需求情况,积极开发能满足旅游者需求的商品。

7. 质量原则

生态旅游商品开发要注重品质,忌粗制滥造、以次充好、以假乱真,树立品牌意识,打造名牌精品。

8. 创新性原则

需要不断开发新的生态旅游商品以刺激旅游者产生新的购物需求。

(四)生态旅游商品的开发策略

1. 区分生态旅游商品原材料的类型

开发生态旅游商品主要是以当地的自然资源作为原材料,在开发时应先区分并筛选。尽量选用再生能力较强的资源作为生态旅游商品开发的原材料,对于再生能力较弱的资源,要特别注意对其的开发规模和用料的控制;对于缺乏再生能力的资源只能加以保护,禁止将其作为生态旅游商品的原材料。同时,在开发和利用可再生性资源的同时也要注重对资源的培育,做到边利用边培育。比如苏杭的刺绣工艺品,其原材料可通过扩大桑蚕的人工养殖而获得,基本不会影响当地的生态环境,因此可以大规模生产。又如香格里拉的生物多样性会给生态旅游者留下深刻的印象,再加上因当地气候垂直分布而形成的类别迥异的植被、独特的民族文化和神秘的宗教文化等因素,旅游者希望能带走用当地特产的优质木材制作成的具有浓厚民族文化特色与宗教文化特色的旅游商品,生态旅游商品开发时可用云杉、冷杉、小黄杨木、杜鹃花根等制成木雕、木碗等。由于高原植物的生长速度较慢,其再生能力较弱,作为旅游商品制作的原材料受到一定限制,为了减少对珍贵木材的使用量,可以在使用上进行量的控制,变体积大、用料大的木雕为体积小的精致挂件,造型可取材于藏族文化和藏传佛教中的菩萨、金刚及护法神等宗教人物;木碗也由大变小,缩小其体积,减少其用料,这样既满足了对珍贵自然资源的保护,维持其原汁原味的特色,同时也便于游客携带、赠送和留念。此外,为了满足生态旅游者的求知需求,还可以选取少量的不同材料制作成香格里拉物种标本,标上相应的科、属、种、产地等,这样的生态旅游商品,既能实现纪念、收藏、科普、赠送、生态教育等多重功能,满足生态旅游者的求知需要,又能对生态环境起到应有的保护作用。

### 2. 挖掘生态旅游文化内涵,创新生态旅游商品

现代旅游的本质属性是社会文化性,文化动机是最基本、最广泛的旅游动机之一,深度挖掘生态旅游文化内涵是使生态旅游商品具有区域性、纪念性的根本手段。一方面,可以利用生态旅游文化拓展生态旅游商品的反映内容。一定地域范围内的语言文字、社会心理、传统道德、生活方式、哲学思维模式,以及社会生产力水平等各种精神与物质综合作用的结果及其表现等都是文化的构成要素。生态旅游目的地的文学、节庆、风俗、艺术、建筑等都可以成为旅游商品的反映内容。比如将生态旅游景区的美丽景点、独特植物、别致建筑微缩成生态旅游商品。另一方面,可以利用生态旅游文化创新生态旅游商品的反映形式。"回归自然、返璞归真"是生态旅游文化的根本特征。因此,生态旅游商品的反映形式(材料、颜色、外形)也应突出原汁原味,力求达到原生态的境界。在材料的选用上,可将平常人眼中的废弃物经过挖掘文化内涵制成精美的生态旅游商品。如在我国台湾深受欢迎的生态旅游商品"年轮座",就是利用间伐的木材在其横截面上刻上生态旅游目的地的标志性景物,配上"生态旅游留念"等字样,再附上精美的支架制成的。

### 3. 充分利用生态旅游区的环境优势,大力发展生态农业旅游产品

生态旅游商品的发展同当地生态农业的发展密切相关。一方面生态农业为生态旅游商品的开发提供了大量的原材料,另一方面生态旅游商品的开发通过对农产品的购买也带动和促进了生态旅游地农业的发展。因此,对于一个生态旅游区来说,要开发生态旅游商品应充分利用当地生态农业的环境优势。生态旅游目的地可根据自身的环境基础和资源条件,创建花卉园、竹园、经济作物品种园、果树品种园、乡土植物园、中草药园等生态农业,以发展生态旅游业,同时利用这些资源开发安全、优质、营养的生态旅游食品和其他生态旅游商品。让旅游者在生态旅游中不仅可以接触大自然、领略自然风光、体验乡土气息,而且还能品尝当地的传统风味,购买土特产和手工艺产品。如广东肇庆鼎湖山就利用该生态旅游区内的楠叶木姜,制成了受游客喜爱的生态旅游食品"肇庆姜糖"。

### 4. 运用现代先进的科学技术开发生态旅游商品

先进的科学技术对新型生态旅游商品的开发具有重要意义。比如,利用先

进的拍摄仪器对自然保护区的珍稀野生动物或禽鸟活动进行记录，编制成图文并茂的画册或制作成声像并茂的多媒体影像资料等，向生态旅游者展示野生动物、禽鸟的生活场面。这样既丰富了生态旅游商品的种类，又增长了生态旅游者的知识，还发挥了生态旅游商品的环境教育功能。又如，北京百卉农科技开发部利用无土栽培技术，将植物栽培技术与工艺美术相结合开发的生态旅游商品——植物娃娃就是一个成功的例子。这些娃娃外形各异，吸足水后让它始终保持湿润，经过7—12天，娃娃头上就会长出头发(草)。当头发长至3厘米以上，即可按照旅游者的愿望将其修剪成喜欢的造型。

5. 创新生态旅游商品的生产方式和销售方式

传统旅游商品的生产多以大规模批量生产为主，生产过程遵循标准化原则，使得旅游商品在结构、样式上几乎没有差别，不能充分满足旅游者对旅游商品个性化的需求。在销售方式上，传统旅游商品常采用展览式的销售方法，即将旅游商品集中摆放，通过展示商品的外在特点吸引旅游者购买，在销售过程中还可能以给导游回扣的方式诱导旅游者购买。生态旅游商品有别于传统旅游商品，因此不能全盘照抄传统旅游商品的生产和销售模式，必须进行创新。具体做法有：

第一，将生态旅游商品的生产活动融入生态旅游活动中。部分生态旅游商品是反映目的地资源特色和文化特色的手工艺品，其生产过程对旅游者来说也是非常有吸引力的，可以作为生态旅游活动项目组织旅游者参与其中。参观生态旅游商品的生产过程不仅能使旅游者更好地了解商品的文化内涵，而且能增加其购物的乐趣，以促进商品销售。

第二，生态旅游者参与生态旅游商品生产。允许旅游者在当地居民的指导下参与生态旅游商品的生产。旅游者可以按照自己的要求制作独一无二的旅游商品，大大地增强了生态旅游商品的纪念意义和馈赠价值，激发其浓厚的参与兴趣和制作乐趣。

第三，生态旅游商品的生产过程和销售过程相结合。在生态旅游者参观生产或参与生产的过程中开展生态旅游商品的宣传和销售活动，提高旅游者的购物积极性，变被动销售为主动销售。

### 五、生态旅游康养产业

生态旅游康养产业是指生态旅游企业为生态旅游者进行健身锻炼和开展文化娱乐活动而提供的各种设施和服务，是生态旅游业的构成体系。康养产业随着旅游业的发展而产生，其发展离不开旅游业市场的支持。同时，康养产业作为旅游娱乐生活的重要组成部分，康养也成为很多旅游者的主要出游动机，如体育爱好者的健身疗养旅游。

(一)生态旅游康养产业的意义

1. 满足生态旅游者的旅游需求

生态旅游者的旅游需求表现为亲近大自然、了解大自然、保护大自然，探新求异、娱乐健身、放松身心等，要满足这些需求仅凭传统观光旅游走马观花似的欣赏方式远远不够，还要以大自然为舞台背景，开展丰富多彩的生态旅游娱乐活动，比如参与当地有民族特色的歌舞晚会(如藏族锅庄舞)和节庆活动(如傣族泼水节)，进行滑雪、攀岩、登山、漂流、垂钓、采摘、潜水、骑行等户外活动。生态旅游康养产业很好地满足了生态旅游者的旅游需求。

2. 调整旅游客源结构

旅游活动有明显的季节性和地理集中性，使得旅游业在时间上有淡旺季之分，在地域上有热点和冷门之分，生态旅游业亦是如此。通过康养活动的适当安排可以有效调节生态旅游者在某一目的地的停留时间，从全局上起到均衡客流的作用。通过在旺季加速客流，在淡季吸引客源，还能减少季节性对生态旅游业的不利影响。

3. 增加目的地旅游收入

生态旅游者参与生态旅游康养活动需要产生相关的消费，如购买或租用专用设备等，直接增加了目的地的旅游收入；康养活动延长了在目的地的停留时间，间接增加了目的地的旅游收入。

(二)生态旅游康养产业的构成

1. 根据康养活动场所看

生态旅游康养根据其活动内容看，包括康体休闲，如球类运动、健身器材健身、游泳、各类户外运动等；保健休闲，如泡温泉、洗浴桑拿、按摩保健、护肤美容等;娱乐休闲,如歌舞类、表演类、游戏类、知识类娱乐、视听阅览类等("凡为生态旅游者上述活动所提供的各类设施和服务,都属于生态旅游康养产业的构成。")。

2. 根据康养活动场所看

生态旅游康养根据其活动场所看,包括旅游饭店的康养设施,如旅游饭店和旅游度假村配备的游泳池、网球场、高尔夫球场、冲浪池、健身房、桑拿足浴室、保龄球馆、歌舞厅、台球室、壁球馆等;游乐园的康养设施,如秋千、滑梯、转盘等,以及攀岩、真人 CS、拓展训练等游乐项目;专项旅游的康养设施,如森林野营、山地攀登、湖边垂钓、海底潜水、沙漠徒步穿越等设施和服务。

(三)生态旅游康养产业的发展对策

1. 遵循可持续发展原则,兼顾经济效益、社会效益和环境效益

生态旅游康养产品的开发除了刺激旅游者消费,增加旅游收入,还应响应全民健康娱乐活动的政府号召,满足生态旅游者身心健康的需求,并不以牺牲环境利益为代价。如攀岩活动的开展应考虑山体构造,保护类地质结构不宜进行,可修建人工岩壁替代。

2. 整合各类资源,不断丰富康养项目

整合生态旅游目的地的各类设施和资源,进行互补,将饭店康养设施与当地康养企业相结合,将传统康养项目与创新康养项目相结合,将室内康养项目与户外康养项目相结合。

3. 突出康养项目经营特色

康养项目的设立应考虑将生态旅游目的地的民族特色和传统文化特色与现代康养活动相结合,以特色来吸引旅游者。此外,要体现经营特色还可以在产品上标新立异,不断创新康养产品。国内外的实践经验告诉我们,康养经营的生命力在于不断的自我更新。

4. 提高康养项目服务质量

一方面,要提高康养服务的硬件质量,也就是康养设施设备质量,这是旅游者享用康养产品的前提和保证,包括康养设施的先进程度、舒适程度、方便程度、安全程度和完好程度。康养设施性能要达到康养企业经营服务的要求并符合国家的安全卫生标准,应考虑到防止事故发生的各种装置及应急服务,如

自动报警、自动断电、自动停止等。康养设施还应注意游客使用时的适用性和易操作性,外观与生态环境相协调。

另一方面,要提高康养服务软件质量,也就是康养从业人员的劳务质量,包括其形象和素质、管理水平、服务态度和服务技能等。首先,康养经营管理人员应具备系统的康养管理知识和专业知识,能够设计出最优的具有可操作性的服务流程和作业方法,量化的服务标准使得康养服务质量具有可衡量性;还要建立严格的服务质量管理制度,以便及时监督、检查、衡量、评估服务质量,对不符合质量要求的服务行为制定改进措施。其次,康养服务人员要做到服务态度最优化、服务技能专业化、服务效率高效化、服务方式灵活化、服务细节人性化。因为现在大部分康养项目的操作和服务都具有较强的专业性,需配备能为旅游者提供指导性服务的专业人员,对于某些项目还可以开办培训班向旅游者提供技术上的服务,这些都是优质服务的体现。

5. 挖掘康养产品的文化内涵

康养产品与文化的融合是康养业发展的必然趋势,也是一种更高层次的竞争手段。经营者应注重体现康养项目的文化品位和文化内涵,突出康养产品的知识化特点,充分体现其文化价值,避开低级趣味,使其向高品位发展。

# 第六章　生态旅游环境

## 第一节　生态旅游环境概述

### 一、生态旅游环境的概念

关于生态旅游环境的研究始于20世纪60年代，内容主要集中在环境影响、环境容量与保护等方面。学术界对于生态旅游环境概念的认识并未十分明确，目前还没有一个可以被广泛认可的统一界定。杨桂华等指出生态旅游环境是以生态旅游活动为中心的环境，是指生态旅游活动得以生存、进行和发展的一切外部条件的总和。[①] 对生态旅游环境的研究是建立在对传统大众旅游环境研究的基础之上的，相比较之下，生态旅游与环境之间的关系应该更为密切，因为生态旅游环境不仅是生态旅游者开展旅游活动的基础，也是生态旅游资源所依附的基础，还是生态旅游业能得以蓬勃发展的根基，其自身也具有生态旅游资源价值。可以说，生态旅游环境是生态旅游发展的生命源泉。没有高质量的生态旅游环境，生态旅游的发展也无从谈起。

### 二、生态旅游环境的内涵

生态旅游环境既是旅游环境的组成部分，又与传统大众旅游环境有所区别。其内涵包括以下几方面：

第一，生态旅游环境是传统大众旅游环境中符合环境学和生态学的基本原理、方法和手段要求而运行的那一部分，其目的是建立良好的旅游生态和景

---

[①] 杨桂华、钟林生、明庆忠：《生态旅游（第3版）》，高等教育出版社，2017，第218页。

观生态。

第二,生态旅游环境以追求整个生态系统的良性运行为目标,与生态旅游资源开发相协调、相适应,保证自然环境的繁衍生息,保证人文环境的延续,是一种符合可持续发展要求的、对人类子孙后代负责任的旅游环境。

第三,生态旅游环境具有一定限度的旅游容量,所有生态旅游活动的开展都必须在该旅游容量的限定范围内,使生态旅游资源在被开发利用的同时得以休养生息,从而有效地保护目的地的生态系统,实现资源开发、经济发展、环境保护三者的协调发展。

第四,生态旅游环境的范畴既包括自然生态旅游环境,也包括人文生态旅游环境,还尤为关注"天人合一"的旅游环境;既注重环境本身,也注重环境所包含的文化因素。

第五,生态旅游环境是运用生态美学的原理与方法建立而成的旅游环境。生态旅游是人类追求自然生态美和人文生态美的高级审美活动。生态旅游环境则是培育生态美的场所,是供生态旅游者欣赏生态美、享受生态美、体验生态美的场所。

第六,生态旅游环境是一种考虑生态旅游者心理感知的旅游环境。生态旅游者的旅游动机主要是回归大自然,特别是前往那些受人类活动干扰较小的原始自然区域参观体验、获取知识、了解自然与文化等。因此,生态旅游环境建立要以生态旅游者回归大自然、了解大自然和享受大自然的动机为取向,建设能让生态旅游者感知自然的旅游环境。

### 三、生态旅游环境的构成

生态旅游环境由自然生态旅游环境、社会生态旅游环境、生态经济旅游环境和生态旅游气氛环境等四部分构成。

(一)自然生态旅游环境

自然生态旅游环境是指由自然要素如地质地貌、山体水体、气候、动植物等因素组成的自然环境,即狭义的生态旅游环境。它又包括天然生态旅游环境、生态旅游空间环境和自然资源环境三部分。

1. 天然生态旅游环境

天然生态旅游环境是指由自然界的力量作用所形成的、受人类活动干扰较少的生态旅游环境。包括自然保护区、野生动植物园、森林公园、风景名胜区等,其中以自然保护区为主体。根据天然生态旅游环境的主体之不同,又可进一步划分为森林生态旅游环境、草原生态旅游环境、荒漠生态旅游环境、内陆湿地水域生态旅游环境、海洋生态旅游环境、自然遗迹生态旅游环境等。

2. 生态旅游空间环境

生态旅游空间环境是指能开展生态旅游的景区、旅游地、旅游区域的自然空间范围。它是生态旅游资源的存贮地,也是生态旅游者的活动地。

3. 自然资源环境

自然资源环境是指自然资源如水资源、土地资源和自然能源等自然资源对生态旅游业生存和发展产生影响的环境。其作用表现为对生态旅游业生存和发展的支持或限制,还影响着生态旅游环境容量。

(二)社会生态旅游环境

社会生态旅游环境是指政府或有关组织及政治局势对生态旅游的支持程度,以及人们在人与自然和谐发展思想指导下的文化环境氛围。社会生态旅游环境包括生态旅游政治环境和"天人合一"文化旅游环境。

1. 生态旅游政治环境

生态旅游政治环境是指政府或相关组织在区域旅游政策、生态旅游管理技能和政治局势等方面支持或限制生态旅游发展的环境。区域旅游政策环境一方面能影响生态旅游业产业结构的资源配置,另一方面对生态旅游业发展发挥着宏观调控作用。生态旅游管理技能的高低直接影响生态旅游目的地能接待生态旅游者的数量和生态旅游活动的强度,即影响到生态旅游环境容量的大小。生态旅游管理技能水平高,意味着目的地能接纳的生态旅游者数量大,能承受的生态旅游活动量大,反之亦然。此外,政治局势安定与否、社会治安状况如何,直接关乎生态旅游者的人身安全,影响生态旅游业的发展乃至生存。

2. "天人合一"文化旅游环境

"天人合一"文化旅游环境是指在充分认识人与自然共生关系的基础上,将人与自然的和谐发展作为指导思想,贯穿生态旅游开发全过程所形成的旅游环境。"天人合一"的观点在我国古代哲学思想中,尤其在以道教为代表的宗教文化中早有体现。古人与自然共同创造了灿烂的"天人合一"的文化环境,许多历史名胜古迹,尤其是一些宗教名山就是其中的典范。如世界文化遗产武当山古建筑群,巧妙地根据周围环境选择建筑位置,讲究山形水脉,聚气藏风,达到了建筑与自然的高度和谐,创造出人与自然和谐共生的"天人合一"环境。

(三)生态经济旅游环境

生态经济旅游环境包括外部生态经济旅游环境和内部生态经济旅游环境。

1. 外部生态经济旅游环境

外部生态经济旅游环境是指满足生态旅游者开展生态旅游活动的一切经济条件,包括旅游基础设施条件、旅游上层设施条件、旅游投资能力和接纳旅游投资能力的大小等,是决定生态旅游活动物质基础条件的关键之一。旅游基础设施是指主要供当地居民使用,但也必须向外来旅游者提供或旅游者也难免会依赖和使用的那些社会服务设施。它包括一般的公用事业设施,如交通条件,供水、供电系统,通信系统,排污系统等;还包括现代社会生活所必需的基本设施或条件,如医院、银行、商店、治安管理机构等。旅游上层设施是指那些虽然也可供当地居民使用,但主要是供外来旅游者使用的旅游服务设施,如旅行社、旅游饭店、游客问询中心、旅游纪念品商店、旅游娱乐设施等。在旅游基础设施和旅游上层设施建设过程中,甚至是在旅游目的地区域经济发展中,是否遵循了生态经济学的基本原理,是否考虑了经济、资源和环境的协调发展,将直接影响生态旅游业的可持续发展。

2. 内部生态经济旅游环境

内部生态经济旅游环境是指旅游产业内部的管理制度、秩序、政策和相关人员等对生态旅游的认识和支持程度。同其他旅游形式一样,生态旅游也需要有效的旅游市场主体、规范的市场运行机制、良好的市场秩序和公平的市场竞争环境等。良好的内部生态经济旅游环境有利于旅游产业各部门的良性运行,有效地克服市场混乱和管理混乱等弊端。此外,生态旅游还需要旅游产业内部对其有较充分的认识和理解,予以较多的支持,以实现旅游业的可持续发展。

### (四)生态旅游气氛环境

生态旅游气氛环境是指由历史和现代旅游所形成的反映地方生态或民族生态、旅游开发区域、社会以及旅游者的生态旅游意识等环境。它对生态旅游开发和发展结构影响也很大。

1. 区域生态旅游气氛环境

区域生态旅游气氛环境是指在良好的生态环境基础上,由历史和当代开发所形成的,能反映该地区历史生态、地方生态或民族生态气息的环境。区域生态旅游气氛环境是在该区域长期的各种生态气氛交替、社会发展及社会与自然共生背景条件下形成的,往往是该区域历史的、地方的、民族的特色等方面的体现,因此独具特色,对旅游者极具吸引力,通常也是该区域旅游灵魂和生命力的表现。

2. 社会生态旅游气氛环境

社会生态旅游气氛环境是指生态旅游目的地社区居民对于生态旅游的观点、看法和行为等所形成的一种环境。社区居民对当地发展生态旅游是否支持,也是该地生态旅游发展能否成功的关键性因素之一。

3. 旅游者生态旅游气氛环境

旅游者生态旅游气氛环境是指生态旅游者的素质修养和在开展旅游活动时的行为等所反映出来的旅游气氛环境。生态旅游者应该具备较高素质和文明行为,这需要进行相关的培养,通过广泛的宣传教育,规范并引导生态旅游者的行为,以提高生态旅游者的生态意识,增加其环境保护知识。

## 第二节 生态旅游环境容量

### 一、生态旅游环境容量的研究进展

#### (一)旅游环境容量研究

环境容量的概念最早是由比利时生物学家、数学家福雷斯特提出的。他指出生物种群在环境中可以利用的食物量有一个最大限额,动植物的增加相应也有一个最大值,在生态学中这个极限数值被定义为"环境容量"。关于旅游环境容量的研究始于20世纪60年代,当时旅游呈现出大众化的发展趋势,越来越多的旅游者集中涌向旅游目的地,造成景区拥堵、生态环境破坏。同时,旅游者对景区的满意度日趋下降。在这样的背景下,拉贝奇于1963年首次提出这一概念,认为在一定时间内某一旅游地接待的旅游者数量应该有一定的限度,以保证旅游环境质量水平,并让绝大多数旅游者满意。虽然他提出了概念,却并未做深入研究,此概念也并未引起社会广泛关注。1970年,生态学家斯特里拉曾发出警告:旅游活动要维持旅游地的质量,要尽量避免破坏旅游舒适的气氛以及避免伤害野生动植物。但到目前为止,有关旅游地资源生态的、物质的、经济的以及感知的容量几乎没有研究,实在令人感到惊异。[1] 此后,旅游环境容量相关研究逐渐增多,世界旅游组织在1978—1979年度的工作报告中正式提出旅游环境容量概念,在1980—1981年探讨了"旅游地饱和"的问题,在1982—1983年又开展了"度假饱和及超过承载容量的风险"研究。旅游环境容量开始进入国际研究领域。20世纪60—80年代,是国外旅游环境容量研究比较集中的时期。早期的旅游环境容量研究主要关注自然环境容量,核心是如何确定合理的容量以保证旅游目的地的可持续发展。从20世纪70年代后期开始,随着研究学者对旅游目的地的经济、文化、社会、政治等因素的关注,旅游环境容量的研究重心逐渐从自然环境容量向社会心理容量转移。到20世纪80年代后,旅游环境容量的研究更加细化,旅游社会容量受到学者们的广泛关注。随着相关研究的不断深入,旅游环境容量诸如"能接受的限度"和"可调控性"等一系列的本质特征逐渐被学者们所认可,各种旅游环境容量管理方法开始出现。

在国内,旅游环境容量又称旅游环境承载力,相关的研究起步较晚,直到20世纪80年代,随着国内旅游的发展,人们逐渐意识到旅游业的快速发展对旅游目的地环境的负面影响,关于旅游环境容量的研究不断增多。旅游环境容量通常被理解为在不至于产生较大负面影响的前提下,在一定的时空条件下,

---

[1] 熊鹰:《生态旅游承载力研究进展及其展望》,《经济地理》2013年第5期,第174—181页。

旅游地所能接待的最大旅游者数量。确定旅游环境容量已经成为旅游规划的核心内容，相关研究也越来越多。1983年，赵红红对苏州的旅游环境容量问题进行了分析研究，这是国内最早的旅游环境容量研究。金健与刘振礼分别就旅游环境容量的概念以及旅游环境容量的测算进行了探讨。崔凤军分析了旅游环境承载力的内涵和构成体系，并在充分考虑旅游目的地经济、文化、社会等因素的基础上，提出了旅游承载力指数，还对旅游环境容量进行了分类研究。保继刚对颐和园旅游环境容量进行了评价，并从宏观和微观层面提出了调整建议。张健、肖云、徐晓音等提出了旅游风景区环境容量的测算方法。冯大千、骆培聪、陈文豪、汤孟平等采用线路测算法分别测算了多个风景区的旅游环境容量。李丰生和韩学伟则分别探讨了水体类风景区旅游环境容量的测算。杨锐从旅游者对旅游环境改变的可接受程度这一角度来阐释旅游环境容量的内涵。张骁鸣分析了旅游环境容量理论在景区管理中的应用。刘玲阐述了旅游环境承载力的概念及其指标体系，并采用多目标分析方法对黄山景区进行了旅游环境承载力的综合评估。孙玉军等则探讨五指山生态旅游景区的服务环境容量和生态环境容量，并评价了该景区的生态旅游环境容量。吴晋峰就旅游目的地的生态管理容量展开了探讨。文传浩等进行了自然保护区的生态旅游环境承载力研究。戴学军等讨论了可持续旅游目标下景区环境容量的测算问题。周年兴以武陵源黄石寨景区为例，采用旅游心理容量满意度模型对该景区的旅游心理容量进行了评估。

（二）生态旅游环境容量研究

目前国内对生态旅游环境容量的研究仍处于摸索阶段，孙道玮、杨琪、董巍、李丰生、曲小溪等从不同角度对生态旅游环境容量的概念进行分析，并指出由于涉及范围广，使得生态旅游环境承载力不易量化。在实证研究上，孙道玮等对吉林净月潭国家森林公园进行了生态旅游环境承载力的评估分析；杨琪探讨了生态旅游区的环境承载量评价体系及相关调控；董巍等分析了浙江金华市的生态旅游环境承载力的评价及功能分区；李丰生等对河流风景区的生态旅游环境承载力开展了研究；尹贻梅等研究了生态旅游环境监测系统的构建和运行等。程火生等采用旅游生态足迹理论模型定量分析了吉林长白山地区的生态旅游环境承载力，并据此判断该地区生态旅游环境的可持续发展状态;赵路等提出了生态旅游环境承载力的指标体系和评价模型,并分析了中南百草原景区的生态旅游环境承载力;张敏等以西藏的世界柏树王园林景区和色季拉山国家森林公园为例,从生态旅游环境容量的四个组成分量角度对该景区的生态旅游环境容量进行了评价,并据此分析了影响该景区的限制因子;李文彬等以湖南黄家湖景区为例,分析了山水类风景区的生态旅游环境承载力构成体系,并评价了该景区的生态旅游环境承载力;李睿等从旅游空间容量、生态容量、设施容量、管理容量和心理容量五个要素出发,对杭州西溪国家湿地公园的旅游环境容量进行了测算;张完英等在分析生态旅游环境承载力的概念、内涵和特征等内容的基础上,对福建武夷山自然保护区生态旅游环境承载力进行评价;赵志友等提出了生态旅游环境承载力的计算模型与计算过程,并运用该模型对四川九寨沟景区的生态旅游环境承载力展开评估;郑国全等测评了浙江下渚湖国家湿地公园的生态旅游环境容量;宋珂等评估了山西长治湿地公园的旅游生态容量和旅游空间容量两个方面;彭蝶飞等测算了南岳衡山的生态旅游环境容量,并提出生态旅游环境承载力调控的对策;刘美娥等以福建泰宁景区为例,构建了水体生态旅游景区的生态旅游环境承载力PSR评价模型,并开展了生态旅游环境承载力预警系统研究;赵雷刚等分析了陕西佛坪国家级自然保护区的生态旅游环境容量;孙金梅等提出了包括经济和社会承载力等五个子系统在内的生态旅游环境承载力指标体系及评价模型,并以福建武夷山自然保护区为例,开展生态旅游环境承载力的实证研究。

### 二、生态旅游环境容量的定义及内涵

和生态旅游概念一样,生态旅游环境容量概念的界定,不同的研究学者从不同的研究角度给出了存在一定差异性的定义,孙道玮、杨琪、董巍、李丰生、曲小溪等学者从多角度对定义展开论述,究其核心思想,大体是相同的。生态旅游环境容量也称生态旅游承载力,是指在一定的时期内生态旅游者的旅游活动以不干扰旅游目的地的生态环境为前提,既能满足其自身旅游活动的需求,又对旅游目的地的生态环境、社会心理等方面的影响最小,还能为旅游目的地社区居民带来收益的同时,旅游目的地所能承载的最大旅游开发强度、最大旅游活动量,或者是旅游目的地所能接待和容纳的最大旅游者数量。也有学

者提出生态旅游承载力是指一定时期内某一旅游目的地的生态旅游活动在对其生态环境状况及系统结构不发生对当代人与后代人的不利影响变化，并能维护旅游目的地生态系统的自我调节、自我修复、自我维持等，旅游目的地所能承受的旅游开发强度的极限值，也是旅游者与旅游目的地都能充分受益时，旅游目的地所能容纳的旅游者数量最大值。

虽然目前对生态旅游环境容量的概念学术界还没有完全统一的标准，但是在认识上已基本达成共识，即对某一生态旅游目的地旅游资源的盲目开发或过度开发必将引起该地的环境污染、生态破坏和社会矛盾等一系列问题，进而会影响旅游目的地的生命周期和旅游业的可持续发展。所以，理论上任何一个生态旅游目的地都必然存在容纳或承载旅游活动的极限值，这就是生态旅游环境容量或生态旅游环境承载力。因为环境容量所反映的是对自然资源的利用存在一定极限的概念，所以人们担心对自然资源的过度利用将会造成不能再持续利用的严重后果，因而生态旅游环境容量能反映的是某一生态旅游目的地旅游开发对旅游需求的限制目标。由于生态旅游的核心是最大限度地减少旅游活动对景区生态环境的影响，并将旅游目的地的环境保护、环境教育和促进旅游目的地社会经济发展相结合。因此，生态旅游环境容量应在生态系统自身容量的基础上，结合旅游活动的影响因素来共同确定。生态旅游环境容量的内涵应至少包含两个方面：一是生态系统自身的容量；二是生态旅游景区开展生态旅游活动所能承受的压力。因此，生态旅游环境容量或承载力一般表现为"阈值"的概念，即超过了旅游目的地的"阈值"，生态旅游景区的环境系统功能将难以正常发挥和维持。

综上所述，生态旅游环境容量是指生态旅游目的地的环境系统可容纳或承载的最大旅游活动强度，又或者说是生态旅游目的地在旅游活动带来的负面影响下的最大承受能力和最大缓冲能力。

### 三、生态旅游环境容量的特点

(一)综合性与复杂性

生态旅游活动具有综合性，其载体是由自然、文化、经济、社会等要素构成的综合生态旅游环境系统。生态旅游环境容量综合性：一方面表现为旅游目的地的接待能力,如旅游目的地的资源空间、生态环境、基础服务设施等具有综合性;另一方面其容量也具有综合性,即某一景区的生态旅游环境容量应该是该区域的资源空间容量、生态环境容量、经济容量和社会心理容量等因素的综合反映。因此,不论对生态旅游环境容量进行定性还是定量分析,都需要全面分析各构成要素。生态旅游环境容量是一个具有综合性、复杂性特征的有机体系,其构成包含多个方面,如资源、生态、经济、文化、心理等内容。所以,在对生态旅游环境容量进行定量分析时,必须从多学科、多领域交叉的角度进行综合分析。

(二)层次性与动态性

通常,一定地域范围内的生态旅游环境容量与该地区旅游经济发展的程度密切相关。生态旅游活动的层次不同,或是生态旅游活动的内容不同使得旅游目的地环境容量的表现形式有差异,测算结果也会不同。即在不同的生态旅游开发层次下,或者在面对不同的旅游接待对象时,生态旅游环境容量会存在一定的差异。与此同时,生态旅游环境容量并非一成不变,它会随着影响因素或构成要素的变化而发生变化。例如旅游目的地的自然环境发生改变即会引起环境容量的变化,管理体制及管理水平的变化也将影响环境容量。

(三)季节性与地域性

生态旅游活动具有明显的季节性,相应地生态旅游目的地的自然生态环境、经济环境和社会环境等因素也会随着时间的变化而变化,由它们所决定的自然环境容量、经济环境容量和社会环境容量也随之发生变化,即生态旅游环境容量具有季节分布特征。此外,不同地域的生态旅游目的地的自然生态环境、社会经济环境和社会心理也有差异。因此,生态旅游环境容量具有很强的地域性特征。

(四)可量性与可控性

一定时期内,在某一旅游地生态旅游系统较为稳定的前提下,其生态旅游环境容量是一个阈值,可以通过一定的方法予以测算,即能够定量评估。同时,一个生态旅游地的环境容量是可以控制与改善的,随着社会经济发展水平、科技发展水平和人们保护意识的不断提高,生态旅游系统的环境容量可向人们期望的目标发展,即生态旅游环境容量具有可控性。但是,这种可控性的基本前提是人类必须充分了解并掌握旅游目的地生态系统的特征及其变化规律，并且需要遵循规律，还要明白这种调整必须是适度的。也就是说，人类对旅游目的地生态环境容量的可控性是有一定限度的。

**四、生态旅游环境容量的分类**

(一)根据生态旅游活动构成要素划分

生态旅游活动包含食、宿、行、游、购、娱六个环节，因此，生态旅游环境容量可划分为食宿服务设施容量、交通基础设施容量、旅游资源容量、生态环境容量、社会经济容量、生活环境容量和文化心理容量等。

(二)根据属性或内容划分

根据属性或内容可将生态旅游环境容量划分为自然环境容量、经济环境容量和社会文化环境容量。

1. 生态旅游自然环境容量

生态旅游自然环境容量可划分为三类：第一，自然生态系统环境容量，指的是生态旅游目的地自然生态系统的纳污能力与自净能力和抗干扰能力所能承载的最大生态旅游活动强度或生态旅游者数量；第二，景观空间环境容量，指的是生态旅游目的地游览线路、景点景区等旅游空间范围内所能承载的最大生态旅游活动强度或生态旅游者数量；第三，自然资源环境容量，指的是生态旅游目的地的土地资源、水资源、大气资源、动植物资源等自然资源所能承载的最大生态旅游活动强度或生态旅游者数量。

2. 生态旅游经济环境容量

生态旅游经济环境容量可划分为两类：第一，生态旅游内部经济环境容量，指的是生态旅游产业包括生态旅游基础设施业和上层设施业及旅游经营管理水平所能承载的最大生态旅游活动强度或生态旅游者数量；第二，生态旅游外部经济环境容量，指的是生态旅游目的地其他相关产业及相应经济政策制度所能承载的最大生态旅游活动强度或生态旅游者数量。

3. 生态旅游社会文化环境容量

生态旅游社会文化环境容量可划分为三类：第一，生态旅游社会氛围环境容量，指的是生态旅游目的地有关生态旅游政策、经营管理、历史文化氛围、社会政治局势等所能承载的最大生态旅游活动强度或生态旅游者数量；第二，生态旅游者心理环境容量，指的是生态旅游者在心理感知上所能承载的最大生态旅游活动强度或生态旅游者数量；第三，生态旅游社区居民心理环境容量，指的是生态旅游目的地社区居民在心理感知上所能承载的最大生态旅游活动强度或生态旅游者数量。

（三）根据对生态旅游环境利用程度划分

根据人们对生态旅游环境的利用程度可将生态旅游环境容量分为生态旅游环境容量的疏载、生态旅游环境最佳容量、生态旅游环境极限容量和生态旅游环境容量超载。

1. 生态旅游环境容量的疏载

生态旅游环境容量的疏载指的是生态旅游目的地的环境容量过于稀疏，旅游者的数量较少，旅游活动强度很小，造成生态旅游资源的闲置浪费，使生态旅游系统的整体功能无法得到全面发挥。

2. 生态旅游环境最佳容量

生态旅游环境最佳容量也称最适容量或合理容量，指的是生态旅游体系的整体功能在正常发挥的状态下，生态旅游环境系统所能承载的最大生态旅游活动强度或生态旅游者数量。

3. 生态旅游环境极限容量

生态旅游环境极限容量也称饱和容量，指的是生态旅游环境系统在不发生毁灭性崩溃的状态下所能承载的最大生态旅游活动强度或生态旅游者数量。

4. 生态旅游环境容量超载

生态旅游环境容量超载指的是生态旅游目的地的环境容量超过生态旅游环境极限容量，是使生态旅游环境在系统发生破坏甚至崩溃的状态下承受的生态旅游活动强度或生态旅游者数量。

**五、生态旅游环境容量的影响因素**

从生态旅游环境容量的构成来看，涉及的因素众多。通常情况下，一个健康且可持续发展的旅游地一定是旅游开发和接待活动未超出该地区旅游环境系统所能承受的极限值，即该地区的整个旅游生态系统随着时间的推移能够维持其组织及功能,并且即使在外界的干扰下也容易恢复。从整体上看,影响生态旅游环境容量的主要因素有以下几项。

(一)自然环境因素

通常,生态环境系统都有一定的纳污、自净能力,即通过稀释、扩散等物理作用,凝聚、氧化、还原、化合和分解等化学作用,吸收和降解等生物作用来消除污染,实现自然净化,以保持生态系统的平衡和稳定。但是,如果生态系统长期超量接纳外部输入,特别是人为输入时,其平衡性就会被打破,稳定性会受到影响,生态系统纳污、自净的自我调节能力下降,整个系统将陷入自萎状态,严重的甚至会导致整个生态系统崩溃。此外,旅游目的地的用地类型也会影响生态旅游环境容量,如阔叶林地和疏林草地的环境容量就不同。

(二)经济环境因素

生态旅游的发展会受经济环境因素的影响,如区域经济发展水平、产业结构状况和交通设施条件等。相应地,这些经济环境因素尤其是直接保障生态旅游业发展的相关产业供给能力,成为影响区域生态旅游环境容量的重要因素。旅游服务设施建设水平越高,意味着供给能力越大,其环境容量就越强,反之亦然。不难理解,旅游环境容量可以通过建设加以改善,这并非旅游开发及规划和管理的重点。实践中,需要更多考虑的是生态经济要素,即生态旅游目的地建立在清洁生产理念上的生态旅游经济条件,及其他以可持续发展为原则的生态经济产业条件,这是确定该地生态旅游经济环境容量的重要指标或重要影响因素。

(三)社会环境因素

社会环境因素包括生态旅游者的心理感知状况和生态旅游目的地社区居民的心理感知状况,即旅游者对旅游目的地环境的认知感受和当地社区居民对旅游业所持的态度。比如,亚洲旅游者比欧美旅游者更能容忍近距离的个人空间和高密度的拥挤。又比如,如果旅游开发用地量大、占地多,社区居民用地量就会相应地减小,从而可能导致社区居民的抗拒心理,意味着旅游目的地社区居民心理环境容量也可能会减小。

某一旅游目的地的生态旅游环境容量并非简单地只是以上影响因素之和,而是应该遵循"利比希最低因子定律",也称"木桶效应",即生态旅游环境容量是一个复杂的综合性概念，衡量评价时必须以上述影响因素所决定的环境容量中的最小值为参考标准，换句话来说，整体环境容量的大小主要取决于表现最差的限制因子。

### 六、生态旅游环境容量的实践应用

生态旅游环境容量的实践应用主要表现在旅游资源的规划、开发和管理中，以旅游环境容量的研究结论指导实际工作，知晓限制该地生态旅游环境容量的影响因素，测算出具体的环境容量阈值并予以调控管理。

#### (一)生态旅游者管理

对生态旅游者予以调控管理，包括对旅游者数量的管理、旅游者活动空间的管理以及生态旅游者活动强度的管理等。在具体方式上，可采用旅游者数量监测、旅游者活动空间监测、引导营销等手段限制或疏导高峰期的游客数量，以减少对旅游目的地过度的旅游需求，缓解生态旅游环境系统的压力。同时，还可以通过调控将过度的旅游需求引导并分配到旅游需求相对不足的时段或区域。比如景区实行淡旺季票价，或者利用导游疏散旅游者，避免扎堆，或者划定区域实行临时封闭，或者采取将若干旅游区域轮流开放或间歇式开放措施，以及采取预约门票制度和合理规划参观游览路线的分流措施等，将以热点地区为旅游目的地的潜在游客引导至周边地区旅游环境容量疏载或旅游活动相对不足的其他景区。

#### (二)成长管理

成长管理指的是对旅游目的地环境容量进行成长管理。某一生态旅游目的地的环境容量管理与该地在一定时期内的经济社会管理目标和管理工作水平有着密切联系。也就是说，生态旅游环境容量的确定必须与社会经济管理目标相适应。对于目的地旅游环境容量的管理应以该地的社会经济发展规划为基础，依据社会经济管理目标去组织和开发实践。具体做法包括：第一，制定与旅游目的地的社会经济发展规划相适应的旅游发展目标；第二，制定全面系统的、能反映生态旅游环境容量标准的影响指标体系；第三，实施管理战略，引导生态旅游业朝既定目标发展；第四，根据既定指标，监测生态旅游开发和旅游活动的影响程度；第五，根据监测结果，评估实施管理措施的效果，并进一步优化管理策略。

此种方法不规定游客数量的极限值，而是将生态旅游的发展和生态旅游业的增长与目的地社会经济发展目标联系起来，制定出一整套符合标准的旅游影响指标体系，再根据这些指标去实施或调整具体的管理战略。同时，还应根据该地区的社会、经济发展变化情况及时评价并修订目标和任务。

(三)旅游生态足迹

旅游生态足迹是近年来出现的一种新方法，是生态足迹理论在旅游研究中的应用，是一种测度旅游可持续发展的新方法。旅游生态足迹是指在一定时空范围内，与旅游活动有关的各种资源消耗和废弃物吸收所必需的生物生产土地面积，即把旅游过程中旅游者消耗的各种资源和废弃物吸收用被人容易感知的面积观念进行表述，这种面积是全球统一的、没有区域特性的，具有直接的可比较性。旅游生态足迹有助于理解旅游活动需求与环境影响之间的关系，可以用面积对旅游可持续发展进行测度。旅游生态足迹能测度旅游业的功能，比如判断旅游交通工具的可持续性；测度旅游目的地的功能，例如反映旅游活动对目的地资源和能源消耗的影响以及旅游目的地对其他地区的依赖程度；评价旅游产品的可持续性，比如评价旅游产品的生态性；评价旅游企业的功能，比如作为生态旅游和可持续旅游认证体系指标的一部分以及比较不同旅游企业的生态需求；对旅游者的环境教育功能等。

**七、生态旅游环境容量的调控**

当生态旅游环境容量发生超载时，仅凭市场的力量已经不能使环境容量资源达到有效配置。因此，需要发挥政府或旅游行政主管部门的主导作用，对生态旅游环境容量进行调控。通常可采取以下几种方法。

(一)直接管制

以政府或旅游行政管理部门的命令和政策为代表，通过规定限制或禁止某些行为以防止生态旅游环境容量超载的发生。例如，在某一生态景区的环境容量已经严重超载的情况下，政府或旅游行政管理部门就必须制定控制游客容量极限的政策和措施，禁止超过环境容量极限值的旅游者进入。这种方法效果明显，但是因为缺乏弹性、比较强硬，容易引起旅游者的反感和抵触情绪。实践中,可采用网络预售门票的方式对景区环境容量实行直接管制。

(二)发挥大众传媒的作用

此种方法属于"劝告"性质,比直接管制更加人性化。实践证明,大众传播媒介所提供的旅游信息与建议,对于旅游者的决策行为有很大影响。通过大众传播媒介,在旅游旺季提前发布某一景区可能出现的旅游流量高峰和容量超载相关的预测信息,让潜在旅游者预先知道可能出现超载的热门景点,重新选择生态旅游目的地,从而起到影响旅游者决策的作用。

(三)发挥门票价格的杠杆作用

在经济学家看来,有效解决景区拥挤问题显而易见的方法是提高入门费,充分发挥门票价格的杠杆作用。在旅游管理实践中,生态旅游景区可以通过旺季提高门票价格来解决旅游环境容量超载问题:一方面,可以限制部分旅游者数量;另一方面,增加的门票收入部分可投入环境保护工作中,以促进生态旅游业的可持续发展。

(四)轮流开放,适当分流

针对生态旅游环境容量局部性超载的景区,可采取轮流开放和适当分流等接待方式。轮流开放是将该局部地区关闭一段时间,让受损的生态旅游环境系统有一个休养生息的恢复过程。某一景区在采用轮流开放方式时,要注意开放景点的合理搭配,不要同时将同一类型和同一功能的景点全部关闭,以免影响旅游者的旅游需求。

针对局部性超载景区的适当分流是指对旅游者进行时间上和空间上的划区引导,利用旅游设施布局或者导游引导的方式进行分流,以实现控制局部区域旅游者数量,进行生态管理的目的。

**【阅读材料】**

景点游客成灾逼疯原住民:"旅游者,回你家去吧!"

据联合国世界观光组织统计,2017年跨国观光人数达13.23亿人,其中有6.7亿人涌向欧洲,观光客前往最多的国家前十名中,有六个在欧洲(法国、西班牙、意大利、英国、土耳其和德国)。2018年夏天西班牙巴塞罗那愈演愈烈的反旅游浪潮,奏响了欧洲多国反过度旅游的合音,"旅游者回家去"的涂鸦遍布欧洲各个热门景点。这一现象引发各国媒体纷纷报道。

一、3000万游客淹没巴塞罗那

刚刚结束的世界各地学校暑假旅游潮，从6、7月开始到8月底，就没消停过，大众旅游有多热，已经毋庸置疑，但反对过度旅游尤其是大团队游的声音，也是一浪盖过一浪。

2017年8月，西班牙巴塞罗那人在海边拉起人墙，抗议游客太多影响了他们的生活，请"游客回家去"。

欧洲几大著名城市的反旅游运动声势浩大，而巴塞罗那当地人的怨气最重，为什么呢？这个全球热门的旅游目的地，2017年接待入城过夜的游客达3000万人，160多万本地居民只要踏出家门，就会被外地人流淹没。英国《每日邮报》7月，以《巴塞罗那和巴伦西亚抗议大规模旅游》为题，报道了当地人千方百计阻止大规模旅游的举动，包括用胶粘住宾馆、旅游公司办公室、寄存处和自行车出租处的锁头。在加泰罗尼亚，左翼青年组织Arran的成员袭击了一辆停在奥运村外的旅游大巴，他们还扎车胎，粘贴寄存处，闯入餐馆和酒店抗议，高喊"阻止大规模旅游"的口号。他们声称，大规模旅游摧毁了他们的生活，破坏了风景，提升了当地物价，还"吃掉"了他们的海岸线。2017年夏天，同样的抗议也发生过。当地团体成员在旅游点墙上刷上"旅游者回家去"的字样，也往大巴车上扔过鸡蛋。

2018年夏天，巴伦西亚的左翼青年组织成员爬上旅游大巴，点燃粉色烟幕弹，抗议大规模旅游。

据财富中文网报道，在游客最多的区域，居民失去了住所，因为房东把它们变成了短租房屋。那些继续住下去的人也很难找到卖日用品的商店，那里的商店只卖便宜的啤酒、纪念品和球星梅西的10号球衣。

二、欧洲人患上"游客恐惧症"

2017年8月，西班牙《欧华报》报道称，巴塞罗那患上了"游客恐惧症"，除了民间人士有攻击行为，政府也采取限制措施。自2017年以来，巴塞罗那开始对旅游大巴收取高昂费用，并对一日游旅行团征税，巴塞罗那市长阿达·卡洛更是在市中心广场上摆了一张床，强调禁止非法向游客出租房屋。同时，当地政府也在加大对"爱彼迎"（Airbnb）等房屋短租平台的整治。

2017年6月的一份调查报告显示,对巴塞罗那人来说,城市面临最严峻的问题是旅游,相比之下,失业、工作条件甚至治安问题都是小事。而在1992年巴塞罗那奥运会时,当地一直是大力发展旅游业的,如今态度剧变,令人深思。

除了西班牙对游客敌视,欧洲其他一些地方也不那么"好客"了。近期,意大利水城威尼斯制定了有关游客路线的限制。克罗地亚东南部港口旅游城市杜布罗夫尼克,对进入该城市的邮轮数量也做出了限制。

### 三、澳洲的中国游客最爱花钱

欧洲诸国的遭遇,也引起了澳大利亚的自我审视,澳大利亚"对话"网刊出标题为《为什么澳大利亚也面临过度旅游风险?》的文章,探讨了过度旅游(overtourism)这个话题。

澳大利亚以旖旎的风光和珍稀动植物资源著称,加之发达的经济,成为备受青睐的旅游胜地。最近由于澳元走弱,澳洲游更是成为国际游客出境游的首选目的地之一。

据澳洲旅游局发布的数据,澳洲旅游业从2012年开始,行业增速已超澳洲总体GDP(国内生产总值)增速,目前跻身澳洲第六大产业。

新西兰、中国与英国是澳大利亚最大的国际游客来源国。海外游客在澳大利亚的商品与服务消费支出总计342亿澳元,其中中国游客支出额最大,人均消费8405澳元。据《澳大利亚人报》报道,2017年,一个中国旅游团一周在墨尔本的支出就高达上亿澳元。2017年春节假期,中国游客狂掷60亿澳元用于在澳洲购物。

旅游业是一把双刃剑,一方面是摆在眼前的增收,另一方面却是不堪重负的人流冲击。

世界遗产基金会董事长史蒂芬·波特曼说,世界上最美的景点因为过度旅游开发,正处于崩溃边缘。和世界其他著名旅游景点一样,澳洲旅游市场的软硬件设施已经不堪重负,著名的大堡礁白化现象越来越严重。由此也催生了一个新名词"游客为患症"。最直接的结果是既影响了游客的旅游体验,又影响了当地居民的生活质量。

这种情况在近几年越来越恶劣。澳洲当地媒体刊登如《本地人雷区指南》这样的文章,或者创造出"反旅游主义""游客恐惧症"这些新词。在旅游景点甚至还发生袭击旅客的事情。

四、旅游区原住民不堪其扰

如今,欧洲各国都出现针对旅游业的社会运动和"抵抗"组织,有的是尝试堵住这场泛滥全球的潮流,有的则致力于把家乡从旅游火坑里救出来。

不少到异国旅游的人都盼望能沉浸到当地风土人情中,但讽刺的是,越是热门城市,旅游标准化趋势越强。礼品店、宾馆、游客大巴和夜店,会把旧有的建筑和原住民陆续排清。只需要短短几年,这些城市的接待区域就会变得彼此相似。

旅游区原住民的烦恼已经很深。除了各种声色的骚扰外,他们要适应飞速变化的环境。恬静街道和熟络小店相继消失,剩下扫不完的垃圾和喧闹,公交车上挤满外国人。房价更贵了,搬家只能选生冷地界,老友亲戚逐渐寥落。以游轮游为例,成千上万的人每天在海港城市下船又上船,带来了无尽的污染和垃圾。

总之,现在过度旅游真是个国际性问题了。除了帕尔马·马洛卡、杜布罗夫尼克和巴厘岛这种小地方外,柏林、巴黎和京都这些大都会也撑得难受。最近泰国政府下令对玛雅湾进行限流,理由无他,人实在太多。

五、过度旅游滋生了冲突

如何定义过度旅游?旺季时会出现道路拥挤;当地人为应付旅游项目需要永久改变作息习惯,放弃曾有的生活——出现这些情形,一个地方就可以算是过度旅游化了。

麻烦的是一旦发展过界,就算当地官方已经感受到问题的严重性,也很难凭一己之力让旅游区降温。环顾全球,也没有哪个地方有改善迹象。那些有幸还未成为热点的漂亮城镇,目前都在瑟瑟发抖。而部分别无办法的原住民,就把仇恨直接指向外国人,滋生冲突。2017年巴塞罗那人就在热门海滩上手拉手做成人墙,阻止游客下海游玩。

六、只吸引钱包和修养都饱满的人

保护旅游环境,实现旅游资源可持续性,应该怎么办?

看起来控制人流是件注定失败的苦累活。不少城市想通过针对性地修改税法、增加罚款项目以及改变营销策略,以筛掉"低端"游客,尽量只吸引那些钱包和修养都饱满的人。比如与人数众多的旅游团相比,更欢迎中产以上的自由行游客。

继巴塞罗那管制"爱彼迎"之后,泰国政府决定每年关闭皮皮岛玛雅海滩四个月,让海洋动物休养生息,保护珊瑚礁。在新西兰,旅游局积极推广错峰旅游。还有施行"去标签化"策略,"错过了就得等一万年"等蛊惑性宣传词也没有了。西班牙马略卡岛政府试图转移大家的注意力,不要让大家认为那里是冬天才去的地方,借此减少旅游旺季的人群。

但实际操作起来风险不小,如果旅客流量下降太过剧烈,当地早已为旅行配套的各行各业会立刻萧条,各路资本抽身退出,而搬走的本地人又不回来,地方可能就会彻底枯瘪。

风靡全球的旅游潮随着交通技术的进步,时至今日已无法阻挡,游行抗议再多也无法减少游客涌来。

还未"沦陷"的城市,在发展旅游业前更谨慎了,把本地原住民的福利放在首位。城镇村落是人安居乐业的地方,这是很普通的道理。要是下次出去玩被当地人甩脸子,你能猜到是为什么了吧。[1]

## 第三节 生态旅游环境保护

生态旅游的根本目的是要改变传统的大众旅游,促进旅游目的地生态环境的良性循环,对生态环境进行有保护的利用。虽然生态旅游相比较其他旅游方式对生态环境有更多的积极影响,但仍然可能产生一些负面影响。由于生态旅游目的地大多位于生态环境脆弱区,稍有不慎,将可能导致更严重的生态旅游环境问题,而一旦造成生态环境破坏或退化,原生生态系统及功能将难以恢复。

---

[1] 梁兵、水木:《景点游客成灾逼疯原住民:旅游者,回你家去吧!》,《环境与生活》2018年第9期,第96—101页。

## 一、生态旅游环境问题的类型

(一)生态旅游环境问题的成因类型

生态旅游环境问题按照其成因可划分为原生生态旅游环境问题、次生生态旅游环境问题和社会生态旅游环境问题三种类型。

1. 原生生态旅游环境问题

指的是由于大自然作用而引起的生态旅游环境问题,比如因地震、水灾、泥石流、火山喷发等自然灾害所引起的生态旅游资源和环境破坏;或者因自然风化等自然因素引起的生态旅游资源和环境质量的下降。

2. 次生生态旅游环境问题

指的是由于人类不合理的活动所引起的生态旅游环境的污染、生态旅游资源的破坏和价值降低等问题,包括在生态旅游活动中因旅游经营管理者或旅游者的不合理活动所造成的破坏,以及在生态旅游活动及人类其他生产、生活等活动所产生的废物、废水和废气等所造成的生态旅游资源退化和环境质量下降,还包括兴建的建筑或其他景观与生态旅游环境不协调等。

3. 社会生态旅游环境问题

指的是由于社会经济畸形发展、政治局势动荡,或者发生交通事故等安全事故所造成的生态旅游环境质量降低或生态旅游资源破坏。

(二)生态旅游环境问题的程度类型

根据生态旅游活动对生态旅游环境的影响程度可划分为生态旅游环境破坏、生态旅游环境退化和生态旅游环境不协调三种类型。

1. 生态旅游环境破坏

生态旅游资源开发和生态旅游活动过程,如果缺乏科学合理的规划和引导,极易导致生态旅游环境的破坏。

(1)动植物种群结构破坏。不当的生态旅游开发和生态旅游活动可能会破坏野生动植物的繁殖习性;生态旅游者可能成为猎杀野生动物的元凶;旅游者的活动可能会影响动物迁徙;植物会因为旅游者采摘而遭破坏;植被覆盖率会因为修建旅游设施而降低;蜂拥而至的游客踩踏植物会导致其死亡等。

(2)地表破坏。生态旅游可能导致地表水土进一步流失和侵蚀;可能增加地表滑坡、坍塌、泥石流的危险性;可能增加雪山雪崩的危险性;可能破坏突岩和洞穴等地质特性;可能损害江河、湖泊的水域边界和海岸线;可能破坏景观地貌等。

(3)自然资源破坏。生态旅游可能会导致地下水枯竭;可能导致化石资源枯竭;可能会增加人为引发火灾的危险性;可能污染大气环境等。

(4)社会经济环境破坏。生态旅游可能会导致生态旅游目的地将旅游业作为唯一支柱产业,这种单一的社会经济结构极易受各种不可控因素的影响而崩溃;可能导致一个社会的政治信仰崩溃;还可能导致传统文化的消逝。

2. 生态旅游环境退化

生态旅游是以保护为目的,强调不以牺牲生态环境为代价,实现旅游资源的可持续利用。不可否认,生态旅游资源开发和生态旅游活动不可避免地将对生态旅游环境造成影响,通常会导致生态旅游环境的退化。

(1)动植物生长环境恶化。生态旅游者的踩踏使得土壤板结化,严重地影响植物生长;生态旅游者所产生的废弃物中往往含有重金属、氰化物、酚等毒性物质,经过雨水淋溶进入土壤,将影响植物生长,严重的会使土壤寸草不生;也可能会导致土壤酸化或碱化而影响植物生长;旅游交通所带来的大气污染物氟化氢、二氧化硫等有害气体会破坏植物的叶绿素;粉尘附于植物叶面上可能使其产生伤斑,阻碍光照,也可能导致叶片枯萎脱落,轻者导致植物生理机能受阻易受病虫害侵袭,重者导致植物死亡;噪声污染影响野生动物生长与迁徙;如果废弃物被直接投入水体或由雨水冲入水体,或经由土壤进入地下水系统等,将引起水体资源的病原菌污染,水质下降又会导致水生生物环境恶化甚至导致水生生物死亡。

(2)人类生活环境质量下降。旅游者带来的固体垃圾可能助长苍蝇、蚊虫、蟑螂、鼠类等有害生物繁殖、传播疾病,危害旅游者和社区居民的健康;水体污染会导致某些疾病传染;大气污染可能导致人们呼吸系统和心血管疾病发生;噪声污染干扰休息,损伤听力;受某些旅游者不良行为等的影响,当地社区居民的生活方式、价值观等会发生变化,生态旅游目的地的犯罪率可能会提高;当地传统文化同化与伪民俗出现;出现外来旅游者与当地社区居民的隔离与冲突等。

(3)旅游气氛环境恶化。生态旅游目的地环境容量超载将影响生态旅游者对旅游景观的感知;生态旅游环境容量超载会引发交通拥堵、食宿紧张等问题,导致旅游体验质量下降;大气污染、水体污染、噪声污染等将影响旅游体验质量;旅游管理者和经营者素质偏低,也将导致旅游体验质量下降。

3. 生态旅游环境不协调

生态旅游在很大程度上属于自然旅游,强调回归自然,强调旅游活动场所与自然环境的和谐一致。但现实中仍有部分旅游设施、旅游经营管理行为和旅游者行为与生态旅游环境不协调,甚至格格不入。

(1)建筑设施与生态旅游不协调。生态旅游景区内建筑体量与生态旅游环境不协调;建筑设施的形式与生态旅游环境不协调;建筑颜色与生态旅游环境不协调;建筑密度与生态旅游环境不协调等。

(2)"三废"破坏生态旅游环境。固体废弃物堆放破坏生态旅游环境美;废水排放导致水体污染与生态旅游环境破坏;废气排放导致大气污染破坏生态旅游环境。

(3)旅游地城市化、商业化与生态旅游环境不协调。生态旅游地过于城市化和商业化的气息与生态旅游追求的自然、淳朴、天人合一等氛围不协调。

(4)旅游者行为与生态旅游环境不协调。生态旅游者乱写乱刻乱画、随意践踏植被、乱扔垃圾、惊扰野生动物、采摘野生植物花果等不文明旅游行为与生态旅游环境不协调。

(5)人造景观与生态旅游环境不协调。人造景观与自然环境不协调,建筑设计风格与当地文化毫不相关等,给生态旅游环境造成某些视觉污染。

(6)旅游设施等配置与生态旅游环境不协调。旅游线路、灯光布景、停车场等各类生态旅游设施设置不合理,都会与生态旅游环境不协调。

## 二、生态旅游环境问题产生的原因

(一)自然方面的原因

自然因素对生态旅游环境的破坏往往是人类无法改变的,这类破坏主要包括两类:一类是自然力量如日晒雨淋、风吹雨打、流水冲蚀、病虫害及腐蚀等作用改变自然景观的形态、颜色或结构等,导致其质量变化和破坏;另一类主要是指地震、火山喷发、山体崩塌、滑坡、泥石流、自然森林火灾、洪水、台风、海啸等天灾对生态环境造成的毁灭性破坏。

(二)认知方面的原因

长期以来,一些错误的认知导致了旅游环境的破坏。

1. 旅游业是无烟工业,不会导致环境污染

这种观念长期盛行于旅游界,包括部分政策制定者和旅游开发决策者都持该观点,用以指导旅游开发,包括生态旅游开发。一些人认为生态旅游活动和工业生产不同,不会产生工业废弃物,因而不会破坏生态旅游环境,于是可以毫无顾忌地去开发。事实上,生态旅游者所产生的废弃物就有可能因其特殊的地理条件限制而难以处理,导致生态旅游资源遭受破坏、景观质量下降、生态环境恶化等,从而阻碍旅游业的可持续发展。

2. 旅游业是低投入、高产出的劳动密集型产业

这种认知长期流行,社会各行各业都被低投入、高产出吸引,积极投身于旅游开发中。在旅游开发市场观念和旅游资源保护观念的双重缺失之下,旅游开发如同儿戏,不开展科学的评估与规划,匆忙上马、盲目开发,直接导致投资浪费和开发性破坏,给生态环境带来极为负面的影响。究其原因是忽视了旅游资源自身的成本,并未将资源损耗纳入开发成本当中,低估了生态旅游成本而虚增了开发价值。

3. 生态旅游资源主要是由可再生性资源构成

旅游消费基本上是感官或精神消费过程,旅游资源不存在损耗,这种错误认知的根源主要是对旅游资源尤其是生态旅游资源可再生性的片面认知,或者说将一般资源可再生性的衡量标准套用在生态旅游资源上,其实一旦普通资源作为旅游资源尤其是生态旅游资源,其原始性或自然性才是其吸引力的本源和根本属性。

(三)管理体制方面的原因

1. 缺乏统一规划与引导

生态旅游的迅猛发展使各级政府、社会各行业、各部门都积极投身于生态旅游开发中,这虽然在一定程度上促进了生态旅游业的发展,但在管理上缺乏科学统一的规划,实践中又缺乏有力的监管机制加以引导,导致开发上重数

量、轻质量,没有充分挖掘资源或地方特色、雷同性高,甚至造成开发性破坏或污染,难以保证旅游的可持续发展。

2. 管理体制的不合理

在生态旅游开发管理中存在着多头管理的现象,如国家公园和自然保护区的建立大多属于林业部门,旅游管理隶属旅游行政部门,环境保护、管理、治理又属于环境保护部门,保安、物价、道路、供水、供电等又属目的地政府管辖等。政出多头极易造成管理混乱,生态旅游资源开发难以统一规划和统一管理。

3. 主观决策方面的原因

某些政府官员或旅游行政主管部门领导未经过市场调研和预测,也未经过科学论证和专业规划等必要环节,仅凭个人意志进行主观决策、盲目开发,结果导致资源和环境的开发性破坏。

(四)旅游经营者和旅游者行为方面的原因

在我国,由于生态旅游发展的历史较短,因此生态旅游教育和环境保护意识培养的速度跟不上生态旅游活动发展的速度,部分生态旅游经营者和旅游者素质低下,直接导致生态旅游资源和环境的破坏,最终损害了旅游目的地的形象。旅游经营者漠视法规,任意开发和任意经营的现象比比皆是。一些所谓的生态旅游者环境意识淡薄,各种污染环境、破坏资源的不文明旅游行为时有发生。

(五)短期经济效益驱动的原因

很多生态旅游景区经受不住短期经济利益的诱惑,忽略生态旅游环境容量管理,致使生态旅游环境长期超载、生态系统失衡。

(六)其他产业发展方面的原因

生态旅游景区附近的其他产业发展有可能导致生态旅游环境破坏,主要表现为其他产业所产生的废弃物或污染物破坏生态旅游环境,或其他产业发展用地直接侵占生态旅游用地或毁坏生态旅游资源,或盲目开展围湖造田、开山炸石等活动也造成生态旅游环境遭受破坏。

(七)社会方面的原因

诸如战争及社会动荡等因素往往也会对生态旅游环境造成破坏。

### 三、生态旅游环境保护对策

(一)遵循生态旅游开发与环境保护规律

生态旅游开发过程中存在着各种矛盾,发展生态旅游在促进目的地经济发展和文化传承与交流的同时,在一定程度上也加剧了资源损耗和地方文化同化,伴随着经济效益增长的是生态环境、自然资源、文化特色和传统习俗等付出的代价。生态旅游业赖以发展的生态旅游资源也是有限的、不可再生的,传统旅游开发中那种竭泽而渔、杀鸡取卵方法只片面追求快速和高收益,导致旅游越发展环境问题越突出的现象,这并不符合人类社会可持续发展总目标。尊重自然和保护环境,促进人类和自然和谐共处是生态旅游发展的根本目的。因此,必须探寻生态旅游开发和环境保护之间的内在规律,加强生态旅游开发与环境保护的相互关系研究,并制定相应的方针政策及采取有关措施,促进生态旅游与自然、文化、环境融为一体,协调发展。

(二)认真做好生态旅游发展的政策导向与法治化、规范化管理工作

做好生态旅游发展政策导向与行政管理工作、发挥政府或行业协会的主导作用是生态旅游环境保护的重要条件。

1. 制定并实施生态旅游发展政策

具体包括发展或引进对资源环境破坏作用小的产业发展经济政策;旨在保护生态旅游环境,诸如征收环境税等环境保护政策;具有地方特色、将传统技术和现代技术融于一体的技术发展政策;让所有与生态旅游资源与环境有关的人和群体均受益的可持续发展社会政策等。

2. 法治化、规范化管理生态旅游

生态旅游业是一种对资源环境依赖性很强的产业,因此必须加强环境立法和管理。生态旅游活动可能会破坏生物多样性,影响环境的美学价值。因此在拟建生态旅游区之前应依据相关法律法规对所有的旅游开发和经营项目进行环境影响评价,对于不符合标准的坚决予以取缔。在生态旅游开发中严格依据法律法规开展工作,并针对旅游业对环境影响有潜在性、持续性和累积性等特点,增加补充规定,如征收环境税。在生态旅游开发、经营和管理全过程中,都力求做到有法可依、执法必严、违法必究。

### 3. 制订具有科学性和可操作性的生态旅游规划

生态旅游是以保护资源和环境为目的的特殊旅游形式，必须进行严格的生态旅游规划，以实现"天人合一"。为此，生态旅游要以生态学、生态经济学等学科理论和可持续发展理论为依据，制订科学的旅游规划。制订生态旅游规划应充分考虑生态旅游资源状况，如其特性及分布、旅游者类别及其需求特征、生态旅游环境容量大小、旅游地生物多样性保护要求、旅游目的地社区公平发展等；选取生态旅游功能分区规划模式，对生态旅游区进行科学合理的功能分区，可划分为原生态核心区、缓冲区、旅游接触区和生活服务区，以做到有保护地开发利用资源；科学合理地安排旅游基础设施和旅游上层设施，旅游接待设施的兴建要与周围环境相融合、相协调，能融入原生的生态环境系统中，体现人与自然和谐共生的"天人合一"境界；科学合理地制订游览组织系统。

### 4. 进行环境影响评价和环境审计

对拟开发的生态旅游区环境质量进行调研评价；开展生态旅游环境过程和变化规律研究；制订生态旅游开发与生态旅游环境协调发展策略；进行环境审计。

### （三）实施生态旅游教育与管理

生态旅游管理者、经营者、旅游者和当地社区居民的生态环境意识是旅游目的地得以持续发展的关键因素。因此，生态旅游教育与管理是促进生态旅游发展的关键因素之一。要使生态旅游名副其实地发展，应向生态旅游管理者、经营者、旅游者和当地社区居民传播保护生态环境的重要意义，使其充分认识环境保护的价值，培养其参与环境保护的自觉性。还应改变那种"旅游业是无烟工业"及"旅游资源可再生"的错误认知；真正把良好的生态环境当成旅游业的命脉和形象，以可持续发展观为目标宗旨，切实做好环境保护的各项具体措施和工作。

### 1. 对生态旅游管理者的教育

通过教育培训，向生态旅游管理者灌输有关生态旅游与生态旅游环境保护知识；促使其重视生态旅游资源的普查与科学评价，为科学合理地制订资源开发规划和生态旅游发展规划提供依据；生态旅游管理者还要负责制订合理、科学的生态旅游发展政策及实施方案，组织或支持制订以保护生态旅游环境为目标的生态旅游标准;对生态旅游经营者和生态旅游者实行有效管理等。

2. 对生态旅游经营者的管理

旅游行政管理部门应实行生态旅游经营者资质审查制度,还要有效地进行监督管理,一旦发现经营者有污染环境或破坏资源的行为,应坚决取缔其经营者资质;生态旅游经营者还有责任和义务对生态旅游者进行生态旅游环境教育。

3. 对生态旅游者的教育与管理

在生态旅游活动开始前对生态旅游者开展生态旅游环境教育,如制作并发放生态旅游须知;创建生态旅游科学解说系统,制作生态旅游环境保护指示牌;通过多种渠道和途径对生态旅游者进行环境保护教育,比如在门票、导游图、游览手册等实物上加印生态旅游注意事项和资源、环境保护知识;对生态旅游者进行生态旅游环境保护的技术指导;为生态旅游者提供废弃物品回收袋,并让其在旅游活动结束后交回到指定地点。生态旅游景区可以充分利用小径、大路、池塘、停车场、餐饮点和信息咨询中心等设施布局,引导旅游者合理分流,避免局部超载;利用市场手段,如实行淡旺季价格、征收能源和资源使用税或排污费等来调节生态旅游者流向与流量;运用行政及法律手段约束生态旅游者行为,对破坏生态环境的旅游者严厉惩罚。

4. 对社区居民的教育

对生态旅游目的地社区居民开展广泛的生态环境教育,通过标本、宣传画册、科教纪录片等宣传资料向其普及生态旅游知识和环保专业知识,培养其生态环境意识和环境保护专业技能,使其充分意识到"绿水青山就是金山银山",从而以实际行动促进当地生态旅游业的可持续发展。

(四)构建具有地方特色的生态旅游产业结构

生态旅游环境会影响生态旅游产业结构,反过来生态旅游业发展状况、生态旅游产业结构也会影响生态旅游环境。构建具有地方特色的生态旅游产业结构,是保护生态旅游环境的重要环节。

1. 开发生态旅游产品

开发生态旅游产品应尽量利用目的地原有的自然生态和文化生态资源,为生态旅游者营造回归自然和亲近自然的氛围,开发自然体验型旅游活动项目;充分利用生态旅游目的地原有的地理环境、动植物资源和气象气候条件,以及当地已有的民居村寨等人文环境,科学合理地规划设计生态旅游线路。

2. 创建生态旅游餐饮业

旅游餐饮业应以旅游目的地自产的无公害绿色产品为原材料,提倡绿色环保、营养保健,既能体现地方特色,又能以其健康性吸引旅游者;旅游餐饮业要积极倡导"厉行节约、反对浪费"的社会风尚,培养"节约光荣、浪费可耻"的用餐文化,杜绝餐饮浪费行为;将餐饮业的厨房废弃物作为动物饲料或植物肥料加以循环利用。

**【阅读材料】**

### "厉行节约"成为景区新风尚

"一粥一饭,当思来之不易。为了节约粮食,我们新推出了四人干锅、美食拼盘等多种套餐,四个人完全够吃,价格公道又不会造成浪费。"在重庆欢乐谷船长餐厅,工作人员为前来就餐的游客介绍新推出的多种套餐。据工作人员介绍,此前餐厅提供的单人套餐分量较足,很多客人吃不完会造成浪费;为此,餐厅特别推出四人干锅、拼盘等"多人餐食"的套餐,种类多样、分量合理,受到游客追捧。

不光是重庆欢乐谷,近期全国各大景区纷纷践行"光盘行动","厉行节约、反对浪费"正成为景区新风尚。

一、对外倡导节约

"节约粮食从我做起""浪费可耻,节约光荣"……在国家AAAAA级景区福建清源山的主山门及各验票口、游客中心等位置,均可以看到关于"厉行节约、反对浪费"的宣传标语。"我们积极响应上级有关部门杜绝餐饮浪费行为的号召,在人流量集中位置均设置了宣传栏,同时利用景区展示屏、官方微信公众号等,向游客宣传'珍惜粮食、拒绝浪费'。"清源山风景名胜区管理委员会办公室负责人表示,景区现已向广大游客、市民和景区内餐饮经营点、茶庄分发"文明景区共创共享"倡议书300多份,营造浪费可耻、节约光荣的氛围。

易达(福建)旅游集团副总经理汪兆明介绍,福建云顶景区一直以来积极倡导"厉行节约、反对浪费"的社会风尚,提醒游客按需点菜,避免浪费。同时,景区还倡导游客自觉遵守公共道德规范,提倡游客使用"公筷公勺",倡导文明用餐行为。

安徽黄山风景区相关负责人表示,多年来,景区内各单位都特别重视文明用餐方面的宣传工作,如通过门口水牌和餐桌上的指示牌等提醒食客尽量"光盘",不要浪费;在客人点菜时适当引导,避免过度点餐造成浪费。近两年,景区内酒店还将桌餐改为自助餐,一方面提升餐饮品质,满足游客个性化需求;另一方面践行节约环保,鼓励游客按需取餐。

安徽三河古镇美食文化服务行业协会近日发出了厉行节约倡议书,号召三河餐饮企业加强行业自律,提醒游客适量点餐,并主动为游客提供"半份菜、半价餐"服务,鼓励消费者打包餐后剩余饭菜,提供免费打包餐盒,号召广大消费者理性消费、杜绝浪费。

近期,陕西西安曲江各景区餐厅及"老字号"餐饮品牌积极响应勤俭节约的号召,落实文明用餐、杜绝浪费相关规定。在曲江各景区餐厅及"老字号"餐馆内部,随处可见文明用餐标识、台卡,大力推广"光盘行动""文明用餐"等;曲江海洋极地公园的员工专门拍摄了一条"光盘倡议"小视频,号召游客节约用餐;网红"不倒翁"小姐姐的团队也倡导游客"合理点餐,避免浪费",在游客中取得了良好的宣传效果。

东部华侨城景区一直以来十分提倡低碳环保游,除了在景区各大餐厅张贴文明用餐的宣传标语外,在入口处提示游客按需领取纸质导游图或使用电子导览;在各洗手间区域张贴节约用水、用纸等温馨提示,避免造成水资源、纸张浪费。

二、对内强化管理

清源山风景名胜区管理委员会办公室负责人表示,除了倡导游客节约外,景区对内非常注重在干部和职工中宣传节约理念,要求所有工作人员认真履行"垃圾分类不落地""节俭用餐不浪费""节水节电从我做起"等规范,从内而外营造文明旅游、杜绝浪费的良好氛围。

汪兆明介绍,景区餐厅管理层会在每天例行早会上对可能发生的浪费情况做预案,并指导员工应如何处理相关事宜。同时,会议负责人也会每天提醒工作人员从自身做起,珍惜粮食,杜绝浪费,在服务好广大游客的同时更好地履行职责。

陕西西安华清宫景区内西安华清御汤酒店市场经理索超表示，节约用餐是文明旅游的直观标尺，因此酒店管理层十分注重对员工的教育和培训，在对内管理方面，主要从以下几方面着手。

第一，在员工内部深入开展"光盘行动"；各部门各自制定有效的管理措施，注重方式方法创新。例如，工作人员在酒店内广泛宣传节俭用餐等宣传口号时，以阅读材料的形式宣讲节俭饮食的好处，让游客更容易接受；将制止餐饮浪费行为作为各部门常态化工作推进，将其融入日常工作中。

第二，从采购、烹饪到服务游客的全过程入手，避免在任何环节出现可能浪费的情况，实行精细化管理。例如，对各环节加强督导检查，对各岗位实行严格奖惩制度，让所有员工重视此项工作。此外，还采取一些奖励激励措施，鼓励员工自觉勤俭节约。

第三，科学合理设计菜单，积极推行"位餐"餐制、N-1点餐模式（菜品数量以用餐总人数减1为推荐数量），可以有效避免游客浪费粮食的情况。[①]

【阅读材料】

### 减少餐饮浪费，国外酒店品牌的这些做法值得借鉴

2020年8月以来，全国各地各行业都在积极响应"制止餐饮浪费行为"的号召。餐饮酒店行业也一起行动起来，积极倡导反对铺张浪费，广泛开展"光盘行动"等活动，让浪费现象有所改观。部分地区的酒店行业还推出了"N-1"点菜法、对浪费行为罚款等措施。在实践中，笔者发现，现有反浪费的一些做法主要针对消费环节，虽然也可以在一定程度上减少餐饮浪费，但是由于未考虑到生产和管理环节，效果终究有限。如何将制止餐饮浪费的措施融入实际的经营管理中，是国内酒店企业需要考虑的问题。一些国外酒店品牌在这方面摸索出了更具体、全面的做法，如通过精巧的餐厅设计、引入高科技设备等，对行业有一定的借鉴意义。

一是通过餐厅设计引导顾客理性消费。酒店食物浪费很大一部分来自客

---

[①] 本报采访组：《"厉行节约"成为景区新风尚》，《中国旅游报》2020年8月25日。

人餐后剩余的食物,为了减少此类浪费,一些国外酒店品牌通过精巧的摆盘和档口设计来引导客人理性就餐。凯悦酒店将酸奶盛放在容量相同的小杯里取代原有无限制的供应,并且将客人可自由切分的大蛋糕变成了大小相同的小蛋糕,避免了客人盲目获取过多的食材。比如,奥兰多凯悦酒店的餐厅就给奶酪、牛排等成本价格较高的食材设计了独立窗口,顾客想要取餐需要酒店员工对食材进行简单的二次加工,这样既提高了菜品的新鲜度,也有效减少了食物的浪费。索菲特酒店的 Mezz 餐厅在地球日时,让员工穿上印有减少食物浪费口号的衣服,并且在餐桌和档口摆放了减少食物浪费的标语牌,来倡导顾客理性用餐,这种有意识的提醒让酒店比之前同期减少了 20% 的食物浪费。

二是利用高科技设备跟踪食品浪费情况。一些国际品牌酒店集团引进了厨余垃圾管理系统,此系统通过信息化设备对剩余的食物进行监控。通过数据分析,该设备会预判客人对食物的消耗。餐厅的采购人员可以依据预判的数据进行采购,避免浪费食物。雅高酒店集团采用的智能厨余垃圾管理系统 Winnow,通过安装在餐厅垃圾桶上的智能仪表对厨房丢掉的食品进行监控,推断出哪些食物顾客喜欢、销量佳,哪些食物浪费严重,从而适当调整食材的采购。该集团在对安装该系统的 42 家酒店进行一年的观察后发现,酒店平均减少了 21% 的厨房食物浪费,超过 70% 的酒店收回了投资,餐厅食物浪费的现象得到有效改观。使用 Winnow 系统的还有万豪酒店集团、希尔顿酒店集团、洲际酒店管理集团等。

三是酒店内部合理使用剩余食材。有些酒店为了满足顾客的需求,通常会采购多余的食物以备不时之需,这样就有可能造成一定的浪费。针对此类未经使用又剩下的食物,一些国外酒店对其进行了有效处理。针对快要到期的健康食材,一些酒店通常会将其作为特价菜加快出售,或者用来制作员工餐。在酒店内部对食材的高效利用能将食材的价值发挥到最大,有效控制了酒店成本,也减少了食物浪费。

四是通过对外出售、捐赠等手段处理多余食物。酒店内部对食品消耗能力有限,有些国外酒店会通过出售、捐赠等手段对多余的食材及食物进行处理。斯堪迪克酒店集团与一些线上应用软件公司合作,通过降价出售其多余食物的方式解决餐厅食品浪费问题。自 2017 年以来,斯堪迪克酒店集团已将此应用软件推广到了旗下90%的连锁酒店。2018年,通过该应用软件的打折销售,该酒店集团节省了超过12.5万份未售出的食物。部分国外酒店集团也通过捐赠的方式来处理多余的食物。美国消灭饥饿组织(Feeding America)是为社区的儿童、老年人提供免费食物的一家慈善机构,欧姆尼酒店集团与Feeding America合作,为当地社区的居民提供多余食物,企业在积极承担社会责任的同时,也有效避免了食物的浪费。罗马卡瓦利华尔道夫酒店还与罗马的非营利组织Equoevento合作,将多余的面包分给当地的啤酒厂生产啤酒。

减少餐饮浪费行为是一个长久的话题,酒店应该在生产和管理上多想办法,加强员工培训,在酒店内形成节约粮食、反对铺张浪费的良好风气,让员工在实际的生产、服务工作中合理处理酒店的每一份食材。[①]

3. 创建生态饭店业

饭店业的建筑装潢可尽量采用环保材料;旅游饭店应逐步取消"六小件"供应,部分洗漱用品可用大瓶罐装取代小瓶分装,提供用品尽量不含化学物质;客房内可适当摆放绿色植物;饭店产生的废弃物可以回收循环再利用,如废水浇灌植物等。

4. 创建生态旅游商业

生态旅游目的地的商业经营产品应围绕天然、有机或传统等主题开展,如销售纯天然食品、饮料、化妆品,采用传统工艺和天然印染工艺生产的纯棉、纯麻服装,传统的手工艺品,强调生态环境保护的旅游纪念册。在生态旅游景区及附近使用环保交通工具,如太阳能或电能驱动的新能源车、船等;交通类的生态旅游活动项目经营应以自然力、人力、畜力交通工具为主要内容,如滑沙板、滑雪板、帆船、独木舟、自行车、滑竿、畜力车等。

5. 建立环境观测站点

通过在生态旅游景区建立环境观测站或观测点等方法对生态旅游环境进行动态观察研究,了解该地生态旅游环境的实时变化,便于在发现环境问题的初期能及时采取适当的对策与措施。

---

[①] 段壮、秦宇:《减少餐饮浪费,国外酒店品牌的这些做法值得借鉴》,《中国旅游新闻客户端》2020年12月31日。

# 第七章　生态旅游环境教育

作为旨在引导人类与自然和谐共处的生态旅游迅猛发展的同时,环境污染、资源浪费、生态破坏等与生态旅游目标背道而驰的问题却层出不穷,生态旅游发展的现状与理想相差甚远。究其原因,生态旅游环境教育缺失是其中的重要因素。环境教育能从根本上转变人类的环境伦理观念,为生态旅游的可持续发展提供强有力的智力支撑。同时,环境教育是确保生态旅游在环境保护与经济发展之间取得平衡的有效途径,也是生态旅游特有的环境保护手段、旅游者管理形式和旅游服务内容的重要构成,并成为区分生态旅游与伪生态旅游的衡量标准。

## 第一节　生态旅游与环境教育

### 一、环境教育概述

(一)环境教育的概念

1970年,国际自然与自然资源保护联盟在美国内华达召开的"学校课程中的环境教育会议"上首次对环境教育的定义做了阐释,即环境教育是一个认识价值和澄清观念的过程,这些价值和观念是培养、认识和评价人与其文化环境、生态环境之间相互关系所必需的技能与态度。环境教育还促使人类对与环境质量相关的问题做出决策,并形成与环境质量相关的人类行为准则。[1] 1972年,英国伦敦大学卢卡斯教授提出著名的"卢卡斯模式",即环境教育包含"关

---

[1] Joy A.Palmer:《21世纪的环境教育》,田青、刘丰译,中国轻工业出版社,2002,第6页。

于环境的教育""在环境中的教育""为了环境的教育"。"关于环境的教育"是指向受教育者传授诸如气候、土壤、养分等有关环境的基础知识,发展其对环境的理解力,培养其环境知识学习能力、解决问题能力等技能。"在环境中的教育"是指将环境本身作为学习资源,让受教育者在现实的自然环境中通过观察和体验来获得相关知识。"为了环境的教育"是指将保护环境和改善环境作为教育的目的,培养受教育者的环境价值观与态度。1974年,联合国教科文组织提出环境教育是实现环境保护目的的一种途径,是一种应按照终身教育的原则来开展的整体教育。综上所述,环境教育是为了让人类认识环境的价值及自身与环境之间的关系,帮助人们培养环境道德感和责任感,养成良好的行为而进行的教育,包括知识教育、观念教育、情感教育和能力教育,它既是终身的教育,也是全社会的教育。

(二)环境教育的内涵

1. 环境教育以深化环境认识为起点

环境问题产生于人类与环境的相互影响过程中,并随着人类社会文明的演进而发展,环境危机则是环境问题积累到一定程度的产物。随着自然科学的进步与发展,人类借助科技的力量改造自然,梦寐以求地成了自然界的主人,却也逐渐走上了与自然对抗的道路。20世纪中期,伴随着第三次科技革命的到来,环境危机全面爆发,成为全球性的问题。环境教育正是在这样的严峻形势下产生的。因此,对环境的深入认识是环境教育的基础。通过环境教育,人们应该清楚地意识到当前的环境问题已经不仅仅是处在问题的层面上,而是已经发展到了危机的程度,它预示着人类即将面临的生存威胁及与之相伴随的变革,促使人们在思想意识上产生责任感和紧迫感。通过环境教育,人们应重新审视环境的价值以及自身与环境的关系,摒弃"人类中心主义"的错误认知,树立正确环境伦理观。

2. 环境教育以培育环境情感为手段

环境教育的一个重要任务是培育环境情感,即热爱大自然和欣赏自然美的情感。教育从娃娃抓起,环境教育也不例外。少年儿童对周围环境充满好奇和好感,以善良的童心面对自然界的一切事物,在这一阶段开展环境情感教育显得尤为重要。通过让他们更多地亲近自然、感受自然,激发其对自然的热爱,从而产生保护自然之美和生命之美的责任感。此外,通过将环境情感教育融入学校教育体系中,让青少年学会感受自然之美、鉴赏自然之美,培养其对大自然的欣赏、敬畏之情,树立正确的环境价值观。

3. 环境教育以道德关怀为切入点

道德品质是个人在行为中所表现出来的较为稳定的倾向和特征,也是个人在处理自己和他人、社会以及集体之间的关系时所形成的行为习惯。它是社会在某一时期的道德原则和规范在个人思想与行为中的凝结与体现。优秀的道德品质不仅是国家和社会对人们的期望与要求,也是个人健康成长的内在需要。在环境领域中,生态道德是首要素质,其出发点和核心要求是人类对自然与环境的尊重、热爱和保护,它既调整了因环境而产生的人与人之间的社会关系,也调整了人与环境之间的关系。由于受传统"人类中心主义"价值观的影响,人类很长时间以来对自然的内在价值予以否认,大自然被排除在人类的道德关怀之外。只有在环境教育中注重培养被教育者的环境道德意识,才能真正地使其对环境的认识转变为自觉保护环境的动力。由此可见,环境教育不是单纯地宣传普及环境科学知识,而是结合了人与自然的关系,以及人生价值观的哲理性教育。因此,环境教育应充分发挥学校德育教育的功能,培养受教育者的环境意识;培养受教育者尊重自然、敬畏生命、保护环境的道德感和责任感,以形成正确的生态道德价值观。可以说,环境教育中知识培养只是浅层的,道德培养才是根本的、更深层次的,环境教育重在立德。

4. 环境教育以人性回归为终极目标

随着工业化经济的发展,消费主义开始盛行,消费享乐主义成为一种"文化"。一些人将消费作为忙碌工作后的精神慰藉,在消费中找到自己的价值,在消费中感觉存在的充实。消费成了某些人生活的唯一内容和目的,成为其回报自己付出的努力和艰辛、平衡内心的唯一力量。消费不再是满足实际需要的存在,而是被不断的刺激取代,消费的不理性给环境带来了巨大的压力,大量的消费品被过度生产、被过度消费、被浪费,引发严重的资源匮乏和环境污染等问题。

不可否认,人虽然有物质的一面,但却不仅仅是"物质人""经济人"或"消费人",因为人还有追求精神和道德的另一面。人需要在物质和精神之间保持一个适当的度,不能单于物质,放任欲望。环境教育作为教育的一个方面,不能仅仅植根于人的物质性,应将幸福观作为其中一个重要的教育目标,引导受教育者建立积极的人性观。牛津大学心理学家迈克尔·阿盖尔认为真正的幸福来源于三个方面:社会关系的强度、事业的成就和闲暇的质量。这些恰恰都是当代人日渐遗失的生活目标。因此,环境教育应承担起"绿色消费"教育的重任,传递这样的幸福观:幸福与金钱并不直接相关,物质财富并不能保证幸福。幸福是个人创造力、公正诚实、爱和友情、与自然和谐相处,是问心无愧地为自己、社会以及全人类尽最大的努力。

**【阅读材料】**

### 倡导节约型旅游消费伦理的理念渊源与具体措施

勤俭节约是中华民族的传统美德。2020年8月,习近平总书记对制止餐饮浪费行为做出重要指示:"要进一步加强宣传教育,切实培养节约习惯,在全社会营造浪费可耻、节约为荣的氛围。"在文旅融合的时代背景下,旅游不仅是一种消费活动,更应该不断充实旅游消费中的精神文化内涵,使其成为积极弘扬文明旅游和践行绿色低碳生活方式的主阵地,要重塑节约型旅游消费伦理,警惕消费主义泛滥,防止旅游消费异化现象蔓延,杜绝奢侈性、享乐性、攀比性的旅游消费观念和行为。

一、高度警惕消费主义泛滥和旅游消费的异化

消费主义是一种主张消费活动有助于经济繁荣的意识形态,但过度消费和消费异化行为已经导致过度占有和挥霍物质财富、渴求无节制物质享受的社会现象,成为现代社会的一大毒瘤。19世纪中叶,马克思就在《资本论》中提出了"商品拜物教"理论,他认为消费主义之所以存在,是因为物与人的关系发生根本质变,这是对消费异化本源的理论探究。19世纪末,美国经济学家凡勃伦在《有闲阶级论》中提出了"炫耀性消费"概念,指出消费行为本身具有鲜明的价值取向与意识形态的阶级性。20世纪60年代,法国社会学家鲍德里亚认为在现代资本主义社会中越来越多的大众人群陷入了满足欲望、奢侈消费、纵欲享乐的漩涡之中。

当消费不再以实现人自身的再生产为目的,脱离了劳动与生活本源,人所

消费追求的是外在物质利益的满足，人就会被物所奴役，消费就会走向"异化"。改革开放以来，我国在经济快速发展的同时也实现了物质生活水平的极大提高，旅游消费不断繁荣，消费异化在旅游领域中的渗透同样不可忽视，奢侈性、享乐性、攀比性的旅游消费观念和行为不同程度地存在。例如，以身份、地位、财富为划分标准的VIP入会制俱乐部；高端餐饮与会所的餐食浪费；各种旅游自媒体、朋友圈、网红大咖带货直播中的炫耀性消费暗示……以上凡此种种都与我们当前倡导的主流价值观不相符，旅游消费异化现象必须引起警惕，决不可小富大奢。

旅游消费对于旅游产业繁荣和经济发展的重要促进作用不可否认，但是过度消费和消费的异化行为则恰恰折射出一种社会精神文化生活的匮乏和集体性的焦虑不安，为消费而消费，以此获得精神慰藉和安全感，终将彻底沦为物质的俘虏。因此，必须高度警惕在旅游消费中的消费主义泛滥和消费异化。

二、倡导节约型旅游消费伦理的理念渊源

我国具有深厚的旅游文化传统，深刻浸润着优秀传统文化的价值观，是倡导节约型旅游消费伦理的理念渊源。

首先，我国旅游文化提倡"君子比德"，注重精神上的满足。中国传统文化认为自然与人文景物是人内心精神世界的投射，旅游的过程便是一个在自然与人文景物中不断引起情感共鸣与文化认同的过程。孔子提倡的"比德"于山水的"知者乐水，仁者乐山"观念，即在人的精神情感与自然人文景物相互投射的过程中实现旅游者个体道德情操的升华，这种理念对我国后世风景名胜观念的形成产生了深远的影响。因而，在当代文旅融合的过程中，要更加注重对旅游活动中精神文化体验内涵的提升，而不仅仅是表层物欲的满足和享受。

其次，我国旅游文化提倡"天人合一"，蕴含着深厚的自然观。一方面，中国人在自然中获得一种简单、质朴而又深层次的快乐与满足，这种满足感不是物欲享受所能替代和满足的，例如孔子所提倡的"曾点之乐"："暮春者，春服既成，冠者五六人，童子六七人，浴乎沂，风乎舞雩，咏而归。"另一方面，中国人的自然观注重人与自然的和谐，形成了"道法自然""返璞归真""虽由人作，宛自天开"等旅游文化观念，而不是通过对自然的掠夺、占有和享用来获得愉悦和满足感。

再次,我国传统文化中的"节俭"思想深刻融入中国人的生活方式。所谓"节俭",有两层内涵:一是"节",凡事要有所节制,不过度;二是"俭",爱惜物力,不浪费财物。因而,所谓"俭以养德",节俭的理念并不是物资匮乏的反映,而是提倡不过度、不浪费的道德观念,是精神世界丰盈的产物,与中国传统文化中注重精神世界建构和"天人合一"的自然观相辅相成,是在新时代我们倡导节约型旅游消费伦理的理念渊源。

三、新时代倡导节约型旅游消费伦理的具体措施

绿色的旅游发展方式与健康文明的旅游生活方式是新时代赋予我国旅游业高质量发展的新要求,要积极倡导节约型的旅游消费伦理和行为方式,推动形成节约适度、绿色低碳、文明健康的生活方式和消费模式,形成全社会共同参与的良好风尚。

一是倡导文化旅游的理念,充实旅游消费中的精神文化体验。习近平总书记指出:"发展旅游要以保护为前提,不能过度商业化,让旅游成为人们感悟中华文化、增强文化自信的过程。"在文旅融合的时代背景下,要大力弘扬优秀传统文化、革命文化和社会主义先进文化,增强旅游消费体验的文化性,注重精神文化层面的消费体验。将旅游场域的"空间维度"与文化历史的"时间维度"有机重构,构建起"历时性"与"共时性"同域的旅游消费场景,丰富旅游消费的文化内涵。引导旅游者的旅游消费从"物质占有"偏好转移到"文化享有"偏好,由满足感官刺激、物质需要的低层次需求提升到满足自我实现、尊严与人格需要的高层次需求境界。旅游消费要在创造经济价值的同时,创造生态价值与文化价值,充实旅游的文化内涵,让旅游者获得更多的文化认同、情感共鸣、道德提升等内在精神上的愉悦体验。

二是倡导文明旅游新风,促进文明旅游和理性消费。大力倡导文明新风尚,推行分时参观预约制度,错峰游览,避免人群扎堆与瞬时聚集;倡导文明游览,注重保护环境,爱护文物古迹,排队礼让,降低喧哗噪声;尊重地方民风民俗,减少对当地居民日常生活的影响。旅游产品要避免流于"物质符号化",抑制物质符号对旅游者精神世界与价值观念的错误引导与贪婪引诱,引导旅游者摒除奢靡消费、炫耀消费、攀比消费,量力而行,消费有度。旅游消费场景不

与特定的身份、地位、财富、权力等象征性绑定,要还原旅游活动本身的文化价值、审美价值与生态价值。反对消费崇拜,更要坚决反对旅游过程中的浪费式消费,建立健全旅游消费信贷体系,不提倡过度透支消费,抑制旅游消费攀比。要平衡旅游市场的产品档次,避免奢华型旅游产品过度充斥市场,丰富平价型旅游产品的种类,促进旅游消费平等与和谐。

三是倡导生态文明理念,积极践行绿色低碳旅游方式。生态文明理念既涵盖自然生态文明的"经度",亦指涉文化生态文明的"纬度"。旅游活动在"人化自然"与"自然化人"的漫长历史进程中具有独特的人文作用。因此,从广义上讲,自然生态文明和文化生态文明的交融互促过程也塑造了旅游生态文明,而节约型旅游消费伦理则对健康旅游生态文明的形成具有锚定之功。应大力提倡使用环保、节能、可循环再生、坚固耐用的材料建设旅游设施。大力推进"绿色饭店"创建与认证工作,逐步实现"无塑化",切实降低一次性日耗品用量,营造低碳环保的住宿消费场景。增加旅游行程中自助式用餐场景,提倡分餐制,实行按人定量供餐制度,拒绝野味,倡导"光盘行动"。构建"绿色交通、低碳出行"的旅游交通体系,完善步行廊道与骑行道路网,出台"绿色出行门票折扣"政策,完善游客碳汇积分政策。

四是强化文明旅游消费的宣传与督导机制建设。从体制机制上强化文明旅游消费的宣传与督导工作,将节约型旅游发展理念的落实情况纳入文明城市创建,全域旅游示范区、A级景区与星级酒店评定的考核指标体系。各地文化和旅游市场综合执法部门联合地方文明办,把杜绝旅游浪费纳入日常监管工作中来。充分发挥主流媒体的宣传平台作用,增加旅游公益广告投放,引导节约型旅游消费新风尚。总结推广好的经验与做法,树立推广节约适度、绿色低碳、文明健康旅游方式的企业、机构与个人典型,助推全社会节约型旅游消费氛围的形成,促进旅游消费观念的转型。同时,大力发展研学旅行活动,加强对广大青少年勤俭节约的传统文化教育。

总之,通过政策引导和人民素质的提升,让旅游消费回归文化、理性、生态、和谐的状态,建构旅游消费伦理的节约内涵。将勤俭节约的传统与促进文旅消费有机耦合,不断改善旅游消费环境,提升文明旅游程度,树立起新时代具有当代中国特色的旅游消费伦理与旅游文化自信。①

(三)环境教育特征

1. 教育目标的综合性

环境是人类赖以生存和发展的物质条件综合体,既包括自然环境又包括社会环境。当今世界所面临的一系列全球性环境问题不是由某一方面的原因引起的,而是与全人类的生活方式及人类与自然的不良互动模式密切相关。因此,问题的解决不仅有赖于科学技术的发展进步,更需要全人类价值观和生活方式的改变。由此可见,环境的整体性及环境问题的综合性决定了环境教育目标的综合性。

2. 教育内容的跨学科性

环境问题是人类对环境不当干预的后果,涉及自然环境和人文环境,表现形式多种多样。因此,环境教育的内容也应涵盖生态学、生物学、地理学、气象学、历史学、伦理学、经济学、物理学、化学及文化、艺术等各个方面,使受教育者能够深入地思考人类与环境的关系,唤醒环境保护意识,掌握环境保护知识。

3. 教育理论面向可持续发展

可持续发展观建立在正确认识人与自然关系,正确处理人口与资源、发展与环境的关系,以及合理开发、永续利用资源的基础上,目前已被世界公认为是解决人与自然关系矛盾的唯一途径,是人类社会发展的正确模式。环境教育理论需面向可持续发展,以可持续发展观为目标和理论依据。

4. 教育方式的实践性

强调将认知课程与实践活动相结合,这是环境教育的一个重要原则。尤其是在面向少年儿童的中小学环境教育策略中,户外教学法被普遍认为是实现环境教育根本目的的一种重要而有效的途径,是环境教育实施的基本方法之一。将环境作为环境教育的重要教学资源,让受教育者在环境中培养热爱环境的情感和保护环境的意识、掌握环境保护知识,这是环境教育实践性的体现。

---

① 钟晟、李越:《倡导节约型旅游消费伦理的理念渊源与具体措施》,《中国旅游报》2020年10月14日。

### (四)环境教育的分类

从环境教育实现的途径来看,可将其划分为正规环境教育和非正规环境教育。

#### 1. 正规环境教育

正规环境教育是环境教育最主要的形式,是指在学校里开展的、具有严谨的教学计划、在课堂上开展的系统性环境知识教育,包括向受教育者传授环境保护知识、塑造其正确的环境价值观、培养其解决环境问题的技能等。在绝大多数发达国家及很多的发展中国家,不论是基础教育还是高等教育,环境教育都已成为其中不可或缺的构成。从环境教育的方式来看,正规环境教育更多地强调"为了环境的教育"和"关于环境的教育",受限于教学场所和教学时间,很少开展"通过环境的教育"。

#### 2. 非正规环境教育

非正规环境教育是指除了学校以外的其他机构或组织所开展的环境教育。相比正规环境教育,非正规环境教育实施的对象范围更广泛,涉及社会全体民众;实现途径也更加多样化,如网络、广播、电视、广告、宣传册等。非正规环境教育强调"在环境中的教育",提倡到自然保护区、国家公园等自然环境中开展生态旅游、实地考察等活动。通过自身经历,在现实的自然环境中获得相关知识。

## 二、环境教育与生态旅游关联性分析

生态旅游目的地的生态环境往往更原始、更脆弱,也更容易受到旅游活动的冲击和破坏。因此,生态旅游相比较其他形式的旅游,更需要强调保护环境,更需要对旅游活动的参与者进行环境教育,避免"生态旅游反而破坏生态"不良后果的发生。目前,国内外对生态旅游内涵的认识已具有一个明显的共同趋势,即生态旅游应具备环境教育功能,环境教育功能已经从生态旅游产品的选择功能转变为必备功能、从附属功能转变为主要功能。环境教育不仅是生态旅游所特有的环境保护手段,也是对生态旅游者的管理形式、还是生态旅游服务的具体内容,成为区分生态旅游与非生态旅游的"试金石"。

(一)环境教育是生态旅游的基本特征

环境教育与生态旅游都产生于20世纪70年代,是全球性环境危机和人类生态意识觉醒的产物。从生态旅游的产生来看,有两类典型的模式:一类是以肯尼亚和哥斯达黎加等为代表的发展中国家,在传统农业和狩猎旅游给环境造成极大破坏后,迫于生态环境的压力,利用自然资源优势发展生态旅游;另一类是以美国和加拿大等为代表的发达国家,通过建立国家公园对公众开展环境教育的经营管理模式而获益,促进了生态旅游发展的成熟。国际生态旅游协会将生态旅游界定为:为了解当地环境的文化和自然历史知识,有目的地前往自然区域所进行的旅游,这种旅游活动的开展,应在尽量不改变目的地生态系统完整性的同时,创造经济发展的机会,让自然资源的保护在财政上使当地居民受益。这个定义特别强调了环境教育与生态旅游的内在联系,即生态旅游者的动机是自觉地"了解当地环境的文化和自然历史知识"。1993年,第一届东亚地区国家与自然保护区会议明确提出生态旅游中的环境教育问题,指出生态旅游应提供必要的设施实行环境教育,使旅游者能参观、理解、珍视、享受自然和文化资源,同时并不会对生态系统或社区产生让其无法接受的影响。由此可见,在生态旅游的基本特征中,虽然自然性和保护性很重要,但自然旅游并不等同于生态旅游,仅重视保护很难将生态旅游与可持续发展旅游区分开,而高品位性又是在各类旅游产品中都可以开发的。所以,生态旅游独具的最基本特征是教育性,即生态旅游中的环境教育。环境教育是生态旅游基本特征的具体表现如下。

1. 环境教育是实现生态旅游保护性的前提

众所周知,生态旅游具有保护环境的作用,但是这种保护作用并非旅游活动的自然结果。不难想象,如果生态旅游者、生态旅游经营者和管理者、当地社区居民不将环境保护原则贯穿于生态旅游活动,保护环境根本无从谈起,生态旅游不仅不能发挥保护环境的作用,反而会给环境带来严重的负面影响。对旅游目的地生态环境的保护,要求旅游者有环境保护的自觉性和责任感,还要具备相应的知识和技能;要求生态旅游经营者和管理者有良好的环境意识,充分了解旅游目的地的自然生态系统和人文生态系统,并能因地制宜地解决生态旅游开发和经营管理中的环境问题;还要求目的地社区居民有环境保护意识和知识,能正确处理经济效益与环境保护之间的矛盾。以上都有赖于环境教育的有效开展,所以说,环境教育是实现生态旅游保护性的前提。

2. 环境教育有助于生态旅游者管理,减少生态旅游对环境的冲击

生态旅游目的地是受人为干扰较少的自然区域,往往是自然生态非常脆弱的自然保护区或国家公园等,这些区域对人为干扰十分敏感,一旦人类的活动超过环境的承载力,将会给环境带来不可逆的消极影响。因此,加强对生态旅游者的管理成为生态旅游管理中的一项重要课题。传统的自然保护区游客管理工作重点是对旅游者数量和行为的管控。自20世纪80年代以来,人们开始意识到旅游环境的影响因素不仅仅是旅游者的数量,还应包括景区的性质、管理目标和旅游者的行为方式等。于是,景区管理工作开始强调管理目标的设计,开始重视公众的参与,强调在保护的同时,还要兼顾旅游者的满意度,并且在管理方法上采用以教育为主的软性管理方式。当代生态旅游景区的游客管理需要在为旅游者提供最好的服务和保护景区环境两个相矛盾的目标中找到平衡点。调查表明,如果给予旅游者充分的信息,是能够促使其遵循生态旅游景区相关管理规定的。因此,在生态旅游的游客管理中,环境教育是极为重要的手段,对于减少旅游者行为对环境的负面影响、提高旅游者的旅游体验有着不可替代的作用。

3. 环境教育是生态旅游自然性的一种高级形式

生态旅游的特征之一是自然性,但并非具有自然性的旅游就是生态旅游。生态旅游与其他自然旅游的根本区别在于它不仅不会破坏自然,并且以认识自然、理解自然和保护自然为宗旨和实践原则。在生态旅游活动中,自然不仅不是人类享乐的对象,更不是人类掠夺的对象,而是人类应予以保护的对象和接受环境教育的实践课堂。环境教育是对人与自然环境关系的深层次解读,是生态旅游自然性的一种高级形式。

4. 环境教育是生态旅游高品位性的保证

传统大众旅游对旅游者的素质没有太高要求,是一种不需要事先准备的旅游,因此大众旅游通常是粗放型的、大批量的。与之相比,生态旅游者往往是受过良好的教育,对自然感兴趣并有一定的环境保护意识。生态旅游通过环境教育方式能让旅游者获得知识、美感和乐趣,获得深刻的旅游体验。传统的观

光产品和度假产品都不大具备环境教育的功能;文化旅游和探险旅游等专项旅游产品也不以环境教育为宗旨和主要内容。虽然这些旅游产品可能在客观上会产生一定程度的教育作用,但是与生态旅游相比,它们在主观上都没有精心设计的环境教育设施和环境教育活动,也缺乏科学的环境保护观念,其教育性是无法保证的。而生态旅游自开始就和环境教育紧密联系,环境教育也一直是生态旅游活动的重要内容。没有环境教育的旅游不能称其为生态旅游,环境教育是生态旅游高品位性的保证,也是生态旅游的基本特征。

(二)环境教育是生态旅游的主要产品

1. 环境教育是一种特殊的旅游产品

旅游产品是涵盖旅游资源、旅游设施和旅游服务的综合体,包含有形的实物和有无形的服务,且服务是旅游产品的主体与核心。旅游活动由吃、住、行、游、购、娱六个环节构成。相应地,旅游产品也可以分为六种类型,即旅游产品包括为满足旅游者吃、住、行、游、购、娱等需求所提供的资源、设施和服务。生态旅游在吃、住、行、游、购、娱六类产品中都要遵循环境保护的原则,要把环境教育贯穿始终。生态旅游产品的设计与开发应贯彻三大原则:自然性原则、环保性原则和本土性原则。例如生态旅游目的地的绿色饭店强调低容量、低密度,能融入当地自然环境和文化环境中;景区交通要具有本地特色,还要节能环保;景区的康乐设施既是娱乐场所又是能充当环境教育的场所;旅游商品应就地取材,既具有纪念意义,又能蕴涵环保理念;供旅游者参观游览的景区应划分为核心区、缓冲区、旅游服务区和边缘村寨区,做到有保护地开放;所有景点、设施以及服务都应当遵循环境保护原则并且具有教育意义。所以,环境教育是贯穿生态旅游活动吃、住、行、游、购、娱六个环节的一种特殊的旅游产品。

2. 环境教育是生态旅游者求知、求美、求享乐的主要途径

旅游作为人类的一种高层次的精神文化活动,本质上是以追求心理愉悦为目的的审美和自娱活动,是个体以前往异地寻求愉悦和审美为主要目的的一种短暂经历。因此,精神上和心理上的满足才是旅游者直接的利益需求。诚然,不同的旅游者有不同的旅游动机,大众旅游者的动机是求美求乐,生态旅游者的动机以求知为重要特征,旅游目的是了解当地环境的文化与自然历史知识,欣赏和研究自然景观、野生生物及相关文化特征等。对于生态旅游而言,

求知是求美求乐的基础和前提，如果没有关于旅游目的地自然和文化的丰富知识，生态旅游者将无法真正领略到生态旅游的美和乐。生态旅游中的美表现为以欣赏自然美为初衷，到大自然及人与自然和谐的环境中充分欣赏动植物、山林、水体、阳光、空气的自然美，欣赏自然万物和谐及人与自然和谐的生态美。生态旅游中的乐表现为生态旅游者在自然环境中享受天人合一的乐趣，在环境教育的过程中享受与旅游从业人员和社区居民交流互动的"人伦"之乐。生态旅游这种建立在求知基础上的求美、求乐需求是传统的粗放型大众旅游产品无法满足的，这要求生态旅游经营者必须具有专业素质，通过设计科学、寓教于游，开展互动性强的活动为旅游者提供体验自然和人文之美的途径，以帮助其将环境保护由情感体验上升为理性认识并内化为自觉行为。

3. 环境教育是凝聚生态旅游产品中知识与科技内涵的催化剂

环境教育是连接旅游者和旅游对象之间的桥梁与媒介。它既是生态旅游者旅游体验的构成部分，又为旅游者享受自然美和了解目的地文化提供一个知识平台和进入通道。环境教育的内容包括旅游目的地的自然环境的基本概况、生态旅游景区的地理位置及生态地位、生态旅游资源的认识与保护、环境污染与防治、生态旅游活动指南等，通常是关于该地研究成果的全面体现，为旅游者全面了解和欣赏生态旅游资源提供了必要的信息。同时，旅游目的地环境教育中还包括一系列体验大自然和当地文化的互动活动。生态旅游目的地的一系列旅游设施如导游中心、博物馆、指示牌和饭店等，从内容到形式都要遵循生态的原理，贯彻教育理念，达到潜移默化的效果。也就是说，在生态旅游的整个活动中，旅游者不仅能从原生的自然环境和当地文化中学习与体验，也能从旅游经营者提供的人性化、生态化的设施和服务中学习与体验。生态教育的理念贯穿生态旅游的始终，把旅游者、旅游资源和旅游设施联结在一起，使生态旅游产品成为一个有机的整体。

(三)环境教育是生态旅游的发展趋势

我国的生态旅游名副其实的少，即在旅游中真正重视并开展环境教育的实为少数。普通的风景名胜区既没有环境教育的意识，也缺乏开展环境教育的科研条件和人力资源条件。即使是在国家公园或自然保护区，开展环境教育的也只是少数。究其原因，首先是对生态旅游的认识不足。我国的生态旅游在20

世纪 90 年代迅速兴起,在开展生态旅游的自然保护区中,真正符合生态旅游标准的却屈指可数。旅游地定位不准确,盲目跟风市场,缺乏资源特色,景区线路规划设计不合理,人工设施过多并且与周围环境不协调,部分保护区将核心区向旅游者开放,景区环境容量超载等问题普遍存在。其中,忽视景区环境容量管理是我国生态旅游景区长期以来存在的突出问题。不难想象,在一个人满为患的景区开展生态旅游简直就是天方夜谭,资源保护和旅游者高质量的旅游体验都无从谈起。以上问题产生的根本原因在于人们对生态旅游的本质认识不清,未充分意识到保护生态、发挥生态旅游优势的意义。首先是利益的驱动。我国生态旅游的兴起并非建立在对本地旅游资源和环境损害深刻反省的基础上,而是为了促进目的地旅游业的发展而从国外引进的一种新型旅游模式,带有明显的追求经济利益而非环境保护的倾向性。于是,现实中常常见到将生态旅游作为一种包装和营销口号以招徕旅游者,挂生态旅游之名,行大众旅游之实,只注重经济效益而忽视社会效益和生态效益,与小容量、高质量、负责任的生态旅游完全背道而驰。其次是市场的缺乏。生态旅游在我国没有相应的消费群体,生态旅游者一般应是有较高的收入、受过良好的教育,尤其需要具备较好的环境保护意识,对大自然有独特的兴趣等。生态旅游者不是天生的,需要教育、引导和培养,需要环境和氛围的感染。一个成熟的生态旅游市场需要成熟的市场环境、成熟的供销渠道、成熟的传播媒介,特别是需要成熟的教育体系和供需群体。我国的生态旅游市场还停留在大众旅游这一初级层次,绝大部分旅游者仍然把生态旅游当作一种休闲享乐的旅游方式,知识含量太高的教育类旅游活动可能会使旅游者产生反感情绪,甚至拒绝接受。和传统的大众旅游不同,生态旅游作为一种强调保护和负责任的旅游,要求生态旅游者具有良好的环境意识和环境行为。环境教育可以帮助旅游者理解人和环境的关系,树立正确的环境意识,培养正面的环境情感,形成良好的环境行为模式。

环境教育是生态旅游发展过程中的必然趋势,对旅游规划、开发设计、经营管理、导游讲解乃至旅游者都有着特殊的要求。其实,随着环境问题的日益突显和环境教育的开展,环境保护已日益得到全社会的关注。相关调查显示近年来我国公民的环境意识已有极大的提高,尤其是青少年群体。这意味着生态旅游和生态旅游者群体也在逐渐形成，环境教育作为生态旅游的内容和产品构成已是旅游发展的必然趋势，真正意义上的生态旅游理论和实践正在变成现实。

(四)生态旅游促进环境教育功能的实现

1. 生态旅游符合环境教育是"在环境中的教育"这一原则

生态旅游除了自然性、保护性以及强调当地社区居民的参与和受益外，有一个极其重要的特征是教育性，即生态旅游能帮助旅游者充分欣赏和了解旅游目的地的自然环境和文化环境。生态旅游的自然性、保护性和教育性特征与教育环境的目标和特点不谋而合。可以说,生态旅游与环境教育两者间有着不解之缘。从环境教育的发展过程来看,不论是从理论到实践都强调在环境中开展教育。卢卡斯提出环境教育包含"在环境中的教育",即利用现实的环境资源进行教育,这已成为环境教育的一个重要原则。此外,从环境教育实践的发展来看,环境教育都是源于户外教育和自然研究活动。当今世界各国的环境教育都非常重视实地探究和户外教育。户外教学法已成为实施环境教育的基本途径之一,也是公认的实现环境教育目的的一种重要而有效的途径。

2. 生态旅游有助于环境教育经费的支撑与保障

开展生态旅游对国家公园和自然保护区等生态旅游景区的环境教育工作最直接的作用表现为：生态旅游收入可以反哺国家公园和自然保护区的保护、科研和教育工作,为环境教育提供经费支撑与保障。同时,通过开展生态旅游活动建立并完善环境税征收机制和民间慈善捐赠机制是环境教育经费的又一保障途径。其中,鼓励民间对环境教育的慈善捐赠体现了人类作为相对强势主体对自然这一相对弱势主体的权利和价值的尊重及道德关怀，体现了生态伦理的价值追求。民间对环境教育的慈善捐赠一旦成为新的社会风尚,可为生态旅游环境教育经费短缺问题的解决开辟新的途径。

3. 生态旅游景区是环境教育的天然课堂

唐纳对美国环境保护主义者的性格调查研究表明,引导他们成为环境保护主义者的最常见影响因素是童年时期在自然的、乡村的或者其他相对比较原始的生活环境中的经历。帕尔马对英国环境教育协会会员的研究表明,在户外、教育、父母、机构和电视等诸多因素中,绝大部分人认为"户外"因素的影响是促使其积极地关心环境的主要原因,其他因素远没有如此高的认同率。所谓"户外"因素,包括青少年时代的户外活动和成年后的户外工作等。帕尔马还进一步提出,户外教育是培养环境责任感和塑造环境友善行为最有效的手段。生态旅游产品作为一种高品位性的旅游产品,具有知识含量高、服务专业化、产品设计个性化等特点。生态旅游产品的核心是关于旅游地的自然生态系统和历史文化的全面、完整的信息,以帮助生态旅游者了解、欣赏、体验旅游目的地的自然与文化。这一过程实际上等同于一个完整的户外环境教育活动。因此,环境教育的内容、技术在生态旅游中可以得到完整的运用。生态旅游景区在承担着自然保护重任和满足旅游者审美和认知需求的同时,还具有另一个重要功能即环境教育,开展生态旅游恰好是生态旅游景区实现其环境教育功能的最有效途径。生态旅游景区通过建立完整的景区解说系统,既可以向旅游者介绍资源、环境和生态系统相关知识,又可以将生态旅游景区的环境保护目标、任务和要求传达给旅游者,实现了游客服务、景区管理和环境教育的完美结合。

4. 生态旅游寓教于乐,有助于环境教育对象的扩展和教育内容的深入开展

环境教育中的环境责任感和价值观的培养都需要调动受教育者的情感参与。德国环境教育学者赖纳·多拉瑟指出,因为人类对大自然的美德领悟是具有环境意识行为的先导,所以环境教育应是情感基础第一,而不是认知第一。对旅游者而言,旅游的首要目的是寻求审美和愉悦的体验,生态旅游的开展兼具了娱乐性和教育性。生态旅游与环境教育是相互促进的,环境教育能提升生态旅游的品质,生态旅游活动的组织开展,将促使更多的旅游者参与其中,有助于环境教育对象的扩展和教育内容的普及。

【阅读材料】

### 文明为美景增色,节约为行程加分

禁烟火,勿砍伐,禁捕猎,不丢杂……在海南呀诺达雨林文化旅游区,每位游客都会在景区导游的带领下,大声宣读善行旅游"三字经"。旅游区常务副总经理聂世军表示,一个小小的"仪式感"环节,增强了游客的责任感,且效果很好。景区内攀爬、随意刻画的现象减少了,游客文明旅游的意识明显提升。

中秋、国庆假期,各地通过增设文明旅游志愿者、播放文明旅游宣传视频等多种方式,引导游客争做文明旅游践行者,助推假日旅游服务提质升级。

一、创新服务赢好感

长假第一天,位于四川省甘孜藏族自治州稻城县的稻城亚丁景区就迎来了大量游客。细心的游客发现,景区新增了"垃圾淘宝店",游客可以在淘宝店或驿站领取一个环保袋,在游览途中捡拾垃圾,游览结束后将一袋子的垃圾交回后就可参与抽奖,获得CD、冰箱贴、钥匙扣、明信片等亚丁文创产品。"'垃圾淘宝'非常有意义,增加了景区与游客的互动,也有利于保护自然环境。我抽到了两张明信片,还发动其他朋友一起参与。"游客许健说。

在三亚天涯海角旅游区,"带着文明去旅行"活动受到游客的欢迎。景区"以奖促优",让游客在答题中了解疫情防控的相关要求和文明旅游行为规范,广泛参与到文明旅游行动中。

在河北省承德市,各大景区着力做好"双节"文明旅游大文章。全市AAAA级以上旅游景区全部设立了文明旅游志愿服务驿站、文明旅游志愿服务岗,提供文明引导、旅游咨询、义务讲解、质量监督等服务,进一步优化承德市全域旅游发展环境,提升游客体验感、满意度。

"大美衡水,文明旅游,绿色出行"活动成为国庆假期衡水各景区的一道风景线。活动包括"文明景区""文明用餐""文明旅社"等内容,各景区按照"提质提效,文明服务"的省级文明城市创建标准,建设学雷锋志愿服务站。

"建设文明南宁,共享美好生活""珍惜文明城市荣誉,美丽南宁共建共享""规范文明行动,塑造文明形象"……在广西南宁的大街小巷,处处可见文明标语,润物细无声地播撒文明种子,让文明的理念根植在每个市民心中。

国庆当天,南宁方特东盟神画乐园接待了5500多名游客。偌大的园区里地面整洁,几乎看不到果皮纸屑等杂物。保洁员韦师傅推着保洁车在园区里来回检查,一看到有垃圾碎屑马上打扫清理。

"请您出示健康码……"在南宁青秀山风景区西门,游客在景区工作人员的引导下,自觉扫码、亮码、网络购票、排队检票入园。在景区内,热情亲切的文明引导员引导游客文明观光、安全游览。游客王祺铭带着一家老少前来游玩,他自备了垃圾袋,把果皮、果核及包装纸等随手装进袋里。"现在我们身边的文明氛围越来越浓厚，文明为美景添色、为绿城南宁加分，我们要自觉践行文明。"他说。

二、厉行节约见成效

10月4日中午，来自上海的10名游客在浙江省绍兴市柯桥区鉴湖大酒店就餐，在点菜师张飘的建议下，点了几道既有地方特色又营养均衡的菜品。既解决顾客点菜的烦恼，又合理安排菜品避免铺张浪费，如今，点菜师已经成为柯桥区各大酒店的标配。"我们的宗旨是让顾客吃得健康又美味。"张飘说，点菜师不仅介绍菜品，还秉承健康就餐、营养就餐的原则，向客人提出建议，提醒点餐要"适可而止"。

"专业点菜师的出现，在一定程度上减少了因点菜过多出现的浪费现象。"柯桥区餐饮协会会长胡伟钧表示，接下来，协会还将适时开展包括营养配餐等在内的多种专业培训。

盘大量足一直是农家菜的特色，也是农家菜口碑的一部分。如何在农家菜中体现"厉行节约"是浙江省金华市农家乐江南店餐厅负责人洪丽霞一直在思考的问题。"我们尝试推出一系列价格实惠、种类丰富的小盘菜组合，争取能从过去一盘大菜吃饱转变为丰富的小盘让人吃好。"洪丽霞说。

为了杜绝餐饮浪费，假期前夕，四川省成都市武侯祠博物馆在售票处LED显示屏等显著位置加大了"珍惜粮食、反对浪费"的宣传力度，向餐饮商户发放宣传海报，倡议餐饮经营者和就餐游客合理定制餐量、按需订餐，养成勤俭节约的好习惯。一家餐饮店的店员说："为了鼓励游客节约用餐，餐馆在点菜环节做了一些新尝试。我们会在点菜的时候给顾客提一些菜式搭配方面的建议。当客人点的菜量过多时，也会提醒顾客可能吃不完，建议不要浪费。"

重庆市涪陵区美心红酒小镇有家名为"吃饭公司"的自助餐厅。国庆期间，餐厅推出的各种美食超过30种。"为了避免浪费，餐厅一直坚持推行'光盘行动'。刚开始的时候浪费现象比较严重，我们规定盘中剩余食物超过50克就要加收10元餐费，其实这只是督促大家适量取餐避免浪费，现在食客们取餐时大多是量力而行。"自助餐厅负责人王丽表示。

除此以外，美心红酒小镇还专门设置了"光盘行动"辅导员，就餐高峰期间厨师长会走出厨房，向游客"喊话"，"农民伯伯种粮食辛苦，小学课本就教我们粒粒皆辛苦"等话语,收到了良好的效果。

在南宁市的多家餐厅,"使用公筷""拒绝浪费"等宣传海报、标语随处可见,餐桌文明理念深入人心。"餐桌举止非小事,一筷一勺显文明",一家火锅餐厅内张贴着这样的海报。服务员建议顾客:"您和朋友两个人,每道菜点半份就可以了,不够再加。"食客林镇宇说:"现在提倡厉行节约,反对浪费,我们都习惯'光盘',吃不完也会打包回家。"

三、凝心聚力倡文明

中秋、国庆假期前夕,文化和旅游部市场管理司策划了一系列以文明用餐为主题的文明旅游宣传推广活动。各地纷纷行动起来,对旅游从业人员做好培训,提高文明旅游服务水平;积极营造文明旅游氛围,引导游客做厉行节约的践行者、文明餐桌的维护者和美好生活的创造者。

国庆假期前夕,甘肃省兰州市文化和旅游局面向市内各星级饭店、景区景点、农家乐、旅游民宿等涉旅餐饮企业及广大消费者发出倡议,做厉行节约的践行者、文明餐桌的维护者、美好生活的创造者,养成"节约光荣、浪费可耻"的用餐习惯。

假日期间,烟台市文化和旅游局推出"秋韵"烟台文明旅游有奖问答活动,通过线上宣传方式,引导游客文明旅游。同时,还在全市255家旅行社中开展从业人员文明旅游宣导培训,从行前教育到出行中的文明提示,再到用餐过程中的"光盘"提醒,从各个环节提升从业者的服务水平,满足游客的高品质服务需求。

烟台市文化和旅游局局长张祖玲说,国庆假期是对文化和旅游行业的一次"文明大考",烟台组织文明旅游志愿者走进景区、饭店、海岛、码头、机场、火车站等地,宣传文明出行、预约消费,从小事做起、抓细节落地。让游客在抵达烟台的第一眼,看到烟台文化和旅游最美丽的风景;让游客在烟台旅途的每一眼,都能发现烟台文明旅游志愿者的身影,感受他们的用心服务。

国庆假期,海南省旅游协会推出了文明旅游志愿服务活动,在海口美兰机场、天涯海角游览区、长影环球100奇幻乐园、三亚国际免税城等地随处可见文明旅游志愿者。他们向市民和游客发放《文明旅游出行指南》《新冠肺炎防护指南》《文明旅游宣传折页》等宣传资料,认真负责的工作态度得到了游客的认可。

武汉旅游志愿服务队在长假期间走进湖北武汉各 A 级旅游景区,用专业、热情的服务向游客倡导文明旅游、安全旅游,引导游客错峰出行,帮助游客现场解决问题。这支拥有国家金牌导游、武汉星级导游的队伍于 2015 年 9 月组建,主要由武汉市优秀旅游工作者、旅游爱好者等组成,目前队伍已超过 1500 人。

紧密结合文明城市常态长效创建工作,国庆假期,山东省青岛市市北区组织各景区景点开展常态化文明旅游志愿服务活动。着眼沿海一线、山头公园等重点区域和自驾游客等重点人群,市北区组织旅游从业人员和志愿者发放《青岛市文明礼仪文明旅游行为公约》,开展"文明旅游在身边"等活动,在海云庵广场等景区捡拾垃圾,营造"文明出行,你我相伴"的旅游环境。[1]

### 三、生态旅游中环境教育的实施

#### (一)将生态旅游环境教育纳入生态旅游规划

环境教育无论是作为一种环境保护手段、一种旅游者管理方式,还是一项旅游服务内容,均有纳入生态旅游规划的必要性。生态旅游中的环境教育应始于生态旅游规划,编制规划时应包含以下内容:第一,旅游目的地生态旅游环境教育资源的调查与评价;第二,客源市场的生态旅游者环境教育需求的调查与分析;第三,生态旅游景区旅游者"游前"环境教育现状的调查与评价;第四,生态旅游者的环境意识、环境态度和环保技能水平等方面的调查与评价;第五,环境教育的内容及生态旅游者的游憩机会谱;第六,生态旅游景区环境教育的布局;第七,环境教育的设施及设备保障;第八,环境教育的人力资源保障;第九,环境教育的社区参与;第十,环境教育效果的评估等。为保证生态旅游环境教育的科学化、规范化和法治化,国家旅游行政管理部门可发布专业化的"生态旅游规划通则",制定标准的生态旅游环境教育规划的范式,普遍开展生态旅游区环境教育的认证和生态旅游规划师执业资格的认证。[2]

---

[1] 本报采访组:《文明为美景增色,节约为行程加分》,《中国旅游报》2020 年 10 月 7 日。
[2] 李文明、符全胜:《我国生态旅游规划中环境教育内容的缺失与补正》,《旅游学刊》2008 年第 7 期,第 9—10 页。

## (二)生态旅游环境教育的利益相关者

生态旅游的环境教育涉及多方,包括政府部门、非政府组织、生态旅游景区管理者、社区居民、生态旅游者等,在实施环境教育之前,应该先对各方进行全面的分析,明确其权利和义务,并根据各利益相关者的不同特点,进行有针对性的教育。

生态旅游环境教育作为生态旅游景区的一个开发项目,需要有项目的发起主体,相关政府部门和非政府组织是其中的主要力量及最佳选择。生态旅游景区管理者担负着环境教育的实施责任。现实中,生态旅游景区管理者很少能真正意识到环境教育的重要性。因此,必须采取积极有效的措施来改变管理方的错误认知,使其正确意识到生态旅游环境教育的重要意义,为生态旅游环境教育的实施奠定基础。要实现这一目标,既需要相关政府部门的政策协助和监管,也需要非政府组织的技术支持。当地社区居民也是环境教育不可忽视的一方。许多国外成功案例表明,在非政府组织的指导和培养下,生态旅游景区的社区居民在生态旅游环境教育中担当了相当重要的角色。究其原因,社区居民对他们所生活的区域有着最深刻的认知和了解,也是最热爱这片土地的人。只要施以适当的指导和教育,他们将是生态导游人员的最佳人选。此外,生态旅游者是生态旅游景区环境教育的直接对象,他们既是环境教育的主要对象也是直接受益者。当生态旅游者进入生态旅游景区后,接受环境教育是他们的权利也是义务。

## (三)生态旅游环境教育的实施方式

生态旅游的环境教育方式是多样化的,在此,根据生态旅游环境教育的主要对象生态旅游者的活动特点将环境教育的实施方式划分为自然观察、环境解说和参与型教育活动等。

### 1. 自然观察

自然观察就是让生态旅游者在旅游活动中自觉观察、体验和感受自然,如观鸟活动。此种方式重点在于教育环境的营造,强调旅游者的主动性。需要特别注意的是,自然观察的活动设计要考虑既能让旅游者充分接近自然,又不会因其行为对自然产生较大负面影响。

2. 环境解说

环境解说是解说和环境教育结合的产物，是生态旅游环境教育的一种重要形式。根据解说媒介是否具有能动性，可将其分为人工解说和非人工解说两大类。人工解说，是通过人工解说员即生态导游人员向旅游者主动地、动态地、互动地传递环境教育信息。人工解说最突出的优势就是互动性，不仅可以向生态旅游者提供丰富的环境教育知识，更能实时地与生态旅游者进行互动交流并解答其提出的各种问题。除了知识和信息的交流外，生态导游人员全程陪同在旅游者身边，能够直接发挥示范作用并对生态旅游者的行为予以监督和制约。非人工解说，是通过视听媒体、解说牌和宣传印刷品等方式的环境解说。视听媒体利用视觉和听觉等手段来传播环境知识；解说牌应突出教育性内容，使旅游者能更多地认识和了解旅游目的地的文化、历史和科学价值；宣传印刷品不受时间和空间的限制，形式简单，可将环境教育内容准确地传达给受教育者。

3. 参与型教育

在生态旅游景区，体验型环境教育的本质是快乐教育，强调旅游者的亲身体验，通过鼓励生态旅游者亲自参与一些生态旅游活动项目，尤其是充满趣味性并且极富教育意义的旅游活动项目，使旅游者从中受到启发和教育，从而自觉地保护环境。

## 第二节 生态旅游与解说

### 一、解说研究起源与发展

解说包括环境解说、遗产解说，人类已知的最早解说是法国史前人类居住洞穴中关于打猎的壁画，内容主要是对人与自然之间关系的认识。随着工业革命的发展、人们休闲时间的增加和大众生活方式的改变，解说也得到了较大发展。一般认为，解说起源于 20 世纪早期，直到 20 世纪 50 年代才得到了广泛的应用，环境解说和遗产解说也相应地伴随着环境保护和遗产保护而兴起。

基思·黛瓦的研究显示,公元前460年是解说职业的起源;公元2世纪罗马人发现荷马时期已有很多导游;1880年导游和解说开始呈现出现代形式。1920年,艾诺斯·米尔斯在《一个自然导游的探险》一书中,将自己在落基山的导游工作称为自然导游,并首次使用"解说"一词来描述导游讲解工作。到了19世纪30年代后期,随着导游讲解内容扩展到历史与文化知识,自然导游这个说法逐渐被"解说"所代替。马可卢斯基提出,解说包括整个旅游活动经历,而自然导游只是传播媒介。拉塞尔对解说的过程进行了详细的描述。1957年,弗里曼·蒂尔登在《解说我们的遗产》一书中提出了最早的关于解说的定义,并丰富了解说在自然、历史、艺术及心理等各方面的内涵。1961年,美国解说自然主义者协会与西部解说员协会成立,这标志着解说得到了专业认可。汉姆将解说的相关研究划分为四个阶段,20世纪60—70年代为形成期,70年代中期到80年代为媒介期,80—90年代的名正期,90年代以后为初熟期。形成期的解说仅仅停留在用修辞手段对解说对象的概念进行描述。媒介期阶段,人们开始思考并对与旅游者沟通的各种媒介及其效果进行比较,例如将解说手册与幻灯片进行比较。这一时期解说被认为是一种旅游活动体验,缺乏理论研究基础。名正期阶段,系统的解说媒介出现,人们开始对解说进行系统评价,向量化方向转变,旅游者可以根据游览活动的类型选择合适的解说方式。解说不再只具有单纯的娱乐作用,还增加了管理功能。20世纪90年代以后的初熟期,心理学、行为学、社会学等学科的成熟理论更多地被运用到解说的研究中,解说给旅游者思想带来的长期影响引起研究者的广泛关注,解说的研究从内容上看日渐倾向于对沟通过程的探讨,从研究方法上开始采用定性与定量相结合,研究日益成熟。

目前,环境解说作为一种既可以帮助旅游者提升旅游体验,又可以帮助管理者进行有效景区管理的一种方式,在旅游开发与实践中得到了广泛的重视和应用。我国还将环境解说作为国家1—5A级旅游景区的重要评价标准,对于生态旅游景区来说,环境解说被认为是环境教育的载体。此外,随着国内旅游者旅游意识的增强,体验式旅游逐渐替代原来的观光式游览,旅游者对旅游目的地的环境、历史和文化的解说需求日益增多。相应地,关于环境解说的研究也逐年增多。

**二、解说及其相关概念**

关于环境解说的定义很多，蒂尔登认为解说是一种传递自然资源信息、揭示自然资源意义以及与人类关系的交流过程，最终目的是改变旅游者行为。他强调解说并非是对事物的简单描述，而是通过体验揭示事物内在意义与相互联系。蒂尔登还提出了影响深远的解说六大原则，即解说活动应与旅游者相结合、解说的内容不仅是资讯、解说是结合多种人文科学的艺术、解说的主要目的是启发、解说应强调整体、解说需要针对不同受众。克努森等人提出解说是用故事的形式讲述纯概念化的事实，通过激发旅游者的智慧达到理解和娱乐的目的。马可卢斯基主张解说是一种以娱乐性为主的教育事业。夏普也认为解说是服务、教育与娱乐的升华。奥尔德森指出解说是促进旅游者对事物理解的技巧。普伦蒂斯认为解说是给旅游者传达一个地方的意义，从而使人们更喜欢它，知晓它的重要性，并由此产生保护的积极态度，进而促进游客行为的改变。皮尔斯内强调解说是从信息交流到旅游者获得愉悦感受的整个过程。吴必虎则认为解说既具有服务功能也具有教育功能。吴忠宏主张解说具有中心主题，通过阐述过程以激发旅游者的新见解与热情。汉姆认为解说过程包括目标旅游者群体、中心主题、组织的逻辑性、针对性的内容以及欢快的气氛。张建萍等人认为环境解说是以环境教育为核心，以人与环境的关系为主线，采用多个子系统相互配合的方式，用生态的方法和技术将生态旅游及环境教育的功能传播给旅游者，为旅游者提供环境解释、自然保护和教育机会的解说教育系统。

根据上述各类定义可见，环境解说的目的主要表现为两个方面：对于旅游者来说，环境教育能帮助其更充分地欣赏与理解自然环境与人文资源；对于旅游目的地来说，环境解说能为旅游者提供愉快而有意义的旅游体验，进而影响旅游者的态度与行为，不仅能让旅游者尊重自然环境与历史文化，还能获取旅游者对管理部门的相关工作的理解与支持。美国国家解说协会将解说定义为：解说是在旅游者兴趣和资源内在意义之间提供旅游者情感和智力连接的一种交流过程。①

综上所述,解说并非简单资讯的传递,更是信息的交流,应该具有趣味性、科学性、教育性和艺术性,能够引导旅游者全面、准确地了解旅游对象,启发旅游者的环保意识,给旅游者提供有意义的旅游体验。

### 三、解说的目的和功能

环境解说的目的是随着时代变迁和其内涵的发展而不断扩展的。解说不仅能为旅游者提供愉快的旅游经历,还能为其创造受教育的机会。此外,解说还可以成为旅游地的间接管理手段,引导旅游者规范自身行为,促进管理的实施。奥尔森通过对比环境解说前后,旅游者对生态旅游景区管理理念的理解和态度差异来探讨解说教育的有效性,并证明了环境解说对于旅游者理解管理规则以及约束自我行为有很强相关性。欧内斯特设计了生态脆弱地区的解说系统,通过解说不仅能影响甚至能改变旅游者与社区居民的行为,缓解了环境压力,从而达到对生态脆弱地区间接管理的目的。还有部分研究者把环境解说与其他领域研究相结合,发挥解说的管理功能。比如赖斯将环境解说作为城市设计的辅助手段,利用环境解说增进居民在日常游憩中对历史、文化与风景的理解,从而达到资源管理与自然环境保护的目的。夏普指出环境解说的目的包括帮助旅游者对访问的旅游目的地形成关注、鉴赏和理解,实现旅游目的地的管理目标,促使公众理解旅游管理机构的目标和目的。苏珊提出解说的目的是为了让人们理解一个地方的重要性及意义,使公众与资源之间形成智力和情感等方面的关联,从而鼓励人们对旅游目的地的自然和文化资源进行保护。

汉姆意识到旅游者愿意为获取旅游目的地的自然文化信息而支付解说费用,表明解说具有经济功能,可以促进旅游目的地的生态与经济的可持续发展。埃布尔的研究表明很多旅游业管理者因为意识到解说的经济效益而对解说予以更高的关注。凯布尔则利用一定的计算方法对解说系统为旅游目的地带来的经济效益进行量化,从而有力地证实了解说具有经济功能。

---

① 王辉、张佳琛、刘小宇、王亮:《美国国家公园的解说与教育服务研究——以西奥多·罗斯福国家公园为例》,《旅游学刊》2016年第5期,第119—126页。

可持续旅游业的核心表现为经济与生态的可持续性。一方面,高品质的解说不仅丰富了旅游者的旅游体验,提高其满意度,推动旅游宣传并促成旅游者的再次到访,解说工作还为目的地居民增加了就业机会,以上都表明了解说有助于经济的可持续发展。另一方面,根据理念—态度—动机—行为这一认知与行为反应模式,解说能通过向旅游者传播理念而使其树立牢固的生态伦理观,从而产生自觉保护环境的行为,促进生态的可持续发展。韦勒认为生态旅游者比一般旅游者更加渴望接触新鲜事物,需要在旅游过程中获得环保体验,而不只是娱乐经历。因此,解说体现了生态旅游的可持续性,将生态旅游与一般形式的自然旅游区别开来。

张建萍等人认为环境解说的核心功能就是环境教育,包括提升旅游者的审美水平;引导旅游者接受景区的自然和文化生态知识;使旅游者潜移默化地接受生态文明的熏陶,并树立正确的环境伦理观等。吴必虎认为一个完整的解说系统构成应具备以下功能:基本信息和导向服务,帮助旅游者了解并欣赏旅游目的地的资源及其价值,加强旅游资源和设施的保护,鼓励旅游者参与旅游目的地管理,提高旅游者与旅游目的地有关的游憩技能,提供一种使旅游者和社区居民及旅游管理者之间相互交流的对话途径,教育的功能。

由此可见,一个完整的环境解说系统应该兼具服务和教育两大基本功能,解说不仅能提高旅游者的旅游体验质量,在此基础上还应有管理、经济、环境保护、生态可持续性等复合功能。

**四、解说系统构成**

哈米指出需要新类型的解说规划编制,规划制定者应该本着保护的原则兼顾到不同群体的利益。艾勒提出环境解说规划需要制定目标和衡量是否达到规定目标的评估技术。曼斯伯格主张将生态旅游者需求数据作为资料列入解说规划中,从而产生生态旅游者需求评估新模型。约翰强调将计算机模拟程序和方法列入解说规划中。托德表明解说规划使博物馆这类旅游地产生了很大的改变,过去解说只注重知识传播,而如今规划者要考虑对大量复杂信息的控制,不仅包括博物馆有什么、该如何展示,还包括应该如何为参观游览者创造一段难忘的情感经历。

### 五、解说媒介

切雷姆分析了口头解说和非口头解说对受众接受信息的重要性。尼克尔斯记录了自导式解说路径对自然历史知识转变成人们能够接受的信息的有效性,认定听觉的交流设备是解说中最有效的媒介工具。汉纳对可视性设备向旅游者传达信息的效果进行了评估。迈尔斯指出在博物馆的解说中,应该通过网络电子交互媒介和新一代电视等方式让旅游者真正去体验。随着科技的飞速发展,解说方式和手段正趋于个性化、多样化和综合化。

### 六、解说理论和方法

解说理论涉及心理学、行为学、社会学、管理学、教育学和传播学等学科,在方法上则是试验、定性与定量相结合。皮尔斯内指出在旅游者能接受的解说方式中,家长式解说最能在短时间内抓住旅游者的注意力,逻辑性强的成人式解说更能激发旅游者的灵感,而儿童式解说可以适当活跃气氛。帕特森和比特古德通过研究参观展览的旅游者行为发现,展览的目的、规模、艺术风格和现实性等因素会影响参观者的注意力,对其接受信息的程度也会产生重大影响。

## 第三节 生态旅游区环境解说系统构建

### 一、生态旅游区环境解说系统概念

生态旅游区环境解说系统是指在现有旅游解说系统的基础上,以环境教育为核心,以人与环境关系为主线,采用多个子系统相互配合的方式,为旅游者提供环境解释、自然保护和教育机会的解说教育系统。[1]

---

[1] 张建萍、吴亚东、于玲玲:《基于环境教育功能的生态旅游区环境解说系统构建研究》,《经济地理》2010年第8期。

## 二、生态旅游区环境解说系统功能分析

生态旅游区环境解说系统的核心功能就是进行环境教育，包括提高旅游者的审美水平；引导旅游者获取生态旅游区独特的自然和人文生态知识；通过解说系统自身的生态设计和环保提示功能，使旅游者潜移默化地接受生态文明的熏陶，从而树立正确的环境伦理观等。

## 三、生态旅游区环境解说系统规划与设计

生态旅游区环境解说系统功能的实现需要靠系统内各组成部分之间的相互依赖、相互作用与相互配合。结合环境教育的三大目标，生态旅游区环境解说系统的教育功能可通过目标系统和功能系统及其子系统的优化配置与合理运行来实现。

(一)生态旅游区环境解说目标子系统规划与设计

对应环境教育的三大目标，环境教育的内容可划分为三个层次：第一，环境知识教育；第二，环境技能教育；第三，生态价值观教育。这是一个由浅入深、循序渐进的过程，在构建生态旅游区环境解说系统时也应遵循这三个层次。只有让旅游者先了解环境知识，学会环境技能，才能真正提高其对环境的认识，从而树立正确的环境价值观，最终形成良好的环境行为。

1. 知识传播型环境解说系统

知识传播型环境解说系统属于环境解说目标子系统的浅层目标系统。环境解说首先应从介绍自然知识开始，具体包括两点。第一，资源概况解说系统。对生态资源的种类、特点、生长环境及用途等情况进行解说，让旅游者较全面地了解资源的相关知识。特别是对于少年儿童来说，更有必要从这一阶段的基础知识开始。第二，科普知识解说系统。科普知识包括资源的差异性、稀缺性，生物多样性、稳定性和完整性，生态学和环境科学等较为深入的知识，涉及植物学、动物学、地理学、资源学等诸多学科，是资源概况解说系统的拓展，有助于旅游者更全面、深入地了解生态旅游区，提升旅游者的文化素质。科普知识解说系统可采用多媒体视听设备作为主要媒介，借助强烈的视觉和听觉等感官刺激手段来加强旅游者对科普知识的理解，以达到有效地传递信息、增强环

境教育效果的目的。同时,还可以引导旅游者进行自然观察和探索,发挥其主观能动性,使其自觉地接受自然知识。此外,开展知识讲座和举办知识竞赛也是可以选择的解说方式。

2. 技能传授型环境解说系统

技能传授型环境解说系统属于环境解说目标子系统的中间层目标系统,具体包括两点。第一,环保技能解说系统。环保技能型解说是指向旅游者解说一些环境保护的具体方法和技能,使其具备选择正确行为的能力,即在自然环境中能自觉控制自身行为、杜绝破坏环境的不当行为发生。生态旅游区环保技能主要包括对生态旅游地环境问题的认识能力、参与生态旅游地环境问题调研的能力、运用多种形式表达思维和感受的能力,以及解决各种环境问题的能力等。第二,审美技能解说系统。不论是何种类型的旅游活动,获得审美体验始终都是旅游者的共同追求。环境解说能强化旅游者的生态审美意识,培养旅游者的生态审美能力。人工解说是审美技能解说系统最好的解说媒介,通过环境解说员的讲解,让旅游者充分理解何为生态美、怎样欣赏生态美和生态美的主要表现形式等。此外,还可以展示遭受破坏的环境场景,让旅游者在鲜明对比中加强对生态美的认知与渴望。

3. 环境意识培养型环境解说系统

环境意识培养型环境解说系统属于环境解说目标子系统的深层目标系统。环境意识是指旅游者对环境价值的认识意识、环境道德伦理意识、环境法律意识和环境保护参与意识等。环境意识培养型环境解说系统应着重于环境价值观、环境伦理观、行为规范和环境法治这四个方面。具体包括四点。第一,环境价值观解说系统。环境解说应该对旅游者的环境价值观即旅游者对待环境的态度进行教育,帮助其正确认识环境,规范其旅游行为,让旅游者明确在生态旅游活动中应该做什么、不应该做什么,并深刻认识环境的价值,树立正确的环境价值观。情境体验式解说是环境价值观解说系统中最佳的解说方式,通过设置情境,引发旅游者对环境问题的深思。此外,生态旅游景区解说服务设施的设计风格、选材等也必须体现出环保的理念,让旅游者充分地感受到生态旅游景区的环境保护思想。第二,环境伦理观解说系统。通过环境伦理教育让旅游者正确认识人与环境之间的关系,意识到必须善待环境,避免一切破坏环境的不道德行为,肩负起保护环境的重任。第三,行为规范解说系统。旅游行为是旅游者的环境价值观念和环境伦理观在实践中的表现。通过行为规范解说来约束旅游者的行为,培养其负责任的旅游行为。行为规范解说可以借助景区标识系统开展,比如在景区入口处设立"游客须知""景区管理办法"等标识牌。同时,导游人员的行为也是一种有效的行为规范解说方式。因为导游人员在整个旅游过程中一直伴随在旅游者的左右,因而其对待环境的行为将对旅游者起到最直接的示范作用。此外,目的地社区居民的行为示范也是一种有效的环境解说方式。第四,环境法治解说系统。通过在环境解说的内容中加入国家的相关政策与法规,增强旅游者的环保法治意识,让旅游者在了解各项环境政策与法规的同时,自觉约束自己的旅游行为。环境解说员可以在解说词中加入诸如《中华人民共和国环境保护法》《中华人民共和国野生动物保护法》《中华人民共和国自然保护区条例》等法律法规的具体内容,提醒旅游者在生态旅游过程中的行为必须合法。

(二)生态旅游区环境解说功能子系统规划与设计

1. 环境解说员解说系统

环境解说员解说系统是指由景区专业环境解说员负责解说。这种方式要求解说员对景区生态环境相当了解和熟悉,还需具备相应的解说技能,并能够指导旅游者合理开展生态旅游活动,同时对旅游者进行有关环境的教育和行为指导。环境解说员应具备的能力包括组织旅游者观察自然和参与体验的能力、将历史带入实际生活的能力、将环境解说与旅游者的经验相结合的能力、视不同对象采取不同解说方法的能力等。

2. 指示牌解说系统

指示牌解说系统由示意图和指路牌等设施构成,主要对景区进行结构上的解说,具体说明景区布局、道路、景点和服务设施等分布情况;使旅游者对景区的整体布局、结构设施、景点分布、游览路径等情况有直观的了解与认识,方便其在景区内开展旅游活动。

3. 解说牌解说系统

解说牌是对景区的概况、资源、特色等相关信息进行介绍的载体,便于旅游者在短时间内了解景区,在增加旅游者游兴的同时传播环境教育理念,是寓教于乐的好途径。解说牌通常设置在景点入口处、游客中心及旅游者便于停留的地方,如观景台、观景点等处。解说牌的内容应充分体现生态旅游的本质要求,即注重教育性和科普性。

4. 游客中心解说系统

游客中心解说系统是指景区通过游客中心向旅游者全面、概括性地提供景区的基本信息及相关的旅游咨询和服务。一般来讲,游客中心能为旅游者提供住宿、餐饮、导游和娱乐等综合性服务,是景区对外展示形象的主要窗口。

5. 印刷物解说系统

印刷物解说系统包括旅游地图、旅游指南、风光宣传册、纪念明信片和纪念书籍等。印刷物具有携带方便、信息量大、图文并茂、能够随时为旅游者的游览活动提供解说服务等特点。它不仅是一种解说工具,还是极佳的旅游纪念品。因此,在印刷物的设计上既要强调其便携性、教育性,又要兼顾其美观性、艺术性和独特性,同时还要注意选材的环保性。

6. 景区网络解说系统

景区网络解说系统主要指的是景区网站,是集图、文、声、像等多功能于一体的新型展示方式。其特点是信息量大,可供信息交流,能让旅游者与景区管理部门产生信息互动,管理部门亦能更好地了解景区环境教育的实际效果。

7. 音效背景解说系统

音效背景解说系统主要是利用声音对景区的环境氛围进行烘托和营造,具体做法是在参观游览线路的主要地段安装音效设备,播放配合场景的经典乐曲、歌曲、解说词或游览注意事项等,一方面能对现场环境起到立体化的烘托作用,另一方面还能引导旅游者关注相关的主题性景观,促进环境保护。

8. 生态体验解说系统

生态体验解说系统是指在景区内开发各种生态体验项目,使旅游者直接从视觉、触觉、味觉、情感等多方面品味景区特色,身临其境地与大自然密切接触,并从中潜移默化地接受环境教育。

9. 生态景观解说系统

生态景观解说系统是指在景区内设计和陈列具有环境教育意义的景观小品,在视觉和心灵上对旅游者产生触动,使其对生态环境破坏的危害性和严重性有更深入的了解,从而激发他们的环保意识。

10.环保服务设施解说系统

环保服务设施解说系统主要是指景区内的服务标牌、垃圾回收设施等能对旅游者起到服务和环保提示作用的解说系统。

### 四、生态旅游区环境解说系统运行保障体系建设

(一)理论研究保障体系

完善的理论体系是生态旅游区环境解说系统有效运行的支撑和保障。加强理论研究,一方面,要借鉴国外的先进研究成果,结合我国的实际情况进行本土化构建;另一方面,学术界要注重理论联系实际,研究学者需要和生态旅游区的经营者、管理者及当地社区居民互相沟通与协作,探索符合当地具体情况的解说理论。此外,还应借鉴其他学科的理论知识,探索适合我国生态旅游区发展的环境解说理论。

(二)社区福利保障体系

社区是生态旅游发展中不可或缺的重要组成部分,社区居民则是环境解说系统的重要一环。建立健全社区福利保障体系,改善社区居民的生活状况,使其能更好地投入生态旅游区的环境解说工作中,才能保障解说系统长期有效运行。

(三)解说培训保障体系

建设高质量、高品位的环境解说系统,关键在于打造一支高素质的解说人才队伍,环境解说员的专业素质决定着环境解说的成败。要建立专门的培训机构,对环境解说员进行岗前培训,对现有解说员开展继续教育,通过设置科学合理的培训课程,系统地进行培训教育,提高环境解说员的整体素质,形成良好的人才机制。此外,还要建立专门的管理机构,负责管理、监督、协调等工作,实现环境解说设计的专业化和标准化。

(四)财力物力保障体系

建设高质量、高品位的环境解说系统,还需要物质保障,需加大环境解说系统的经费投入,研发或引进先进的解说技术和高科技产品,综合运用各种手段为旅游者提供视觉、听觉、触觉、味觉等多感官的环境解说服务。

## (五)检测评估保障体系

生态旅游区环境解说系统建成后,需要同时配备有效的反馈、评价、调控系统,及时了解现有环境解说系统的运行状况和效果,并参照解说目标,及时地对环境解说系统进行调整或更新。

**【阅读材料】**

### 西奥多·罗斯福国家公园的解说与教育服务

美国是世界上第一个建立国家公园的国家,经过100多年的实践,国家公园已成为全世界认可的资源保护发展模式。其中,美国国家公园的解说与教育随着国家公园的发展亦在不断成熟和完善,成为美国国家公园管理体制中不可或缺的组成部分。美国国家公园解说与教育服务在园内规划中是重点部分,通过这个平台呼吁公众保护生态环境,让游客明确"我为什么要关心"国家公园的某种资源。如今,美国的国家公园已成为国家的象征、国民的骄傲,我们不得不被其公园解说与教育服务的诸多内容和项目所折服,让美国民众和前往公园的其他国家游客深深爱上这些人类的自然与文化瑰宝。

目前美国有59个国家公园,每个国家公园都有其独到的特点,而西奥多·罗斯福国家公园是少有的几个集历史纪念意义与自然景观相结合的国家公园。西奥多·罗斯福国家公园位于美国北达科他州,始建于1947年。当时,美国国会为致敬西奥多·罗斯福总统的遗产保护精神,通过该公园的建立法案,并将其命名为西奥多·罗斯福国家纪念公园。之后在1978年国会将其正式更名为西奥多·罗斯福国家公园(Theodore Roosevelt National Park),并特别指定其29920英亩(约121.08平方千米)的公园土地为原始荒野并对其进行保护。园内具有历史纪念意义的景观主要是罗斯福小屋、罗斯福纪念馆等。自然景观主要是其独特的地形地貌、正逐渐减少的草原,从落基山冲蚀的大量矿物质累积形成的一个个突起岩丘,河流冲刷质地较软的岩层形成类似"火星"的大面积地质景观,大片原始荒野以及大规模野生动物群等。西奥多·罗斯福国家公园(以下简称罗斯福国家公园)的使命就是为子孙后代维护和保护公园的自然资源和文化资源。公园分为三个区:以自然景观为主的北区和南区,以及罗斯福总统纪念地的核心区。公园不同地点设置有不同的解说与教育服务形式,内容贴切、生动而令人难忘。

一、游客中心的解说与教育

哈珀斯·费里规划中心在为罗斯福国家公园解说与教育服务做规划时，首先对公园现有资源和受众群体进行全面分析，得出该公园现有资源可以吸引哪些游客前来参观及游客想要在该公园了解什么资源的结果，以便规划中心为公园规划适合联系公园与游客的解说与教育项目。由于罗斯福国家公园的资源主要集中于奇特的地质地貌和深厚文化积淀的罗斯福事迹、印第安文化，吸引着无数喜欢地理研究和历史文化研究的游客；加之公园内自然资源分布广阔、人文资源分布相对集中的特点，公园在主要且重要地段上设置涵盖全面知识信息的游客中心为游客提供解说与教育服务。罗斯福国家公园里有三个主要游客中心，分别是北区游客中心、南区游客中心和彩绘峡谷（Painted Canyon）游客中心。这三个游客中心的解说服务设施略有不同，北区和南区游客中心的解说服务设施主要是一部长达17分钟的公园电影，电影的主题是介绍罗斯福国家公园以及美国对荒野文明庇护的精神；展品和展览，其内容是野生动物的标本、地质地貌样品以及与罗斯福总统有关的历史收藏展品等；游客服务前台，员工为游客提供服务；西奥多·罗斯福自然与历史联合书店，还有一个公园与狄克森州立大学西奥多·罗斯福中心合作的在线网上咨询平台。Painted Canyon游客中心位于恶地Badlands附近，外带一个观景台，因此它的解说设施多了一个户外解说场地。这些设施所要表达的解说内容主要有三点：一是罗斯福总统在这片土地的历史、贡献以及土著印第安部落的历史文化与风土人情；二是地质地貌的科学知识；三是以野生动物为主的生物生命科学知识。公园内的正式解说、非正式解说、艺术表演等解说也是围绕这三点内容而展开的。

二、其他地段的解说与教育

美国的国家公园面积广大、地貌多样，许多游客可以到达的地点无法采用人员解说和教育，该类地段多采用非人员解说的教育形式，向游客传达某些信息，其比人员服务传达得更直观、更有效。罗斯福国家公园的非人员解说内容与地点设计，见下表。

**非人员解说的内容与设计地点**

| 非人员解说 | 内容 | 设计地点 |
|---|---|---|
| 展览与展品 | 野生动物标本、地质标本、虚拟旅游、历史文物收藏等 | 游客中心、罗斯福小屋等地 |
| 路边展示 | 科学地描写当地貌地质特点、野生动植物的特点。例如,草原和树木、河床,猎狗和其他动物的生活习性等 | Badlands、草原、野生动物常出没的地方 |
| 路标和公告 | 路标:公园每个景点或设施位置(游客中心、洗手间、停车场等)标志或指示箭头,交通指示标志(94号州际高速公路方向箭头与位置标志)等<br>公告:一是冬季暂停或关闭的园内的活动日程表;二是为园外路过或游客中心关闭时候的游客提供信息 | 路标:高速公路、公园入口、Badlands、荒野、徒步小径、野营地等<br>公告:公园入口、游客中心等地 |
| 印刷物 | 折叠小册子:对主要景点的人文历史与自然资源的介绍;公园远足和地形地图:详细的国家公园地理位置图,包括徒步路径和远足涉及的所有信息<br>公园报纸:游客访问之前和期间可以当作有效的旅行计划使用,内容包括荒野景区的解说内容、野外体验的安全事项,以及不留痕迹的环保措施等 | 公园入口或游客中心提供,全园内使用 |
| 视频 | 专业的电影制作,加深游客对公园的了解,增强游客与公园的感情 | 游客中心、罗斯福小屋等地 |
| 网站和数字媒体 | 网站:提供下载资料;具有GPS功能的简易手机;社交网络客户端,如Twitter<br>视频:为训练目的提供的各种有效的演示视频;鹿角牧场(Elkhorn Ranch)的虚拟旅游;公园图片等 | 公园官网,游客中心等地 |

### 三、教育项目

美国国家公园被认为是"美国最大的没有围墙的大学",公园任何地方都包含着有意义的信息。美国国家公园是对所有年龄段公民提供的可通过旅行把自然与文化知识浓缩认识的跳板,对公众进行关于环境的教育,使公众获得必要的与之认同或接受的价值和知识;通过环境的教育使公众在自然环境中与自然资源亲密接触或参与实践活动,获得亲身经验和环境知识,从而影响其对环境保护的理念、态度和意识,最终改变其行为。美国国家公园的解说服务适用于所有年龄段的游客,而公园内的教育项目主要是针对青少年设置,可为青少年提供一个将课堂教育与实践经验结合的学习机会。罗斯福国家公园的教育项目主要有远程网络课程、亲子教育项目以及少年骑兵项目等。

远程网络课程:公园与狄克森州立大学西奥多·罗斯福中心、部落学校、部落顾问及教育专家、解说员合作按公园主题为不同年级青少年设计远程网络课程,如二、三年级的地球科学,五年级的社会学研究和生命科学,六年级的地球科学,七年级的生命科学,八年级的地球科学等课程;还制作了可为游客学习而下载的第一手学习资料。另外,公园在旅游旺季时会接受学校团队去公园进行相关课程体验或为期一天以地质考察为目的的野外露营活动等。

亲子教育项目:亲子教育主要是为一个家庭提供的教育活动。公园可为家庭游客提供特殊活动,如纪念罗斯福生日的活动、野餐、与家人徒步旅行、野营,以及与天文爱好者或天文学者一同参加夜间星象观察活动等,其中野营和徒步活动过程中解说员着重为游客提供野营与徒步技巧内容的解说;以家庭为中心创造一个新的学习情境,如与地区部落的合作,演示实际的自然资源的使用过程;提供以家庭为单位的游戏或活动书籍出售等项目。

少年骑兵项目:少年骑兵是美国每个公园的基本教育项目,主要面向5—13岁的少年。每个公园都会邀请一些对公园感兴趣的少年加入,在公园访问期间通过完成一系列活动,并与一个公园管理员分享他们在公园的所学和所感,最终得到一本正式的少年骑兵证书。他们在公园的活动是以保护公园为前提,学习公园里各种资源的相关知识。

四、人员要求

罗斯福国家公园解说与教育服务的人员设置有以下几种:首席解说员、各个景区的解说员、季节性的解说员、志愿者及专家学者等。这些人员都要达到国家公园管理局专业规定标准:在编工作人员要获得人员与非人员解说服务的资格认证;季节性的解说员要进行专业培训;景区的解说员要通过 The Eppley Institute Learning Platform 平台获得高级证书;志愿者和学者专家也要接受公园专业培训。公园按照国家公园管理局的标准严格执行,要求每个景点都有一位工作人员。与游客接触的一线工作人员(可以不是专业解说员),都要掌握公园所有的场地、主题、娱乐活动以及相关操作的专业知识。例如 Painted

Canyon 游客中心观景台有工作人员在现场按游客需求为其提供专业知识的解说,回答游客的问题,以及主动邀请游客体验当日的活动。①

---

① 王辉、张佳琛、刘小宇、王亮:《美国国家公园的解说与教育服务研究——以西奥多·罗斯福国家公园为例》,《旅游学刊》2016 年第 5 期,第 119—126 页。

# 参考文献

[1] 芬内尔.生态旅游(第4版)[M].张凌云,马晓秋,译.北京:商务印书馆,2017.

[2] 李天元.旅游学概论(第7版)[M].天津:南开大学出版社,2014.

[3] 杨桂华,钟林生,明庆忠.生态旅游(第3版)[M].北京:高等教育出版社,2017.

[4] 张建萍.生态旅游[M].北京:中国旅游出版社,2017.

[5] 覃建雄.现代生态旅游学——理论进展与实践探索[M].北京:科学出版社,2018.

[6] 赵豆.生态环境思想践行:从生态意识形成到生态位建构[J].南京林业大学学报(人文社会科学版),2018,18(2):34—41.

[7] 贾子贤.马克思人与自然关系理论的时代价值[J].人民论坛,2019(8):104—105.

[8] 世界八大公害事件[J].中国城市经济,2008(3):21.

[9] 世界环境污染最著名的"八大公害"和"十大事件"[J].管理与财富,2007(1):14—15.

[10] 宫克.世界八大公害事件与绿色GDP[J].沈阳大学学报,2005(4):3—6+11.

[11] 李光全."八大环境公害事件"再审视[N].学习时报,2016—01—28(005).

[12] 奥尔多·利奥波德.沙乡年鉴[M].舒新,译.北京:北京理工大学出版社,2015.

[13] Э.В.基鲁索夫,余谋昌.生态意识是社会和自然最优相互作用的条件[J].哲学译丛,1986(4):29—36.

[14] 彭桂群,敖子强.环境与发展伦理问题探讨[J].环境与发展,2017,29

(7):252—253.

[15] 朱达俊.联合国三大环境宣言的发展及对中国的影响[J].资源与人居环境,2013(9):57—59.

[16] 约翰内斯堡可持续发展宣言[J].环境保护,2002(10):3—4.

[17] 李东和,张结魁.论生态旅游的兴起及其概念实质[J].地理学与国土研究,1999(2):76—80.

[18] 于洪贤,李友华,柴方营.大众旅游与生态旅游的比较研究[J].东北农业大学学报(社会科学版),2005(3):4—5.

[19] 张广瑞.生态旅游的理论与实践[J].财贸经济,1999(1):51—55.

[20] 诸葛仁.借鉴国际生态旅游标准规范中国生态旅游市场[J].中国旅游通讯,2006(4):37—41.

[21] 张建萍.生态旅游与当地居民利益——肯尼亚生态旅游成功经验分析[J].旅游学刊,2003(1):60—63.

[22] 林敏霞,徐梓淇,张钰.社区参与和生态旅游:肯尼亚经验研究[J].湖北民族学院学报(哲学社会科学版),2017,35(5):55—62+113.

[23] 陈久和.生态旅游业与可持续发展研究——以美洲哥斯达黎加为例[J].绍兴文理学院学报(哲学社会科学版),2002(2):70—73.

[24] 吴楚材,吴章文,郑群明,胡卫华.生态旅游概念的研究[J].旅游学刊,2007(1):67—71.

[25] 卢云亭.生态旅游与可持续旅游发展[J].经济地理,1996(1):106—112.

[26] 张延毅,董观志.生态旅游及其可持续发展对策[J].经济地理,1997(2):108—112.

[27] 郭来喜.中国生态旅游——可持续旅游的基石[J].地理科学进展,1997(4):3—12.

[28] 王尔康.生态旅游与环境保护[J].旅游学刊,1998(2):13—15+61.

[29] 刘家明.生态旅游及其规划的研究进展[J].应用生态学报,1998(3):104—108.

[30] 牛亚菲.可持续旅游、生态旅游及实施方案[J].地理研究,1999(2):

68—73.

［31］钟林生,肖笃宁.生态旅游及其规划与管理研究综述［J］.生态学报,2000(5):841—848.

［32］吴楚材,吴章文,郑群明,胡卫华,谭益民.生态旅游定义辨析［J］.中南林业科技大学学报,2009,29(5):1—6.

［33］王家骏.关于"生态旅游"概念的探讨［J］.地理学与国土研究,2002(1):103—106.

［34］钟林生,马向远,曾瑜皙.中国生态旅游研究进展与展望［J］.地理科学进展,2016,35(6):679—690.

［35］罗伟清."生态旅游"事与愿违［J］.世界知识,1996(11):9.

［36］金瑶梅,孔欢.从生态伦理的角度看科学发展观［J］.社会科学家,2009(2):13—15.

［37］马克思,恩格斯.马克思恩格斯选集(第1卷)［M］.北京:人民出版社,1995.45;277.

［38］王正平.社会生态学的环境哲学理念及其启示［J］.上海师范大学学报(哲学社会科学版),2004(6):1—8.

［39］奥尔多·利奥波德.沙乡年鉴［M］.侯文蕙,译.长春:吉林人民出版社,1997.

［40］赵建军.可持续发展理论形成的背景透视［J］.自然辩证法研究,1999(1):32—35+41+36.

［41］杨国秀.可持续发展的研究历史及其内涵［J］.科技进步与对策,1997(1):28—31.

［42］牛文元.可持续发展理论的基本认知［J］.地理科学进展,2008(3):1—6.

［43］钟林生.可持续旅游发展历程与未来研究论题探讨［J］.旅游学刊,2014,29(3):6—7.

［44］沈啸,李志刚,李凤.保护与发展协同,走好绿色之路:代表委员谈生态旅游［N］.中国旅游报,2020—05—27.

[45] 李庆本. 从生态美学看实践美学 [J]. 文艺理论研究, 2010, (3): 23—27.

[46] 赵建军. 论生态意识的产生及其价值取向[J]. 科学管理研究, 1993 (2): 45—48.

[47] 何兴元. 应用生态学[M]. 北京: 科学出版社, 2004.

[48] 谢立敏. 试论生态美学对我国生态旅游发展的启示 [J]. 哈尔滨师范大学社会科学学报, 2013, 4(1): 80—82.

[49] 大卫·雷·格理芬. 后现代精神[M]. 北京: 中央编译出版社, 1998.

[50] 钟林生. 试论生态旅游者的教育[J]. 思想战线, 1999(6): 39—42.

[51] 吴章文, 胡零云. 生态旅游者的心理需求和行为特征研究——以武夷山国家级自然保护区为例[J]. 中南林学院学报, 2004(6): 42—48.

[52] 李燕琴. 生态旅游者识别方法分类与演变 [J]. 宁夏社会科学, 2006 (5): 131—133.

[53] 王群, 陆林, 章锦河. 基于可持续发展的生态旅游者统计探讨[J]. 中国人口·资源与环境, 2004(6): 74—78.

[54] 周文丽. 生态旅游资源概念及分类体系研究 [J]. 西北林学院学报, 2007(4): 162—166.

[55] 焦慧元, 路紫, 朱晓瑜. 生态旅游资源深度开发探索[J]. 绿色中国, 2006(15): 26—29.

[56] 王兴国, 王建军. 森林公园与生态旅游[J]. 旅游学刊, 1998(2): 15—18+61.

[57] 朱丽, 方法林. 森林生态旅游推动林业经济可持续发展探析[J]. 林产工业, 2021, 58(1): 77—79.

[58] 杨桂华, 王跃华. 生态旅游保护性开发新思路 [J]. 经济地理, 2000 (1): 88—92.

[59] 阿尔达克. 沙漠游的新体验[N]. 人民日报, 2020—09—14.

[60] 王红彦. 以"两山"理念为遵循推动旅游业高质量发展[N]. 中国旅游报, 2020—08—18.

[61] 中华人民共和国国家质量监督检验检疫总局, 中华人民共和国国家

标准化管理委员会.绿色饭店国家标准(GB/T 21084—2007)[S].北京:中国标准出版社,2007.

[62]刘发为.去除酒店六小件有多难[N].人民日报,2019—07—11.

[63]郑宏敏.取消"六小件"广州星级酒店迈出第一步[N].中国旅游报,2019—09—12.

[64]王玮.不主动提供"六小件",上海执行得怎么样?[N].中国旅游报,2019—12—19.

[65]王玮.北京动真格,"六小件"撤出酒店客房[N].中国旅游新闻客户端,2020—04—28.

[66]沈啸.天津不主动提供客房"六小件"[N].中国旅游报,2020—12—08.

[67]王玮."洗护用品换大瓶"行得通吗[N].中国旅游报,2019—09—12.

[68]李青.三亚启动"无废酒店"创建工程[N].中国旅游新闻客户端,2020—06—09.

[69]苗学玲.旅游商品概念性定义与旅游纪念品的地方特色[J].旅游学刊,2004(1):27—31.

[70]李琛,成升魁,陈远生.25年来中国旅游容量研究的回顾与反思[J].地理研究,2009,28(1):235—245.

[71]熊鹰.生态旅游承载力研究进展及其展望[J].经济地理,2013,33(5):174—181.

[72]梁兵,水木.景点游客成灾逼疯原住民:旅游者,回你家去吧![J].环境与生活,2018(9):96—101.

[73]本报采访组,"厉行节约"成为景区新风尚[N].中国旅游报,2020—08—25.

[74]段壮,秦宇.减少餐饮浪费,国外酒店品牌的这些做法值得借鉴[N].中国旅游新闻客户端,2020—12—31.

[75]Joy A. Palmer. 21世纪的环境教育[M].田青,刘丰,译.北京:中国轻工业出版社,2002.

[76]钟晟,李越.倡导节约型旅游消费伦理的理念渊源与具体措施[N].

中国旅游报,2020—10—14.

[77] 本报采访组.文明为美景增色,节约为行程加分[N].中国旅游报,2020—10—07.

[78] 李文明,钟永德.国外生态旅游环境教育研究综述[J].旅游学刊,2009,24(11):90—94.

[79] 李北东,连玉銮.环境教育——生态旅游的灵魂[J].西南民族大学学报(人文社科版),2003(9):293—296.

[80] 是丽娜,王国聘.我国生态旅游环境教育理论研究述评[J].学术交流,2011(12):131—134.

[81] 李文明,符全胜.我国生态旅游规划中环境教育内容的缺失与补正[J].旅游学刊,2008(7):9—10.

[82] 李嘉.环境教育与生态旅游关联性分析研究[J].成都中医药大学学报(教育科学版),2011,13(4):50—52.

[83] 尤海舟,蔡蕾,贾成,樊华,何飞,马钦彦,刘兴良.生态旅游中的环境教育[J].四川林业科技,2010,31(3):89—93.

[84] 王辉,张佳琛,刘小宇,王亮.美国国家公园的解说与教育服务研究——以西奥多·罗斯福国家公园为例[J].旅游学刊,2016,31(5):119—126.

[85] 张建萍,吴亚东,于玲玲.基于环境教育功能的生态旅游区环境解说系统构建研究[J].经济地理,2010,30(8).

# 后记

本书从着手准备资料到成稿历时两年多，其间得到了山西省社会科学院研究员晔枫教授的悉心指导。从选题、结构安排直至内容构思，晔枫教授都给予了我莫大的帮助。晔枫教授的信任、鼓励与支持是我克服困难、顺利完成撰写工作的强大动力。在此，谨向我尊敬的恩师晔枫教授致以崇高的敬意和由衷的感谢！

在本书的出版过程中，得到了山西经济出版社李慧平副总编辑、编辑室解荣慧主任和责任编辑赵娜的大力支持、指导和帮助，在此一并向她们表示由衷的感谢！

罗琳